中经金课会计专业精品课程

新时代高等教育"互联网+"创新型教材

审计学

Auditing

主　编　张晓毅　杨银开　刘雪峰
副主编　时长洪　蔡启茂　刘　榕

中国经济出版社
CHINA ECONOMIC PUBLISHING HOUSE

图书在版编目（CIP）数据

审计学 / 张晓毅，杨银开，刘雪峰主编． -- 北京：中国经济出版社，2022.3
中经金课会计专业精品课程
ISBN 978-7-5136-6817-0

Ⅰ．①审… Ⅱ．①张… ②杨… ③刘… Ⅲ．①审计学－高等学校－教材 Ⅳ．① F239.0

中国版本图书馆 CIP 数据核字（2022）第 025940 号

选题策划	雷	生
责任编辑	孙东健	
责任印制	马小宾	
封面设计	高鹏博	

出版发行	中国经济出版社	
印 刷 者	北京富泰印刷有限责任公司	
经 销 者	各地新华书店	
开 本	889mm×1194mm　1/16	
印 张	14.50	
字 数	412 千字	
版 次	2022 年 3 月第 1 版	
印 次	2022 年 3 月第 1 次	
定 价	59.00 元	

广告经营许可证　京西工商广字第 8179 号

中国经济出版社 网址 www.economyph.com　社址 北京市东城区安定门外大街 58 号　邮编 100011
本版图书如存在印装质量问题，请与本社销售中心联系调换（联系电话：010-57512564）

版权所有　盗版必究（举报电话：010-57512600）
国家版权局反盗版举报中心（举报电话：12390）　　服务热线：010-57512564

EDITORIAL BOARD 编委会

主　任　唐大鹏（东北财经大学教授）
成　员　蔡启茂　　高　源　　何　玲
　　　　李宝锋　　刘　靖　　刘　榕
　　　　刘雪峰　　卢有秀　　穆　婵
　　　　饶水林　　单　蕊　　时长洪
　　　　孙雪梅　　王彩峰　　王立新
　　　　王淑秀　　王英兰　　徐德安
　　　　杨净雯　　杨　珊　　杨银开
　　　　尹常君　　殷俊杰　　永　恒
　　　　袁美华　　袁　敏　　张慧娟
　　　　张　穆　　张晓毅　　赵　月

（以姓名拼音排序）

PREFACE 前言

审计是指由专设机关依照法律对国家各级政府及金融机构、企业事业组织的重大项目和财务收支进行事前和事后审查的独立性经济监督活动。《审计学》是财会类专业的必修课程。

审计事业始终随着社会经济的发展而不断发展、完善。当前，我国处于全面深化改革的新时代，在知识、信息与经济整合的今天，审计行业所处的法律环境和社会环境已发生了重大变化。特别是党的十八届三中全会以来，各种法律法规的修改、完善和改革措施相继出台，深刻影响着审计的改革进程和执业环境，这对审计教育提出了更高的要求，并赋予其更大的使命。

本书具有以下几个特点：

1. 注重与培养目标相契合

本书遵循专业人才的培养规律，以培养高素质的初级、中级应用型人才为目标，依照"以素质为基础、以能力为本位、注重创新意识与创新能力培养"的原则，在强化审计专业理论知识和一般原理讲解的基础上，更注重实际应用，使学生能够学以致用。

2. 注重结构的系统性

本书融合了审计体系多领域知识，并配以相应的案例加以说明，易于理解和学习。按照学生的学习思维习惯，结合审计课程的内在逻辑性，遵循由简单到复杂、由基本理论知识到实务操作的渐进过程，培养学生分析问题和解决问题的能力，进一步养成学生的审计思维能力。

3. 注重时代性和前瞻性

本书把当前理论界密切关注的风险导向审计作为审计实施的基本思想，以最新修订的注册会计师审计准则的内容为依据，并吸收相关的前沿知识，做到与时俱进，以最先进的专业知识武装学生的头脑。

本书适合高校财会类专业学生使用，同时可供企业经济管理人员，尤其是会计人员培训和自学之用。由于编者经验和水平有限，书中难免出现错误和疏漏之处，恳请相关院校师生和广大读者批评指正，以便进一步修订和完善。

编　者

2022 年 3 月

CONTENTS 目录

前言 ··· V

项目 1 认识审计 ·································· 1
任务 1.1 审计的产生与发展 ················· 2
任务 1.2 审计的概念与分类 ················· 4
任务 1.3 审计的要素与职能 ················· 7
项目小结 ·· 9
思考与练习 ··· 9

项目 2 审计目标与审计过程 ············ 11
任务 2.1 认定 ···································· 12
任务 2.2 审计目标 ······························ 14
任务 2.3 审计过程 ······························ 17
项目小结 ··· 19
思考与练习 ······································· 20

项目 3 审计准则、审计依据与审计职业道德规范 ······························· 22
任务 3.1 审计准则和审计依据 ············ 23
任务 3.2 审计职业道德规范 ··············· 26
项目小结 ··· 30
思考与练习 ······································· 30

项目 4 审计重要性与审计风险 ········ 32
任务 4.1 审计重要性 ·························· 33
任务 4.2 审计风险 ······························ 39
任务 4.3 风险评估 ······························ 43
任务 4.4 风险应对 ······························ 54
项目小结 ··· 63
思考与练习 ······································· 63

项目 5 审计计划、审计方法与内部控制 ····································· 65
任务 5.1 审计计划 ······························ 66
任务 5.2 审计方法 ······························ 74
任务 5.3 内部控制 ······························ 79
项目小结 ··· 86
思考与练习 ······································· 86

项目 6 审计证据与审计工作底稿 ···· 88
任务 6.1 审计证据 ······························ 89
任务 6.2 审计工作底稿 ······················· 97
项目小结 ··· 101
思考与练习 ····································· 102

项目 7　购、销、存业务循环审计 ⋯ 104
- 任务 7.1　采购与付款循环审计 ⋯⋯⋯ 105
- 任务 7.2　销售与收款循环审计 ⋯⋯⋯ 116
- 任务 7.3　生产与存货循环审计 ⋯⋯⋯ 129
- 项目小结 ⋯⋯⋯⋯⋯⋯⋯⋯⋯⋯⋯⋯ 138
- 思考与练习 ⋯⋯⋯⋯⋯⋯⋯⋯⋯⋯⋯ 138

项目 8　投资与筹资循环审计和货币资金审计 ⋯ 140
- 任务 8.1　投资与筹资循环审计 ⋯⋯⋯ 141
- 任务 8.2　货币资金审计 ⋯⋯⋯⋯⋯⋯ 148
- 项目小结 ⋯⋯⋯⋯⋯⋯⋯⋯⋯⋯⋯⋯ 155
- 思考与练习 ⋯⋯⋯⋯⋯⋯⋯⋯⋯⋯⋯ 155

项目 9　审计报告 ⋯ 158
- 任务 9.1　审计报告的含义、作用与基本内容 ⋯⋯⋯⋯⋯⋯⋯⋯⋯⋯ 159
- 任务 9.2　审计报告的分类 ⋯⋯⋯⋯⋯ 162
- 项目小结 ⋯⋯⋯⋯⋯⋯⋯⋯⋯⋯⋯⋯ 171
- 思考与练习 ⋯⋯⋯⋯⋯⋯⋯⋯⋯⋯⋯ 171

项目 10　内部审计 ⋯ 173
- 任务 10.1　内部审计简述 ⋯⋯⋯⋯⋯⋯ 174
- 任务 10.2　我国内部审计准则 ⋯⋯⋯⋯ 177
- 任务 10.3　舞弊审计 ⋯⋯⋯⋯⋯⋯⋯⋯ 180
- 项目小结 ⋯⋯⋯⋯⋯⋯⋯⋯⋯⋯⋯⋯ 183
- 思考与练习 ⋯⋯⋯⋯⋯⋯⋯⋯⋯⋯⋯ 183

项目 11　审计的其他问题 ⋯ 185
- 任务 11.1　信息技术对审计的影响 ⋯⋯ 186
- 任务 11.2　审计沟通 ⋯⋯⋯⋯⋯⋯⋯⋯ 195
- 任务 11.3　注册会计师利用他人的工作 ⋯⋯⋯⋯⋯⋯⋯⋯⋯⋯⋯ 206
- 任务 11.4　对特殊事项的考虑 ⋯⋯⋯⋯ 213
- 项目小结 ⋯⋯⋯⋯⋯⋯⋯⋯⋯⋯⋯⋯ 220
- 思考与练习 ⋯⋯⋯⋯⋯⋯⋯⋯⋯⋯⋯ 221

参考文献 ⋯ 223

项目 1 认识审计

知识目标

◎ 了解审计产生和发展的基础；
◎ 理解我国审计的产生与发展；
◎ 掌握审计的特征；
◎ 理解审计的概念、特征及分类。

技能目标

◎ 了解审计的职能；
◎ 掌握审计的分类；
◎ 掌握审计的作用。

案例导入

A 公司系长虹会计师事务所的常年审计客户。2021 年 6 月，长虹会计师事务所与 A 公司续签了审计业务约定书，审计 A 公司 2021 年度的财务报表。2021 年，由于财务人员短缺，A 公司向长虹会计师事务所借用一名注册会计师，由该注册会计师将经会计主管审核的记账凭证录入计算机信息系统。长虹会计师事务所未委派该注册会计师参加 A 公司 2021 年度财务报表审计项目组。

案例思考

请判断：长虹会计师事务所的上述做法是否违反独立性。

本章导语

审计是独立客观的经济监督、确认和鉴证活动，是一项旨在维护财经法纪、改善经营管理、提高经济效益的独立的经济监督活动。

通过本项目，可以学习：

（1）审计产生和发展的基础；
（2）审计的概念、特征及分类；
（3）审计的职能与作用。

任务 1.1 审计的产生与发展

1.1.1 审计产生和发展的基础

在生产力低下的原始社会，所有权和经营权是统一的，因此不需要审计。随着社会生产力的提高和社会经济的发展，社会财富增加，剩余的产品逐渐集中在少数人手中。当生产资料的所有者不能直接对其拥有的资源进行管理和经营时，就会委托或授权他人代为管理和经营，这就导致了所有权与经营管理权的分离。如果所有者想要了解经营者是否诚实地承担了自己的受托经济责任，就会对其进行监督，以监督检查为基本职能的审计产生并逐渐发展起来。

审计是因授权管理经济活动的需要而产生的，受托经济责任关系是审计产生和发展的基础。受托经济责任关系一般涉及两个当事人：一个是委托人，另一个是受托人（或代理人）。产生受托经济责任关系的根本原因是所有权和经营权的分离。

> **提示**
>
> 生产资料的所有权与经营权分离，导致受托经济责任关系的形成，进而使审计得以产生和发展。

1.1.2 我国审计的产生与发展

审计按执行主体分国家审计、社会审计、内部审计三类。审计是党和国家监督体系的重要组成部分。党的十八大以来，在以习近平同志为核心的党中央坚强领导下，在习近平新时代中国特色社会主义思想指导下，我国审计事业取得长足进步和发展，在完善审计制度、改革审计管理体制方面迈上新的台阶。

> **提示**
>
> 国家审计、社会审计和内部审计的产生和发展历程不尽相同，国家审计是产生最早的一类审计。

1. 我国国家审计的产生与发展

我国是世界上最早产生审计的国家之一，早在3 000多年前的西周时代，我国国家审计就进入了萌芽阶段。最早的审计职务是西周时期的"宰夫"，行使就地稽查之权。

秦汉时期是我国审计的确立阶段，主要表现在以下三个方面：一是初步形成了统一的审计模式。秦汉时期，逐渐形成了全国审计机构和监察机构相结合、经济法制与审计监督制度相统一的审计模式。二是"上计"制度日趋完善。所谓"上计"，就是皇帝亲自听取和审核各级地方官吏的财政会计报告，以决定赏罚的制度。三是审计地位提高，职权扩大。御史制度是秦汉时代审计建制的重要组成部分。秦汉时代的御史大夫不仅行使政治、军事的监察之权，还行使经济的监督之权，控制和监督财政收支活动，稽核财政收入情况。

隋唐时代是我国封建社会的鼎盛时期。隋设置比部，隶属于刑部，掌管国家财计监督，行使审计职权。唐改设三省六部，六部之中，刑部掌天下律令、刑法、徒隶等政令，比部仍隶属于刑部，审查范围极广、项目众多，而且具有很强的独立性和较高的权威性。

宋代是我国封建社会经济的持续发展时期。宋代设置"审计司"，隶属于太府寺，后改称为"审计院"。宋审计司（院）的建立，是我国以"审计"正式命名的开始，从此，"审计"一词便成为财政监督的专用名词，对后世中外审计建制具有深远的影响。

元、明、清时期，我国审计的发展基本停滞不前。元代取消比部，户部兼管会计报告的审核，独立的审计机构即告消亡。明初复设比部，不久即取消。洪武十五年设置都察院，以左右都御史为长官，审察中央财计。清承明制，设置都察院，成为最高的监察、监督、弹劾和建议机关。虽然明清时期的都察院制度有所加强，但其行使审计职能，却具有一揽子性质。由于取消了比部这样的独立审计组织，其财计监督和政府审计职能被严重削弱，与唐代由比部行使司法审计监督职能相比，后退了一大步。

1912年，中华民国在国务院下设审计处。1914年，北洋政府将其改为审计院，同年颁布《审计法》。国民党政府也于1928年颁布过《审计法》和实施细则，次年还颁布了《审计部组织法》，规定审计人员有审计、协审、稽察等职称。民国时期审计的特点：审计法规的完备程度空前；公布了大量专门的审计法规，并形成了审计法规体系。中华人民共和国成立以前，中国共产党领导下的革命组织和工农政权也实行审计制度，设审计局、中央审计委员会等部门。

中华人民共和国成立以后，国家没有设置独立的审计机构。对企业的财税监督和货币管理，是通过不定期的会计检查进行的。1982年，我国修改的《中华人民共和国宪法》规定，建立政府审计机构，实行审计监督，并于1983年9月成立了我国政府审计的最高机关——审计署，在县以上各级人民政府设置各级审计机关。1985年8月发布《国务院关于审计工作的暂行规定》，1988年11月颁发《中华人民共和国审计条例》，1995年1月1日实施《中华人民共和国审计法》，这就从法律上进一步确立了政府审计的地位，为其进一步的发展奠定了良好基础。

2. 我国社会审计的产生与发展

我国的社会审计在20世纪初伴随着资本主义工商业的发展而产生。

1918年6月，著名会计学家谢霖上书当时的北洋政府财政部和农商部，要求推行中国会计师制度。同年9月，农商部颁布了我国第一部注册会计师法规——《会计师暂行章程》，并援用谢霖呈文中的称谓，将注册会计师命名为"会计师"，"会计师"一词从此产生，一直沿用至中华人民共和国成立。之后，农商部又向谢霖先生颁发了我国第一号会计师证书。几年后，谢霖在北京创办了中国第一家会计师事务所，取名为"正则会计师事务所"。会计师证书的颁发及会计师事务所的创立，标志着我国民间审计的诞生。此后，我国会计师职业不断向前发展，业务范围不断扩大，并于1925年在上海成立了我国第一个民间审计职业组织——上海会计师公会，各地的会计师公会也都相继成立。我国的会计师职业因此得到了确立。

在中华人民共和国成立初期，注册会计师在恢复国民经济方面发挥了重要的作用。但是，随着1956年我国完成了对生产资料私有制的社会主义改造，确立了计划经济体制，注册会计师便丧失了其职业基础，民间审计也随之消失。

1980年12月14日，财政部颁发了《中华人民共和国中外合资经营企业所得税实施细则》，其中规定外资企业的财务报表要由注册会计师进行审计，这为恢复我国注册会计师制度提供了法律依据。1980年12月23日，财政部发布了《关于成立会计顾问处的暂行规定》，对注册会计师的资格、业务范围等事项作出了规定，迈出了我国重建注册会计师制度的第一步。1981年1月1日，经财政部批准，在上海成立了新中国第一家独立承办审计业务的会计师事务所"上海会计师事务所"，随后，全国各地也相继成立了会计师事务所。1988年11月15日，在财政部的领导下，中国注册会计师协会（以下简称中注协）正式宣告成立，开始着手制定注册会计师执业规范。1993年10月31日，我国颁布了《中华人民共和国注册会计师法》，自1994年1月1日起实施。1995年12月，我国发布了《中国注册会计师独立审计准则》。它们的颁布和实施，标志着我国现代民间审计日益成熟。2006年2月15日，中注协发布了新修订的与国际审计准则趋同的审计准则。在国家法律法规的规范下，我国注册会计师行业得到了快速发展。

3. 我国内部审计的产生与发展

我国早期的皇室审计、寺院审计均属于内部审计范畴。

现代内部审计在民国时期已诞生，但在中华人民共和国成立初期被撤销。

我国社会主义内部审计在1983年以后逐步建立起来。1984年，在部门、单位内部成立了审计机构，实行内部审计监督。1985年10月，发布了《审计署关于内部审计工作的若干规定》。1987年，我国成立中国内部审计学会，并于2000年改名为中国内部审计师协会。2003年5月1日，审计署颁布施行了《审计署关于内部审计工作的规定》。

从此，我国形成了政府审计、民间审计和内部审计三位一体的审计监督体系，审计制度和审计工作进入了全面振兴时期。2014年10月9日，国务院印发了《关于加强审计工作的意见》，提出应发挥审计促进国家重大决策部署落实的保障作用。党的十八届四中全会提出："完善审计制度，保障依法独立行使审计监督权。对公共资金、国有资产、国有资源和领导干部履行经济责任情况实行审计全覆盖。"至此，我国审计对象和审计领域不断扩大。

任务 1.2 审计的概念与分类

1.2.1 审计的概念

审计是独立客观的经济监督、确认和鉴证活动。具体来说，审计是由国家授权或接受委托的独立的专职机构和独立的专职人员，依照国家法规、审计准则和相关理论，运用专门的方法，对被审计单位的财政财务收支、经营管理活动及其他相关资料的真实性、正确性、合规性、合法性、效益性进行审查和监督，评价经济责任，鉴证经济业务，用以维护财经法纪、改善经营管理、提高经济效益的一项独立的经济监督活动。

特别需要指出的是，本书讲述的审计是注册会计师组成的会计师事务所进行的审计。注册会计师主要针对被审计财务报表进行审计，因此现代审计又称财务报表审计。财务报表审计是指注册会计师对财务报表是否不存在重大错报提供合理保证，以积极方式提出意见，增强除管理层之外的预期使用者对财务报表信赖的程度。

提示

注册会计师为了满足委托人的需要，应对审计环境的变化和创新，经历了账项基础审计、制度基础审计到风险导向审计等几个阶段。

1.2.2 审计的特征

审计具有两个基本的特征：一是独立性，二是权威性。

1. 独立性

独立性是审计的本质特征，也是保证审计工作顺利进行的必要条件。

在现代审计体系中，审计的独立性在社会审计中表现得最为充分。社会审计的独立性主要体现在三个方面：

（1）机构独立。社会审计的机构主要为会计师事务所。会计师事务所是独立的自负盈亏的企业，与任何被审计单位都不存在组织上的隶属关系。

（2）人员独立。参与审计项目的注册会计师与被审计单位之间要保证独立。这里的独立性表现在两个方面，即实质上的独立和形式上的独立。所谓实质上的独立，是要求注册会计师与委托单位之间必须实实在在地毫无利害关系。注册会计师只有与委托单位保持实质上的独立，才能够以客观、公正的心态发表审计意见。所谓形式上的独立，是指注册会计师必须在第三者面前呈现一种独立于委托单位和被审计单位的身份，即在他人看来注册会计师是独立的。由于注册会计师的审计意见是相关利害关系人的决策依据，因此，注册会计师必须同时保持实质上的独立和形式上的独立，只有这样才会得到社会公众的信任。

（3）工作独立。注册会计师依法行使职务，受法律保护，任何组织和个人不得拒绝、阻碍注册会计师依法进行审计工作，不得打击报复注册会计师。

独立性是现代审计理论中的三方审计关系人的产生依据。在审计关系中，存在三方审计关系人。第一关系人，即第一要素，是审计人（注册会计师），即审计主体，他们根据审计委托者的委托进行审计；第二关系人，即第二要素，是被审计人，即审计客体，他们对审计委托者承担受托经济责任；第三关系人，即第三要素，是审计委托人，他们委托或授权审计人员对财产经营者的受托管理责任履行情况进行审计。其中，第一关系人（即审计人员）必须独立于第二关系人，保持独立的地位，不受其影响和干扰，根据公认的标准，不偏不倚、客观公正地做出判断和评价，保护各相关方的权益。

审计关系人如图 1-1 所示。

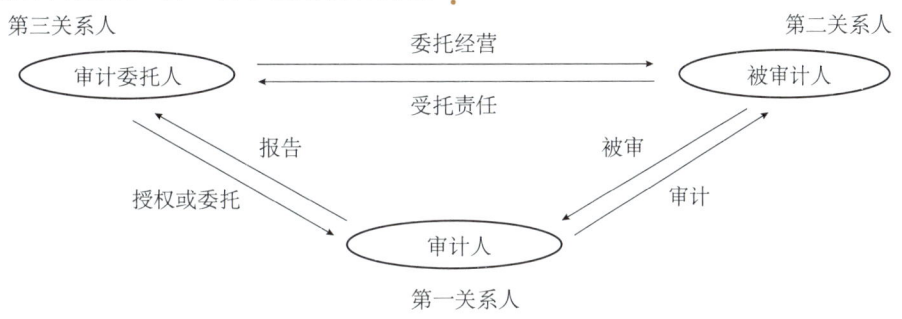

图 1-1 审计关系人

2. 权威性

审计的权威性是保证有效行使审计权的必要条件。审计的权威性与独立性是紧密相关的，它离不开审计组织的独立地位与注册会计师的独立执业。各国法律对实行审计制度、建立审计机关以及审计机构的地位和权力都做了明确规定，使审计具有法律的权威性，从法律上赋予审计超脱的地位及监督、评价、鉴证职能。

审计机关有要求报送资料权、检查权、调查取证权、采取临时强制措施权等。我国注册会计师在依法审计的过程中，如被审计单位拒绝、阻碍审计的实施，或有违反国家规定的财政、财务收支行为时，审计机关有权做出处理、处罚的决定或建议，这些都体现了我国审计的权威性。

1.2.3 审计的分类

审计可以按照不同的分类标准进行分类，通常情况下，可以按审计主体分类、按审计的目的和内容分类、按审计范围分类、按审计时间分类和按审计执行地点分类。

1. 按审计主体分类

审计主体，即审计行为的执行者。如果按审计主体进行分类，可分为国家审计、社会审计和内部审计。按审计主体分类，是审计的最基本分类。

（1）国家审计也称政府审计，是指由国家审计机关依法实施的审计，即审计行为的执行者是国家审计机关。国家审计主要是检查各级政府机构和国有企业的财务收支情况。

（2）社会审计也称注册会计师审计、民间审计，是指由具有审计资格的会计师事务所的注册会计师实施的审计，即审计行为的执行者是会计师事务所的注册会计师。

（3）内部审计也称部门和单位审计，是指由单位内部独立于财会部门以外的专职审计机构和人员进行的审计，即审计行为的执行者是内部审计机构。内部审计主要是检查各部门经营和管理情况。

> **提示**
> 按审计主体分类是审计的最基本分类。

2. 按审计的目的和内容分类

如果按审计的目的和内容进行分类，审计通常分为财政财务审计、经济效益审计和财经法纪审计。

（1）财政财务审计，是指审计机构对国家机关、企事业单位的财政、财务收支活动和反映其经济活动的会计资料进行的审计。其目的主要是判断被审计单位的经济活动（包括财政和财务收支活动）的真实性、合法性和会计处理方法的一贯性。

（2）经济效益审计，是指审计机构对被审单位或项目的经济活动，包括财政、财务收支活动的效益性进行审查。其目的主要是评价被审单位或项目的经济效益的优劣，以利于不断提高企业的经济效益。

（3）财经法纪审计，是指国家审计机关和内部审计部门对严重违反财经法纪的行为所进行的专项审计。其目的在于维护财经法纪，保护国家和人民财产的安全和完整。

3. 按审计范围分类

审计范围是指针对特定审计对象所开展的审计实践活动在空间上所达到的广度。如果按审计范围分类，审计可分为全面审计和局部审计。

（1）全面审计，是指对被审计单位一定时期的全部经济活动所进行的审计。这类审计范围广、工作量大，适用于规模小、业务简单的单位。另外，内部控制薄弱、会计核算质量差的被审计单位，也有必要开展全面审计。

（2）局部审计，又称部分审计，是指对被审计单位一定期间的财务收支或经营管理活动的某些方面及其资料进行部分、有目的、有重点的审计。

4. 按审计时间分类

如果按审计时间分类，审计可分为事前审计、事中审计和事后审计。

（1）事前审计，是指在被审计单位经济业务实际发生以前进行的审计。

（2）事中审计，是指在被审计单位经济业务执行过程中进行的审计。

（3）事后审计，是指在被审计单位经济业务完成之后，对经济业务的结果进行的审计。

5. 按审计执行地点分类

审计执行地点是指审计活动开展的地点。如果按审计执行地点分类，审计可分为报送审计和就地审计。

（1）报送审计，或称送达审计，是指被审计单位将各项预算、计划、会计决算报表和其他有关资料等，按照规定的日期（月、季、年）送达审计机构进行审计。

（2）就地审计，是指由审计机构派出注册会计师到被审计单位进行现场审计。

任务1.3 审计的要素与职能

1.3.1 审计的要素

注册会计师通过收集充分、适当的证据来评价财务报表是否在所有重大方面符合会计准则,并出具审计报告,从而提高财务报表的可信性。因此,对财务报表审计而言,审计业务要素包括审计业务的三方关系人、财务报表、财务报表编制基础、审计证据和审计报告。

1. 审计业务三方当事人

三方关系人分别是注册会计师、被审计单位管理层(责任方)、财务报表预期使用者。(见"审计的独立性")

2. 财务报表

在财务报表审计中,审计对象是历史的财务状况、经营业绩和现金流量,审计对象的载体是财务报表。财务报表,是指依据某一财务报告编制基础对被审计单位的历史财务信息作出的结构性表述,旨在反映某一时点的经济资源或义务或者某一时期经济资源或义务的变化。财务报表通常是指整套财务报表,有时也指单一财务报表。披露,包括适用的财务报告编制基础所要求的、明确允许的或通过其他形式允许作出的解释性或描述性信息。披露是财务报表不可分割的组成部分,主要在财务报表附注中反映,也可能在财务报表表内反映,或通过财务报表中的交叉索引予以提及。

管理层和治理层(如适用)在编制财务报表时需要:①根据相关法律法规的规定,确定适用的财务报告编制基础;②根据适用的财务报告编制基础,编制财务报表;③在财务报表中,对适用的财务报告编制基础作出恰当的说明。编制财务报表,要求管理层根据适用的财务报告编制基础,运用判断,作出合理的会计估计,选择和运用恰当的会计政策。

财务报表可以按照某一财务报告编制基础编制,旨在满足下列需求之一:①广大财务报表使用者共同的财务信息需求(即通用目的财务报表的目标);②财务报表特定使用者的财务信息需求(即特殊目的财务报表的目标)。

整套财务报表通常包括资产负债表、利润表、现金流量表、所有者权益(或股东权益)变动表和相关附注。单一财务报表通常是指:①资产负债表;②利润表或经营状况表;③留存收益表;④现金流量表;⑤不包括所有者权益的资产和负债表;⑥所有者权益变动表;⑦收入和费用表;⑧产品线经营状况表。

提示

单一财务报表和相关附注也可能构成整套财务报表。

3. 财务报表基础

注册会计师在运用职业判断对审计对象作出合理一致的评价或计量时,需要有适当的标准。在财务报表审计中,财务报告编制基础就是标准。适用的财务报告编制基础,是指法律法规要求采用的财务报告编制基础;或者管理层和治理层(如适用)在编制财务报表时,就被审计单位性质和财务报表目标而言,采用的可接受的财务报告编制基础。

财务报告编制基础分为通用目的编制基础和特殊目的编制基础。通用目的编制基础是旨在满足广大财务报表使用者共同的财务信息需求的财务报告编制基础,主要是指企业会计准则和相关会计制度。特殊目的编制基础是旨在满足财务报表特定使用者对财务信息需求的财务报告编制基础，包括计税核算基础、监管机构的报告要求和合同的约定等。

4. 审计证据

注册会计师对财务报表提供合理保证是建立在获取充分、适当证据的基础上的。审计证据，是指注册会计师为了得出审计结论和形成审计意见而使用的必要信息。

审计证据在性质上具有累积性，主要是在审计过程中通过实施审计程序获取的。然而，审计证据还可能包括从其他来源获取的信息，如以前审计中获取的信息（前提是注册会计师已确定自上次审计后是否已发生变化，这些变化可能影响这些信息对本期审计的相关性）或会计师事务所接受及保持客户或业务时通过实施质量控制程序所获取的信息。除从被审计单位内部其他来源和外部来源获取的信息外，会计记录也是重要的审计证据来源。同样，被审计单位雇用或聘请的专家编制的信息也可以作为审计证据。审计证据既包括支持和佐证管理层认定的信息，也包括与这些认定相矛盾的信息。在某些情况下，信息的缺乏（如管理层拒绝提供注册会计师要求的声明）本身也构成审计证据，可以被注册会计师利用。在形成审计意见的过程中，注册会计师的大部分工作是获取和评价审计证据。

审计证据的充分性和适当性相互关联。充分性是对审计证据数量的衡量，适当性是对审计证据质量的衡量，即审计证据在支持审计意见所依据的结论方面具有的相关性和可靠性。审计证据的可靠性受其来源和性质的影响，并取决于获取审计证据的具体环境。审计证据的充分性和适当性相互关联。充分性是对审计证据数量的衡量，适当性是对审计证据质量的衡量，即审计证据在支持审计意见所依据的结论方面具有的相关性和可靠性。审计证据的可靠性受其来源和性质的影响，并取决于获取审计证据的具体环境。在评价证据的充分性和适当性以支持鉴证报告时，注册会计师应当运用职业判断，并保持职业怀疑态度，即保持应有的职业审慎。职业审慎是审计人员应当具备的基本素质。作为一个审计人员，应保持应有的职业审慎。所谓职业审慎，是指审计人员在复杂的环境下，能运用自己的专业熟练性和技巧识别出损害组织利益的行为，对故意做错、疏忽和差错、低效、浪费、无效、利益冲突和不正当行为保持警惕，对不恰当的控制系统提出改进建议。但职业审慎性不要求做到天衣无缝，把一切不法行为都查出来，也不绝对保证是否存在不法行为。

5. 审计报告

注册会计师应当针对财务报表在所有重大方面是否符合适当的财务报表编制基础，以书面报告的形式发表能够提供合理保证程度的意见。

除审计准则规定的注册会计师应对财务报表出具审计报告的责任外，相关法律法规可能还对注册会计师设定了其他报告责任。如果注册会计师在对财务报表出具的审计报告中履行了其他报告责任，应当在审计报告中将其单独作为一部分，并以"按照相关法律法规的要求报告的事项"为标题。

1.3.2 审计的职能

审计职能是指审计本身所固有的内在功能。对于审计职能的论述有很多不同的见解，通常认为，审计主要具有经济监督、经济确认和经济鉴证三大职能。

1. 经济监督

经济监督是指监察和督促被审计单位的全部经济活动或其某一特定方面，在规定的标准以内，在正常的轨道上进行。经济监督是审计的基本职能，体现于审计工作的各个方面。通过审计，各级政府可以揭露违法违纪，严肃财经纪律，稽查损失浪费，维护国家、人民和国有资产的利益，可以查明错误、弊端，判断管理缺陷和追究经济责任，保证政府机关及国有企事业单位经济活动的合法性。

2. 经济确认

经济确认就是通过审核检查，确定被审计单位的计划、预算、决策、方案是否先进可行，经济活动是否按照既定的决策和目标进行，经济效益的高低优劣，以及内部控制系统是否适当有效等，从而有针对性地提出意见和建议，以促使其改善经营管理、提高经济效益。

审核检查是经济确认的前提，只有查明了被审计单位的客观事实，才能按照一定的标准进行对比分析，形成各种经济确认意见。同时，经济确认也是肯定成绩、发现问题的过程。因此，经济确认职能的扩展就是审计咨询。审计咨询是注册会计师从经济确认出发，提出改进经济工作、提高效率的建议和措施。

3. 经济鉴证

经济鉴证是指审计机构和注册会计师对被审计单位会计报表及其他经济资料进行检查和验证，确定其财务状况和经营成果是否真实、公允、合法、合规，并出具书面证明，以便为审计的授权人或委托人提供确切的信息，并取信于社会公众的一种职能。

经济鉴证职能是随着现代审计的发展而出现的一项职能，很多国家法律规定，公司财务报表须经过注册会计师鉴证，才能获得社会上的承认。我国公司财务报表须经中国注册会计鉴证，才具有法律效力。因此，审计的经济鉴证职能在经济生活中发挥着非常重要的作用。

项目小结

本项目介绍了审计的产生基础和发展阶段；解释了审计的概念和特征；阐述了审计关系和审计职能，以及按照不同的划分标准对审计进行分类的情况。

思考与练习

一、单项选择题

1. 在注册会计师审计的形成和发展过程中，以会计账簿为审计对象，以查错防弊为目标的详细审计应当属于（　　）。
A. 财务报表审计
B. 制度基础审计
C. 风险导向审计
D. 英国式审计

2. 审计的本质特征是（　　）。
A. 独立性　　　B. 专业性
C. 权威性　　　D. 真实性

3. 关于审计的分类，可以从不同角度加以考察。以下对审计的分类，不恰当的是（　　）。
A. 审计按主体不同，分为政府审计、内部审计和注册会计师审计

B. 审计按范围不同，分为合理保证审计和有限保证审计

C. 审计按内容不同，分为财务报表审计、经营审计和合规审计

D. 审计按与被审计单位关系不同，分为内部审计和外部审计

4. 下列有关财务报表审计业务三方关系的说法中，错误的是（ ）。

A. 审计业务的三方关系人分别是注册会计师、被审计单位管理层和财务报表预期使用者

B. 如果注册会计师无法识别出使用审计报告的所有组织或人员，则预期使用者主要是指那些与财务报表有重要和共同利益的主要利益相关者

C. 委托人通常是财务报表预期使用者之一，也可能由责任方担任

D. 如果责任方和财务报表预期使用者来自于同一企业，则两者是同一方

5. 1918年9月，北洋政府批准著名会计学家谢霖先生为中国的第一位注册会计师，谢霖先生创办的（ ）是中国第一家会计师事务所。

A. 立信会计师事务所　B. 北京会计师事务所

C. 上海会计师事务所　D. 正则会计师事务所

二、多项选择题

1. 下列关于审计证据的说法，正确的有（ ）。

A. 会计记录属于重要的审计证据来源

B. 被审计单位聘请的专家编制的信息不能作为审计证据

C. 某些时候，信息的缺乏本身也构成审计证据

D. 不同来源或不同性质的证据可以证明同一项认定

2. 审计的职能主要有（ ）。

A. 经济预测　　　B. 经济评价

C. 经济鉴证　　　D. 经济监督

3. 审计要素主要包括（ ）

A. 财务报表

B. 审计证据

C. 审计业务的三方关系

D. 财务报表编制基础

4. 按照审计范围的不同，可以将审计划分为（ ）。

A. 全面审计　　　B. 局部审计

C. 综合审计　　　D. 专题审计

5. 按照审计内容和目的的不同，可以将审计划分为（ ）。

A. 财政财务审计　B. 财经法纪审计

C. 经济效益审计　D. 全面审计

三、判断题

1. 委托人与审计人之间是审计与被审计的关系。（ ）

2. 政府审计是独立性最强的一种审计。（ ）

3. 审计的职能不是一成不变的，它是随着社会经济的发展而逐步增加的。（ ）

4. 中华人民共和国成立之后相当长的一段时期内，国家并没有设置独立的审计机构，而是通过不定期的会计检查对企业的财税等情况进行监督。（ ）

5. 在社会主义市场经济体制下，生产资料的所有权和经营权是高度统一的，不存在受托经济责任关系，因而不需要审计。（ ）

四、思考题

1. 什么是审计？

2. 审计是如何产生的？

3. 如何理解审计职能？

4. 简述职业审慎。

项目 2 审计目标与审计过程

知识目标

◎ 了解认定的含义及内容；
◎ 理解认定与审计目标的关系及概念。

技能目标

◎ 掌握认定与审计过程；
◎ 掌握具体审计目标；
◎ 掌握审计过程。

案例导入

达逸会计师事务所承接艾德公司 2020 年财务报表审计工作，并于 2021 年 6 月 15 日完成审计工作。审计报告于 2021 年 6 月 20 日提交。被审计单位于 2021 年 6 月 22 日对外公布财务报表。注册会计师在日后事项期间分别发生如下事项：

（1）2021 年 6 月 12 日，公司在一起历时半年的诉讼中败诉，支付赔偿金 1500 万元（公司在上年末已确认预计负债 1000 万元）。被审计单位最终未接受注册会计师要求的按规定对此事项进行恰当会计处理的建议。

（2）2021 年 7 月 6 日，因遭受火灾，公司存货发生毁损 100 万元。

（3）2021 年 6 月 21 日，已确认为 2019 年度营业收入的重大销售相关货物因质量原因被退回，管理层最终并未修改财务报表。

（4）2021 年 7 月 2 日，被审计单位为从银行借入 5 000 万元长期借款而签订重大资产抵押合同。

（5）2021 年 6 月 24 日，注册会计师发现已公布的财务报表中存在某项当初未被发现的重大错报。被审计单位按注册会计师的要求修改了财务报表。

案例思考

请判断：上述资料是否属于期后事项？对于归属期后事项的，请判断出归属的种类、注册会计师应承担的责任以及注册会计师应采取的应对措施。（假设：上述事项相互之间并不关联，单独考虑每一事项即可）

本章导语

审计目标是指导审计工作的指南。审计过程是指从签订审计业务约定书后开始实施审计工作到结束的整个过程。审计过程通常包括三个主要阶段：审计准备阶段、审计实施阶段、审计完成阶段。

通过本项目，可以学习：
（1）认定的含义和内容；
（2）总体审计目标和具体审计目标；
（3）审计过程。

任务 2.1 认定

2.1.1 认定的含义

认定，是指管理层在财务报表中作出的明确或隐含的表达，注册会计师将其用于考虑可能发生的不同类型的潜在错报。通过考虑可能发生的不同类型的潜在错报，注册会计师运用认定评估风险，并据此设计审计程序，以应对评估的风险。

当管理层声明财务报表已按照适用的财务报告编制基础编制，已在所有重大方面作出公允反映时，就意味着管理层对各类交易和事项、账户余额以及披露的确认、计量和列报作出了认定。管理层在财务报表上的认定有些是明确表达的，有些则是隐含表达的。例如，管理层在资产负债表中列报存货及其金额，意味着作出下列明确的认定：①记录的存货是存在的；②存货以恰当的金额包括在财务报表中，与之相关的计价或分摊调整已恰当记录。

同时，管理层也作出下列隐含的认定：①所有应当记录的存货均已记录；②记录的存货都由被审计单位所有。

> **提示**
>
> 对于管理层对财务报表各组成要素作出的认定，注册会计师的审计工作就是要确定管理层的认定是否恰当。

2.1.2 认定的内容

1. 关于所审计期间各类交易、事项及相关披露的认定

关于所审计期间各类交易、事项及相关披露的认定通常分为下列类别：

（1）发生：记录或披露的交易和事项已发生，且这些交易和事项与被审计单位有关。

（2）完整性：所有应当记录的交易和事项均已记录，所有应当包括在财务报表中的相关披露均已包括。

（3）准确性：与交易和事项有关的金额及其他数据已恰当记录，相关披露已得到恰当计量和描述。

（4）截止：交易和事项已记录于正确的会计期间。

（5）分类：交易和事项已记录于恰当的账户。

（6）列报：交易和事项已被恰当地汇总或分解且表述清楚，相关披露在适用的财务报告编制基础下是相关的、可理解的。

【情景 2-1】北京惠达家具厂 2020 年利润表中列示主营业务收入为 30 000 000 元，则可认为惠达厂对其主营业务收入有如下认定：

惠达厂记录的 2020 年的主营业务收入的相关交易是真实发生的，没有虚构、多记主营业务收入；

惠达厂 2020 年的主营业务收入已经全部记录，没有漏记；

惠达厂 2020 年的主营业务收入金额是真实准确的，没有误报；

惠达厂 2020 年的主营业务收入全部发生于 2020 年度，没有记录 2019 年发生的和 2021 年将要发生的主营业务收入；

惠达厂 2020 年与主营业务收入相关的交易都已经记录在恰当的账户上，没有将其他账户的金额记录到主营业务收入里，也没有将主营业务收入的金额记录到其他账户上。

2. 关于期末账户余额及相关披露的认定

关于期末账户余额及相关披露的认定通常分为下列类别：

（1）存在：记录的资产、负债和所有者权益是存在的。

（2）权利和义务：记录的资产由被审计单位拥有或控制，记录的负债是被审计单位应当履行的偿还义务。

（3）完整性：所有应当记录的资产、负债和所有者权益均已记录，所有应当包括在财务报表中的相关披露均已包括。

（4）准确性、计价和分摊：资产、负债和所有者权益以恰当的金额包括在财务报表中，与之相关的计价或分摊调整已恰当记录，相关披露已得到恰当计量和描述。

（5）分类：资产、负债和所有者权益已记录于恰当的账户。

（6）列报：资产、负债和所有者权益已被恰当地汇总或分解且表述清楚，相关披露在适用的财务报告编制基础下是相关的、可理解的。

提示

注册会计师可以按照上述分类运用认定，也可按其他方式表述认定，但应涵盖上述所有方面。例如，注册会计师可以选择将关于各类交易、事项及相关披露的认定与关于账户余额及相关披露的认定进行综合运用。又如，当发生和完整性认定包含了对交易是否记录于正确会计期间的恰当考虑时，就可能不存在与交易和事项截止相关的单独认定。

【情景 2-2】北京惠达家具厂在 2020 年资产负债表中列示固定资产为 8 000 000 元，则可认为惠达厂对其固定资产有如下认定：

惠达厂 2020 年资产负债表中的固定资产是真实存在的，没有虚构、多记固定资产；

惠达厂 2020 年资产负债表中的固定资产都是由惠达厂拥有或控制的，没有经营租入和借入的固定资产；

惠达厂 2020 年所拥有或控制的固定资产全部记录在资产负债表中，没有漏记；

惠达厂 2020 年资产负债表中的 8 000 000 元的固定资产金额是准确的，相关的累计折旧和固定资产减值准备已经正确计算并恰当记录于相关账户中。

【情景 2-3】北京惠达家具厂在 2020 年财务报表附注中对存货作了如下说明：确定发出存货成本的方法，可变现价值的确定方法，存货跌价准备的计提方法；本期存货跌价准备计提的原因，用于担保的存货的账面价值；存货的具体构成情况。这表明惠达厂对其存货进行了如下认定：

与存货相关的交易、事项和其他情况已经发生，且与惠达厂有关；

资产负债表中的存货项目，在附注中已经全部作了说明；

与存货相关的全部信息已经进行了恰当的披露，且表述清楚；

与存货相关的财务信息和其他信息已经公允披露，且金额的确认是正确无误的。

2.1.3 认定与审计程序

认定与审计程序密切相关，审计的基本职责就是确定被审计单位管理层对其财务报表的认定是否具有合法性和公允性。注册会计师了解了认定，就很容易确定每个项目的审计程序。

审计准则中指出，认定影响审计程序的设计与实施。审计准则中所指的认定，是指管理层对财务报表组成要素的确认、计量、列报的明确或隐含的表达，它包括对交易与事项、账户余额、列报的认定。因此，认定与审计程序存在对应关系，并且对应的审计程序也包括对各类交易、账户余额、列报的实质性测试程序，如表 2-1 所示。

表 2-1　认定内容与实质性测试程序的对应关系

管理层认定		会计反映		实质性测试程序
交易与事项	↔	确认（定性）	↔	交易实质性测试程序
账户余额	↔	计量（定量）	↔	余额实质性测试程序
列报	↔	列报（表达）	↔	列报实质性测试程序

由表 2-1 可知，认定反映了会计处理的全过程，审计实务操作流程实际上也是围绕着会计处理的全过程展开的，审计程序就是针对会计处理全过程进行的再认定。

任务 2.2　审计目标

2.2.1　认定与审计目标的关系

认定与审计目标有着非常密切的关系，主要表现为以下两点：

（1）注册会计师的基本职责就是确定被审单位管理层对其财务报表的认定是否恰当。

（2）注册会计师了解了认定，就很容易确定每个项目的具体审计目标。

2.2.2　审计目标的概念

审计目标是指监督、确认和鉴证审计对象所要达到的目的和要求，它是指导审计工作的指南。审计目标的确定，除受审计对象的制约以外，主要取决于审计的分类、审计的职能和审计委托者对审计工作的要求。

审计目标分为总体审计目标和具体审计目标。

1. 总体审计目标的概念

在执行财务报表审计工作时，注册会计师的总体目标是：

（1）对财务报表整体是否不存在由于舞弊或错误导致的重大错报获取合理保证，使得注册会计师能够对财务报表是否在所有重大方面按照适用的财务报告编制基础而编制发表审计意见。

（2）按照审计准则的规定，根据审计结果对财务报表出具审计报告，并与管理层和治理层沟通。

在任何情况下，如果不能获取合理保证，并且在审计报告中发表保留意见也不足以实现向财务报表预期使用者报告的目的，注册会计师应当按照审计准则的规定出具无法表示意见的审计报告，或者在法律法规允许的情况下终止审计业务或解除业务约定。

2. 具体审计目标的概念

具体审计目标是审计总体目标的具体化，包括：与各类交易和事项相关的审计目标；与期末账户余额相关的审计目标；与列报相关的审计目标。

在进行审计工作时，通常应先明确总体审计目标，再明确具体审计目标。

2.2.3 总体审计目标

注册会计师的最终责任是按照审计准则的要求对财务报表发表审计意见，这是注册会计师的审计责任，也是注册会计师要达到的审计目标。

对于注册会计师审计来说，概括起来，总体审计目标就是指审查和评价审计对象的真实性和公允性，合法性和合规性，合理性和效益性，以及适当性和有效性。

1. 真实性和公允性

审计的总体目标之一，是审查和评价被审计单位财务报表和其他有关资料的真实性和公允性。审查被审计单位的财务报表和其他有关资料是否如实、恰当地反映了被审计单位的财务收支状况及其结果，以及与其有关的其他经济活动的事实；审查被审计单位的财务报表和其他有关资料的记录和计算是否准确无误，所有经济业务是否全部入账或记录。

提示

政府审计和内部审计更侧重于真实性的审查；民间审计更侧重于公允性的审查。

2. 合法性和合规性

审计的总体目标之二，是审查和评价被审计单位的财务收支及有关的经营管理活动的合法性和合规性。审查被审计单位的财务收支及其有关经营管理活动是否符合国家的法律法规，是否符合会计准则的规定。

3. 合理性和效益性

审计的总体目标之三，是审查和评价被审计单位的财务收支及有关的经营管理活动的合理性和效益性。审查被审计单位的财务收支及其有关经营管理活动是否符合事物发展的常理，是否符合企业经营管理的规律和发展趋势，是否经济利用人、财、物等资源，是否讲究效率；审查被审计单位的经营目标、决策、计划方案是否可行，是否讲求效果，经济活动是否具有经济效益。

提示

总体审计目标中的合理性和效益性，在内部审计中更为偏重。

4. 适当性和有效性

审计的总体目标之四，是审查和评价内部控制设计的适当性和有效性。审查和评价为实现控制目标所必需的内部控制要素是否都存在并且设计恰当；审查和评价内部控制运行的有效性，即审查和评价设定的内部控制系统是否按照规定程序得到了正确执行。

提示

总体审计目标中的适当性和有效性通常针对被审计单位的内部控制方面的审计。

2.2.4 具体审计目标

注册会计师了解认定后，就很容易确定每个项目的具体审计目标，并以此作为评估重大错报风险以及设计和实施进一步审计程序的基础。

1. 与所审计期间各类交易、事项及相关披露相关的审计目标

（1）发生：由发生认定推导的审计目标是确认已记录的交易是真实的。例如，如果没有发生销售交易，但在销售日记账中记录了一笔销售，则违反了该目标。

发生认定所要解决的问题是管理层是否把那些不曾发生的项目列入财务报表，它主要与财务报表组成要素的高估有关。

（2）完整性：由完整性认定推导的审计目标是确认已发生的交易确实已经记录，所有应包括在财务报表中的相关披露均已包括。例如，如果发生了销售交易，但没有在销售明细账和总账中记录，则违反了该目标。

发生和完整性两者强调的是相反的关注点。发生目标针对多记、虚构交易（高估），而完整性目标则针对漏记交易（低估）。

（3）准确性：由准确性认定推导出的审计目标是确认已记录的交易是按正确金额反映的，相关披露已得到恰当计量和描述。例如，如果在销售交易中，发出商品的数量与账单上的数量不符，或是开账单时使用了错误的销售价格，或是账单中的乘积或加总有误，或是在销售明细账中记录了错误的金额，则违反了该目标。

准确性与发生、完整性之间存在区别。例如，若已记录的销售交易是不应当记录的（如发出的商品是寄销商品），则即使发票金额是准确计算的，仍违反了发生目标。再如，若已入账的销售交易是对正确发出商品的记录，但金额计算错误，则违反了准确性目标，没有违反发生目标。在完整性与准确性之间也存在同样的关系。

（4）截止：由截止认定推导出的审计目标是确认接近于资产负债表日的交易记录于恰当的期间。例如，如果本期交易推到下期，或下期交易提到本期，均违反了截止目标。

（5）分类：由分类认定推导出的审计目标是确认被审计单位记录的交易经过适当分类。例如，如果将出售经营性固定资产所得的收入记录为营业收入，则会导致交易分类的错误，违反了分类的目标。

（6）列报：由列报认定推导出的审计目标是确认被审计单位的交易和事项已被恰当地汇总或分解且表述清楚，相关披露在适用的财务报告编制基础下是相关的、可理解的。

【情景2-4】润亚会计师事务所对北京惠达家具厂2020年财务报表进行审计。审计过程中，注册会计师李某对营业收入项目制订的具体审计目标为：确定利润表中记录的营业收入是否已经发生，且与惠达公司有关；确定所有应当记录的营业收入是否均已记录；确定与营业收入有关的金额及其他数据是否已恰当记录，包括对销售退回、销售折扣与折让的处理是否适当；确定营业收入是否已记录于正确的会计期间；确定营业收入是否已按照《企业会计准则》的规定在财务报表中做出恰当的列报。

2. 与期末账户余额及相关披露相关的审计目标

（1）存在：由存在认定推导的审计目标是确认记录的金额确实存在。例如，如果不存在某顾客的应收账款，在应收账款明细表中却列入了对该顾客的应收账款，则违反了存在目标。

（2）权利和义务：由权利和义务认定推导的审计目标是确认资产归属于被审计单位，负债属于被审计单位的义务。例如，将他人寄售商品列入被审计单位的存货中，违反了权利目标；将不属于被审计单位的债务记入账内，违反了义务目标。

（3）完整性：由完整性认定推导的审计目标是确认已存在的金额均已记录，所有应包括在财务报表中的相关披露均已包括。例如，如果存在某顾客的应收账款，而应收账款明细表中却没有列入，则违反了完整性目标。

（4）准确性、计价和分摊：资产、负债和所有者权益以恰当的金额包括在财务报表中，与之相关的计价或分摊调整已恰当记录，相关披露已得到恰当计量和描述。

（5）分类：资产、负债和所有者权益已记录于恰当的账户。

（6）列报：资产、负债和所有者权益已被恰当地汇总或分解且表述清楚，相关披露在适用的财务报告编制基础下是相关的、可理解的。

【情景2-5】润亚会计师事务所对北京惠达家具厂2020年财务报表进行审计。审计过程中，注册会计师李某对应收账款项目制订的具体审计目标为：确定资产负债表中记录的应收账款是否存在；所有应当记录的应收账款是否均已记录；记录的应收账款是否由惠达公司拥有或控制；应收账款是否以恰当的金额包括在财务报表中，与之相关的坏账准备是否已恰当记录；应收账款是否已按照企业会计准则的规定在财务报表中作出恰当列报和披露。

【情景 2-6】润亚会计师事务所对北京惠达家具公司 2020 年财务报表进行审计。审计过程中，注册会计师李某制定的与固定资产项目的列报和披露有关的具体目标为：资产负债表所列示的固定资产是否属于惠达公司；惠达公司所拥有或控制的固定资产项目是否全部披露；与固定资产相关的财务信息是否已经被恰当列报和描述，且披露内容表述清楚；固定资产的净值、累计折旧的方法选择和金额计算是否已公允披露，且金额恰当。

任务 2.3 审计过程

各项审计目标是在审计过程中通过制定计划、实施审计过程、收集证据、发表意见得以实现的。审计过程是指从签订审计业务约定书后开始实施审计工作到结束的整个过程。一般来说包括三个主要阶段：审计准备阶段、审计实施阶段和审计完成阶段。

2.3.1 审计准备阶段

审计准备阶段的基本内容包括开展初步业务活动和制定审计计划。

1. 开展初步业务活动

会计师事务所应当按照执业准则的规定，谨慎决策是否接受或保持某客户关系和具体审计业务。会计师事务所通过初步调查，在接受被审计单位的委托前，应当初步了解被审计单位的基本情况，包括被审计单位的行业状况、法律环境与监管环境以及其他外部因素，被审计单位的性质、会计政策的选择和运用，被审计单位的内部控制情况，以及业务约定事项和可能对审计业务产生重大影响的事项、交易、条件和惯例等其他事项。

注册会计师应当在审计业务开始之前与被审计单位就审计业务约定条款达成一致意见，并签订审计业务约定书。审计业务约定书是指会计师事务所与被审计单位签订的，用以记录和确认审计业务的委托与受托关系、审计目标和范围、双方的责任以及报告的格式等事项的书面协议。

2. 制定审计计划

注册会计师在执行具体审计程序之前，都必须根据具体情况制定科学、合理的计划，使审计业务以有效的方式得到执行。制定审计计划包括制定总体审计策略和制定具体审计计划。

（1）制定总体审计策略。

注册会计师应当为审计工作制定总体审计策略。总体审计策略的制定应当包括以下方面：确定审计业务的特征，明确审计业务的报告目标，考虑影响审计业务的重要因素，以确定审计项目组的工作方向。

总体审计策略用以确定审计范围、时间和方向，并指导制定具体审计计划。

（2）制定具体审计计划。

总体审计策略制定后，注册会计师应当针对总体审计策略中所识别的不同事项，制定具体审计计划。具体审计计划应当包括：注册会计师计划实施的风险评估程序的性质、时间和范围；注册会计师计划实施的进一步审计程序的性质、时间和范围；注册会计师针对审计业务需要实施的其他审计过程。

> **提示**
>
> 计划审计工作不是审计业务的一个孤立阶段，而是一个持续的、不断修正的过程，贯穿于整个审计业务的始终。

> **提示**
>
> 注册会计师应确保在计划审计工作时达到下列要求：
> （1）注册会计师已具备执行业务所需要的独立性和专业胜任能力。
> （2）不存在因管理层诚信问题而影响注册会计师保持执行该项业务意愿的情况。
> （3）注册会计师与被审计单位不存在对业务约定条件的误解。

2.3.2 审计实施阶段

审计实施阶段的主要活动是对被审计单位实施风险评估和进一步的审计过程。

1. 实施风险评估

审计准则规定，注册会计师必须实施风险评估。进行风险评估的目的有两方面：一方面是为了发现重大错误、舞弊，所以要了解被审计单位的环境、业务流程等因素，分析被审计单位可能发生错误或舞弊的领域；另一方面是为了提高审计效率，对高风险审计领域实施相应充分的审计程序，对低风险审计领域可以更加依赖审计抽样。一般来说，实施风险评估程序的主要工作包括：了解被审计单位及其环境；识别和评估财务报表层次以及各类交易、账户余额和披露认定层次的重大错报风险。

2. 实施进一步审计程序

注册会计师实施风险评估程序本身并不足以为发表审计意见提供充分、适当的审计证据，还应当实施进一步审计程序，包括实施控制测试（必要时或决定测试时）和实施实质性程序。

（1）实施控制测试。

控制测试是指用于评价内部控制的运行有效性的审计程序。控制测试的主要目的在于提高审计效率，即对各业务过程的关键控制环节进行测试，以确定被审计单位的内部控制系统能够防止出现错误或舞弊，进而影响财务报表的合法性和公允性的可靠程度。

在测试内部控制运行的有效性时，注册会计师应当从下列方面获取关于控制是否有效运行的审计证据：在所审计期间的不同时点，控制是如何运行的；控制是否得到一贯执行；控制由谁执行；控制以何种方式运行。

> **提示**
>
> 控制测试的程序通常包括询问、观察、检查、穿行测试和重新执行。

> **提示**
>
> 实施控制测试并不是进一步审计程序中必需的一个环节。在了解被审计单位的内部控制设计合理的情况下，可实施控制测试，评价内部控制运行的有效性。

（2）实施实质性程序。

实质性程序是对具体的交易、余额和列报采取有效的方法获取充分、适当的证据的过程。无论被审计单位的内部控制系统多么有效，都必须实施实质性程序，才能作为对财务报表发表意见的基础。实质性程序包括对各类交易、账户余额、列报和披露进行的细节测试以及实质性分析程序。

细节测试适用于对各类交易、账户余额、列报和披露认定的测试，尤其是对存在或发生、计价认定的测试。执行这类测试时，注册会计师主要通过一定的审计方法来验证各类业务或账户余额的真实性。细节测试的程序类型包括检查、观察、询问、函证和重新计算。

在实质性程序中使用的分析程序称为实质性分析程序，执行该程序的目的是通过研究不同财务数据之间以及财务数据与非财务数据之间的内在关系，对财务信息做出评价，并确定审计重点，其基本内容包括比较分析、比率分析和趋势分析等。

2.3.3 审计完成阶段

审计完成阶段是审计过程的最后一个阶段，主要活动包括完成审计工作和出具审计报告。

1. 完成审计工作

在实施阶段所有的审计活动结束之后，要进行汇总和分析，主要包括：整理、评价执行审计业务中收集到的审计证据；复核审计工作底稿；审计期后事项；汇总审计差异，并提请被审计单位调整或作出适当披露；形成审计意见，编制审计报告。在这一过程中，为了实现审计目标，注册会计师必须正确运用职业判断，综合所收集到的各种证据，并根据审计准则，形成适当的审计意见，为最终出具审计报告做好准备。

2. 出具审计报告

审计报告是注册会计师完成审计任务、向被审计单位说明审计情况、形成审计结论与意见的书面文件，是审计工作的最终成果，具有法定证明效力。审计报告的初稿完成后，应进行重点复核和全面复核。如果复核中发现存在遗漏问题，应返回到审计实施阶段补充审计；如果复核中发现问题处理不当，应返回至编制审计差异表这一步骤，对不正确的处理意见做出适当的修订。经复核确认后，注册会计师应将审计报告草拟稿（或征求意见稿）送至被审计单位管理当局确认，然后再正式签发并出具审计报告。

提示

对于注册会计师审计来说，出具审计报告标志着审计工作的完全结束；对于国家审计和内部审计来说，出具审计报告一段时期后，还会有后续审计的工作。

项目小结

本项目解释了认定的含义，并介绍了认定所包含的内容；介绍了审计的总体目标和具体目标的制定；阐述了审计工作的准备、实施和完成阶段的主要工作内容。

思考与练习

一、单项选择题

1. 下列有关"完整性"的认定中，表述不正确的是（　　）。

A. 该认定是指应在财务报表中列示的所有交易和项目是否都列入了

B. 该认定主要与财务报表组成要素的低估有关

C. 该认定所要解决的问题是被审计单位管理层是否把应包括的项目给遗漏或省略了

D. 该认定还涉及所报告的交易和项目的金额是否正确

2. 下列认定中与利润表组成要素无关的是（　　）。

A. 发生　　　　B. 完整性

C. 权利和义务　　D. 准确性

3. 若下期交易提前到本期记录，则属于（　　）认定错报。

A. 截止　　　　B. 发生

C. 分摊　　　　D. 完整性

4. 下列有关审计目标的表述中，正确的是（　　）。

A. 审计目标是审计行为的结果

B. 审计目标在不同的历史时期是相同的

C. 审计目标体系包括审计总目标和审计具体目标两个层次

D. 审计总目标由审计具体目标组成

5. 在考虑实施实质性程序的时间时，如果识别出由于舞弊导致的重大错报风险，注册会计师应当（　　）。

A. 在期末或接近期末实施实质性程序

B. 在期中实施实质性程序

C. 在期中和期末都实施实质性程序

D. 实施将期中结论延伸至期末的审计程序

二、多项选择题

1. 被审计单位管理层在资产负债表中列报银行存款及其金额，意味着作出了哪些明确的认定？（　　）

A. 记录的银行存款是存在的

B. 银行存款以恰当的金额包括在财务报表中

C. 所有应当记录的银行存款均已记录

D. 记录的银行存款都由被审计单位拥有

2. 审计过程是指审计工作从开始到结束的整个过程，其内容主要包括（　　）。

A. 完成审计工作和编制审计报告

B. 实施控制测试和实质性程序

C. 实施风险评估程序

D. 计划审计工作

3. 注册会计师开展初步业务活动，有助于确保在计划审计工作时达到的要求为（　　）。

A. 注册会计师已具备执行业务所需要的独立性和专业胜任能力

B. 不存在因管理层诚信问题而影响注册会计师保持执行该项业务意愿的情况

C. 与被审计单位不存在对业务约定条款的误解

D. 风险评估程序的合理运用

4. 风险评估程序包括（　　）。

A. 询问被审计单位管理层和内部其他相关人员

B. 实施分析程序

C. 控制测试

D. 观察和检查

5. 在确定进一步审计程序的时间时，注册会计师应当考虑的主要因素有（　　）。

A. 评估的认定层次重大错报风险

B. 控制环境

C. 错报风险的性质

D. 审计证据适用的期间或时点

三、判断题

1. 注册会计师审计的总目标是对被审计单位财务报表的合法性、公允性负责。（　）
2. 注册会计师有责任制订计划和实施必要程序，以保证能发现财务报表的重大错报、舞弊以及对财务报表有直接影响的重大违反法律法规行为。（　）
3. 如果控制环境比较差，注册会计师应在期中实施更多的审计程序。（　）
4. 审计目标是指监督、确认和鉴证审计对象所要达到的目的和要求，它是指导审计工作的指南。（　）
5. 注册会计师的最终责任是按照审计准则的要求对财务报表发表审计意见，这是注册会计师的审计责任，也是注册会计师要达到的审计目标。（　）

四、简答题

1. 财务报表审计的总目标是什么？
2. 如何执行银行存款的实质性程序？
3. 简述实收资本的实质性测试程序。

项目 3　审计准则、审计依据与审计职业道德规范

知识目标

◎ 了解审计准则的含义；
◎ 掌握审计准则的结构内容；
◎ 了解审计依据的含义与特点。

技能目标

◎ 掌握审计准则的性质；
◎ 掌握审计依据的分类；
◎ 理解注册会计师的职业道德；
◎ 掌握注册会计师的法律责任。

案例导入

威特有限责任公司是一家厨具制造厂，魏聂是该公司的总裁。张斌是 A 会计师事务所的合伙人。某一天，张斌找到魏聂，向他建议说他的事务所可以为威特有限责任公司审计工资系统，这样既可以节约资金，又可以减少公司费用。不过，张斌提出采用或有收费的方式，即以未来 4 年中为威特公司节约资金的 25% 为服务费用。威特公司为审计工资系统而花费的现行成本预计为 200 000 元。威特公司以前不是 A 会计师事务所的客户。

魏聂就此事与其注册会计师李华讨论。李华所在事务所为该公司提供审计服务。李华说此项业务工作量很小，她可以仅以 30 000 元来完成。

案例思考

注册会计师张斌和李华是否违背了注册会计师职业道德基本准则的相关规定？为什么？

本章导语

审计准则通过注册会计师执行审计程序体现，是衡量注册会计师执行财务报表权威性标准。审计依据是据以作出审计结论、提出处理意见和建议的客观标准。

通过本项目，可以学习：

（1）审计准则的含义和特征；
（2）审计准则的结构内容；
（3）审计依据的概念和特点；
（4）注册会计师职业道德的基本原则；
（5）注册会计师的法律责任。

任务 3.1 审计准则和审计依据

3.1.1 审计准则

1. 审计准则的性质

注册会计师应当遵守与审计工作相关的所有审计准则。如果某项审计准则有效且所适用的情形存在,则该项审计准则与审计工作相关。

审计准则作为一个整体,为注册会计师执行审计工作以实现总体目标提供了标准。审计准则规范了注册会计师的一般责任以及在具体方面履行这些责任时的进一步考虑。

2. 审计准则的内容

注册会计师应当掌握审计准则及应用指南的全部内容,以理解每项审计准则的目标,并恰当地遵守其要求。

每项审计准则通常包括总则、定义、目标、要求(在审计准则中,对注册会计师提出的要求以"应当"来表述)和附则。总则提供了与理解审计准则相关的背景资料。每项审计准则还配有应用指南。每项审计准则及应用指南中的所有内容都与理解该项准则中表述的目标和恰当应用该准则的要求相关。

应用指南对审计准则的要求提供了进一步解释,并为如何执行这些要求提供了指引。特别是应用指南可以更清楚地解释审计准则要求的确切含义或所针对的情形,并举例说明适合具体情况的程序。应用指南本身并不对注册会计师提出要求,但与恰当执行审计准则对注册会计师提出的要求是相关的。应用指南提供了审计准则所涉及事项的背景资料。

附录也是审计准则或应用指南的组成部分。附录的目的和预定用途会在相关审计准则或应用指南的正文或在附录的标题和自身说明中作出解释。

3. 审计准则中包含的对小型被审计单位的特殊考虑

在审计准则中,小型被审计单位是指在性质上具有下列典型特征的实体:

(1)所有权和管理权集中于少数个体(通常是指单一个体——既可以是一个自然人,也可以是一个拥有该小型被审计单位所有权的其他实体,但前提是该所有者具有相关的定性特征);

(2)具有下列一项或多项特征:
①从事简单的交易;
②会计记录简单;
③业务类别较少并且业务类别中产品较少;
④内部控制较少;
⑤较少层级的管理层负责广泛的控制活动;
⑥较少职员,其中多数人承担广泛的职责。

以上并未完全列举出小型被审计单位的特征,这些特征并不为小型被审计单位所独有,小型被审计单位也未必具有所有这些特征。

审计准则中包含的对小型被审计单位的特殊考虑主要是针对非上市实体制定的。然而,其中的一些考虑也可能对审计小型上市实体有所帮助。

4. 审计准则的运用

审计准则的运用贯穿整个审计过程,例如:
(1)审计准则规定了审计目标。

为了实现注册会计师的总体目标,在计划和实施审计工作时,注册会计师应当运用相关审计准则规定的目标。在运用规定的目标时,注册会计师应当认真考虑各项审计准则之间的相互关系,以采取下列措施:

①为了实现审计准则规定的目标,确定是否

有必要实施除审计准则规定以外的其他审计程序；

②评价是否已获取充分、适当的审计证据；

③每项审计准则规定的目标。

> **提示**
> 每项审计准则均包含一个或多个目标，这些目标将审计准则的要求与注册会计师的总体目标联系起来。每项审计准则规定目标的作用在于使注册会计师关注每项审计准则预期实现的结果。

在运用每项审计准则规定的目标时，注册会计师需要考虑各项审计准则之间的相互关系。这是因为：审计准则在某些情况下规范了注册会计师的一般责任，而在另外一些情况下，则规范了如何在具体方面履行这些责任。例如，在更具体的层次上，《中国注册会计师审计准则第1211号——通过了解被审计单位及其环境识别和评估重大错报风险》和《中国注册会计师审计准则第1231号——针对评估的重大错报风险采取的应对措施》分别对与注册会计师识别和评估重大错报风险，以及设计和实施进一步的审计程序，以应对这些评估风险的责任相关的目标和要求作出了规定，而这些目标和要求适用于整个审计过程。

（2）遵循审计准则以获取充分、适当的审计证据。

审计准则的要求旨在使注册会计师能够实现审计准则规定的目标，进而实现注册会计师的总体目标。因此，注册会计师恰当执行审计准则的要求，预期会为其实现目标提供充分的基础。然而，由于各项审计业务的具体情况存在很大差异，并且审计准则不可能预想到所有的情况，因此，注册会计师有责任确定必要的审计程序，以满足准则的要求和实现目标。针对某项业务的具体情况，可能存在一些特定事项，需要注册会计师实施审计准则要求之外的审计程序，以满足审计准则规定的目标。注册会计师可以运用"目标"以评价是否已获取充分、适当的审计证据。

【情景3-1】"在执行审计工作和撰拟审计报告时，应保持职业人员应有的严谨态度"的规定，属于一般准则的内容。"审计报告应说明本期财务报表是否按照一般公认的会计准则编制"的规定，属于报告准则的内容。"审计工作必须妥善地进行计划安排，如有助理人员，必须加以监督和指导"的规定，属于工作准则的内容。

3.1.2 审计依据

1. 审计依据的含义

审计是一项客观、公正的工作，提出审计意见、作出审计结论，都必须有明确的审计依据。有依据的审计意见和结论才能令人信服。

审计依据是指查明审计客体的行为规范，是据以作出审计结论、提出处理意见和建议的客观标准。

审计依据与审计准则是两个既有联系又有区别的概念。审计准则解决如何进行审计的问题，是注册会计师行动的指南和规范；审计依据则是注册会计师根据什么标准去判别被审计单位的财务状况、经营成果和现金流量的合法或非法、公允或非公允，并据以作出审计结论、提出审计意见和建议的根据。注册会计师在实施审计行为时，除了要根据审计准则进行审计工作之外，还需要一套科学、合理的审计依据。

> **提示**
> 审计依据是提出审计意见、作出审计结论的衡量尺度。

2. 审计依据的特点

审计依据不是固定不变的，它随着国家管理的规范和单位管理的加强不断调整和完善。但是，无论在什么阶段，审计依据都会体现出权威性、层次性、相关性、地域性、时效性等特点。

（1）权威性：任何审计依据都具有一定的权威性或公认性，否则不足以引用为依据。

（2）层次性：审计依据一般是由审计主体以外的国家机关、管理部门、业务部门、技术部门和企业单位制订的。审计依据因管辖范围和权威性大小不同而有不同的层次。一般来说，制订审计依据的单位级别越高，其管辖的范围越广，其权威性越强。

（3）相关性：所选用的审计依据要与被审计事项相关，能够判定被审计事项是否真实、合法与有效；所选用的审计依据应能为注册会计师提出的审计意见、做出的审计决定提供充足理由。

（4）地域性：不同地区、不同行业和不同部门的一些地方法规、行业标准和部门规章不尽相同，因此，其适用的审计依据也各不相同。注册会计师在进行审计判断时，必须注意到地区差别、行业差别和单位差别。

（5）时效性：审计依据都有一定的时效性，它随着经济和社会的发展不断地变更和修订。因此，注册会计师在审计工作中，应选用在被审计事项发生时的审计依据，而不能以审计时现行的法律、法规、规章制度作为判断依据。

提示

国家的法律、法规是衡量经济活动是否合法、合规的依据，可为全国公认，据此提出审计意见、做出审计决定一般是正确无误的。这就体现了审计依据的权威性特点。

【情景3-2】2021年4月，润亚会计师事务所审计北京惠达家具厂2020年的财务报表时，就需要选用2020年的相关法律法规作为审计依据，而不能以2021年或2019年以前的相关法律法规作为审计依据，这就体现了审计依据的时效性特点。

3. 审计依据的分类

审计依据可按不同的标准进行分类，通常来说，审计依据可根据来源渠道和性质内容进行分类。

（1）按来源渠道分类。

按审计依据的来源渠道进行分类，可分为外部制定的审计依据和内部制定的审计依据。

外部制定的审计依据是指国家制定的法律、法规、条例、政策、制度；地方政府、上级主管部门颁发的规章制度和下达的通知、指示文件等。内部制定的审计依据是指被审计单位制定的经营方针、任务目标、计划预算、各种定额、经济合同、各项指标和各项规章制度等。

（2）按性质内容分类。

按审计依据的性质内容分类，可分为法律法规，规章制度，预算、计划、合同和技术标准等。

法律是国家立法机关依照立法程序制定和颁布，由国家强制保证执行的行为规范的总称，如宪法、会计法、审计法、各种税法、企业法、公司法等。法规是由国家行政机关制定的各种法令、条例、规定等，如《价格管理条例》《企业会计准则》等。

规章制度主要有：国务院各部委、省、自治区、直辖市根据法律和国务院的行政法规制定的规章制度，如《南宁市房地产市场管理细则》《会计人员职权条例》等；被审计单位上级主管部门和被审计单位内部制订的各种规章制度等，如单位内部制定的各项内部控制制度等。

预算、计划、合同主要指单位编制的经费预算、制定的各种经济计划、与其他单位签订的各种经济合同等。

技术经济标准指重复性的技术事项在一定范围内的统一规定，如人员配备定额、工作质量标准、原材料消耗定额、工时定额、能源消耗定额、设备利用定额等。

4. 运用审计依据的原则

不同的被审计事项需要不同的衡量、评价依据。注册会计师在选用审计依据时，除应注意审计依据的特点之外，还应遵循一定的原则。运用审计依据的原则主要包括以下几点：

（1）具体问题具体分析原则。

注册会计师应从实际出发，具体问题具体分析，根据需要选定适用的依据；选用审计依据时，应根据其特点，尽可能选用权威性强、令人信服的依据，选用本地区、本行业、本单位适用的依据，选用被审计事项发生时有效的依据。在遇到问题时，应坚持三个原则：有法可依时，从法；无法可依时，从理；地方法规与国家法规发生矛盾时，慎重处理。

(2) 辩证分析问题原则。

影响经济活动的因素具有多面性和可变性。因此，要辩证地看问题，抓住主要矛盾和矛盾的主要方面，把握问题的实质，选用适当的审计依据，并据以提出审计意见和建议，作出审计结论。

(3) 准确可靠原则。

注册会计师所运用的依据必须准确可靠，这主要体现其在引用的数据，列举的定额、标准，引用的法律、法规、规章制度等，必须亲自核对，有真凭实据（必要时，需将复印件列示于审计工作底稿中）。

(4) 利益兼顾原则。

在运用审计依据时，要贯彻利益兼顾的原则，全面地分析问题。利益兼顾原则主要包括：国家、企业和个人利益兼顾；眼前利益与长远利益兼顾；企业经济效益与社会效益兼顾。

总之，合理地运用审计依据，对于作出客观公正的评价和正确的结论，对于促进审计质量的提高，都有重要的意义。

任务 3.2 审计职业道德规范

3.2.1 注册会计师的职业道德

为了规范中国注册会计师职业行为，提高职业道德水准，维护职业形象，中国注册会计师协会制定了《中国注册会计师职业道德守则》和《中国注册会计师协会非执业会员职业道德守则》。中国注册会计师协会会员包括注册会计师和非执业会员。非执业会员是指加入中国注册会计师协会但未取得中国注册会计师证书的人员，通常在工业、商业、服务业、公共部门、教育部门、非营利组织、监管机构或职业团体从事专业工作。中国注册会计师协会会员职业道德守则规定了职业道德基本原则和职业道德概念框架，会员应当遵守职业道德基本原则，并能够运用职业道德概念框架解决职业道德问题。

注册会计师职业道德，是指对注册会计师的职业品德、执行纪律、业务能力、工作规则及所负的责任等思想方式和行为方式所做的基本规定和要求。注册会计师的职业道德包含的内容丰富，下面主要介绍注册会计师职业道德的基本原则。

注册会计师职业道德的基本原则包括诚信、独立性、客观和公正、专业胜任能力和应有的关注、保密、良好的职业行为。

1. 诚信

诚信，是指诚实、守信。诚信原则要求注册会计师应当在所有的职业关系和商业关系中保持正直和诚实，秉公处事、实事求是。

注册会计师如果认为业务报告、申报资料或其他信息存在下列问题，则不得与这些有问题的信息发生牵连：

(1) 含有严重虚假或误导性的陈述。

(2) 含有缺乏充分依据的陈述或信息。

(3) 存在遗漏或含糊其词的信息。

注册会计师已与有问题的信息发生牵连的，应采取措施消除牵连。

【情景3-3】 润亚会计师事务所在制订审计计划的过程中，在分配审计任务时充分考虑了审计小组每位成员的专业胜任能力；在审计过程中，实事求是，不省略必要的审计程序，更不与被审计单位合谋形成严重不实的审计报告，这都属于遵循诚信原则的行为。

2. 独立性

独立性，是指不受外来力量控制、支配，按照一定之规行事。独立性原则通常是对注册会计师而不是非执业会员提出的要求。在执行鉴证业务时，注册会计师必须保持独立性。独立性包括实质上的独立和形式上的独立。

（1）实质上的独立要求注册会计师与委托人及被审计单位之间不存在利害关系。

（2）形式上的独立要求注册会计师与委托人及被审计单位之间在他人面前保持独立的身份。

【情景3-4】 润亚会计师事务所的注册会计师刘某拥有北京惠达家具厂6%的股权。润亚会计师事务所在对惠达公司进行审计时，刘某不能参与审计，必须回避，这属于注册会计师和被审计单位之间在实质上不独立，因为注册会计师和被审计单位存在直接经济利益关系。

【情景3-5】 润亚会计师事务所的注册会计师李某的哥哥担任北京惠达家具厂的总经理。润亚会计师事务所在对惠达公司进行审计时，李某不能参与审计，必须回避，这属于注册会计师和被审计单位之间在形式上不独立，因为注册会计师和被审计单位的重要管理人员之间关系密切。

3. 客观和公正

客观，是指按照事物的本来面目去考察，不添加个人的偏见；公正，是指公平、正直，不偏袒。客观和公正原则要求审计人员公正处事、实事求是，不得由于偏见、利益冲突或他人的不当而影响自己的职业判断。

【情景3-6】 润亚会计师事务所的注册会计师李某在审计过程中，接受了被审计单位额外赠送的一部手机，李某最终出具了不实的审计报告，这就违反了客观和公正原则。

4. 专业胜任能力和应有的关注

专业胜任能力要求注册会计师将专业知识和技能始终保持在应有的水平之上，以适应当前实务、法律和技术的发展，确保为客户提供具有专业水准的服务。

专业胜任能力可以分为两个独立的阶段：专业胜任能力的获取；专业胜任能力的保持。

应有的关注，要求注册会计师勤勉尽责，按照执业准则和职业道德规范的要求，认真、全面、及时地完成工作任务。在审计过程中，审计人员应当保持职业怀疑态度，运用专业知识、技能和经验，获取和评价审计证据。职业怀疑态度，是指注册会计师应以质疑的思维方式评价证据的有效性。

【情景3-7】 润亚会计师事务所在对北京惠达家具厂进行年度审计时，发现其销售增长超过行业水平，而当年其他竞争者的销售都处于下降状态，并且惠达家具厂的生产力水平并没有明显提高。在这种情况下，注册会计师应提高对其舞弊或错报交易的怀疑。这就体现了注册会计师保持应有的关注原则。

5. 保密

注册会计师与客户进行沟通，必须为客户的信息保密。在没有取得客户同意的情况下，不能泄露任何客户的涉密信息。

（1）保密原则要求注册会计师不得有下列行为：

①未经客户授权或法律法规允许，向会计师事务所以外的第三方披露其所获知的涉密信息。

②利用所获知的涉密信息为自己或第三方牟取利益。

（2）在下列情况下，注册会计师可以披露涉密信息：

①法律法规允许披露，并且取得客户或工作单位的授权。

②根据法律法规的要求，为法律诉讼、仲裁准备文件或提供证据，以及向有关监管机构报告发现的违法行为。

③在法律法规允许的情况下，在法律诉讼、

仲裁中维护自己的合法权益。

④接受注册会计师协会或监管机构的执业质量检查，答复其询问和调查。

⑤法律法规、执业准则和职业道德规范规定的其他情形。

6. 良好的职业行为

注册会计师应当遵守相关法律法规，避免发生任何损害职业声誉的行为。

注册会计师应当诚实、实事求是，不得有下列行为：

（1）夸大宣传提供的服务、拥有的资质或获得的经验。

（2）贬低或无根据地比较其他审计人员的工作。

> **提示**
>
> 注册会计师在向公众传递信息以及推介自己和工作时，应当客观、真实、得体，不得损害职业形象。

3.2.2 注册会计师的法律责任

注册会计师的审计活动是一种有目的、独立、公正、具有权威性的鉴证活动。在开展审计业务过程中，不仅涉及有关经济单位的利益，还涉及其他人的经济责任和法律责任。因此，明确我国注册会计师的法律责任，对于促使注册会计师讲究职业道德，保证审计结论的正确性和公正性，具有重要意义。

1. 对注册会计师法律责任的认定

如果注册会计师因行为不当给被审计单位或第三方造成损失，注册会计师将承担法律责任，这些不当行为包括违约、过失和欺诈等。

（1）违约责任。

所谓违约责任是指注册会计师因违反业务合同约定造成了损失而承担的法律责任。

【情景3-8】在润亚会计师事务所对北京惠达家具厂进行2020年年度审计时，合同规定润亚会计师事务所应于2021年3月1日前出具审计报告，但本次审计小组责任人、注册会计师刘某未能在2021年3月1日前提交审计报告，这就需要刘某承担违约责任。

（2）过失责任。

所谓过失责任是指在一定条件下，注册会计师没有保持应有的职业谨慎而给他人造成损失所应承担的法律责任。评价注册会计师的过失，是以其他合格注册会计师在相同条件下可做到的谨慎为标准的。按程度不同，过失分为普通过失和重大过失。

①普通过失，也称一般过失，即注册会计师在工作中没有保持应有的职业谨慎，没有完全遵循专业准则的要求。

②重大过失，是指注册会计师根本没有遵循专业准则或没有按专业准则的基本要求执行审计。

【情景3-9】润亚会计师事务所对北京惠达家具厂进行2020年年度审计，在对惠达家具厂的存货进行监盘的过程中，注册会计师刘某未保持应有的合理谨慎，其盘点过的存货在数量方面存在问题，而刘某未能查出。通常情况下，其他合格的注册会计师是不会出现这种失误的。这可视为一般过失，刘某应承担过失责任。

> **提示**
>
> 应有的谨慎，可简单理解为应严格按照审计准则的要求，保持应该具备的认真和怀疑态度。

【情景3-10】润亚会计师事务所对北京惠达家具厂进行2020年年度审计，在执行应收账款的实质性程序中，注册会计师刘某未遵循审计准则，在对审计单位的应收账款函证不存在任何限制条件的情况下，未进行应收账款函证。这些行为可视为重大过失，刘某应承担过失责任。

（3）欺诈责任。

欺诈（也称为舞弊）责任是指注册会计师为了

达到欺骗他人的目的，明知被审计单位的财务报表有重大错报，却加以虚伪的陈述，出具无保留意见的审计报告，给他人造成损失而应承担的责任。

【情景 3-11】 润亚会计师事务所在对北京惠达家具厂进行 2020 年年度审计时，审计小组责任人、注册会计师刘某明知惠达家具厂的财务报表存在重大错报，但为了不影响某些经济业务，故意出具无保留意见审计报告，从而欺骗报表使用者。这种行为就属于欺诈行为，刘某应承担欺诈责任。

2、注册会计师应承担的法律责任

注册会计师的法律责任是指注册会计师在承办业务的过程中，因未能履行合同条款，或者未能保持应有的职业谨慎，或由于故意未按专业标准出具合格报告，而致使审计报告使用者遭受损失，依照有关法律法规，注册会计师或注册会计师事务所应承担的法律责任。

按照应该承担责任的内容不同，注册会计师的法律责任可分为行政责任、民事责任和刑事责任三种，三种责任可以同时追究，也可以单独追究。

（1）行政责任是指注册会计师违反了法律、法规的有关规定，政府主管部门将依法对其进行行政处罚，包括对会计师事务所给予警告、没收违法所得、罚款、暂停执业、撤销等，以及对注册会计师给予警告、暂停执业、吊销注册会计师证书和宣布为市场禁入者等。

（2）民事责任是指注册会计师给他人造成经济损失的，应予以赔偿。

（3）刑事责任是指注册会计师由于违反国家的法律法规，情节严重，构成刑事犯罪行为而承担的法律后果。

注册会计师应承担的法律后果如表 3-1 所示。

表 3-1 注册会计师应承担的法律后果

承担责任的主体	行政责任 （适用于违约、过失、欺诈）	民事责任 （适用于违约、过失、欺诈）	刑事责任 （适用于欺诈）
注册会计师	警告、暂停执业、吊销注册会计师证书	赔偿损失、支付违约金	五年以下有期徒刑或拘役

3. 注册会计师法律责任的预防

与注册会计师法律责任相适应，注册会计师必须在执业中遵循执业准则和有关要求，尽量减轻自己的责任，尽力避免或减少法律诉讼。具体措施主要有：

（1）遵循执业准则和职业道德要求。只要注册会计师严格遵守执业准则和职业道德的要求，一般不会发生过失，至少不会发生重大过失。

（2）谨慎选择委托单位。会计师事务所在接受委托之前，应当采取必要的措施获得对委托单位的基本了解，评价其品格。一旦发现委托单位缺乏正直的品格，应尽量拒绝接受委托，因为委托单位如果没有正直的品格，出现法律纠纷的可能性就比较大。

（3）招收合格的助理人员。对于大多数审计项目来说，相当多的工作是由经验不足的助理人员完成的，出现失误要由注册会计师承担风险。因此，注册会计师必须招收合格的助理人员，对他们进行适当、有效的培训，并在工作过程中对他们进行监督和指导。

（4）严格签订审计业务约定书。审计业务约定书是确定会计师事务所和委托单位责任的重要文件，只有明确业务的性质、范围以及双方的责、权、利，才能在发生法律诉讼时减少无休止的争执。

（5）深入了解委托单位的业务。注册会计师必须熟悉委托单位的经济业务和生产经营业务，对于陷入财务困境的委托单位，要特别注意。在审计过程中，注册会计师未能发现重大错报的一个重要原因就是他们不了解委托单位所在行业的情况及委托单位的业务。

（6）聘请合适的律师。在审计过程中，注册会计师应聘请熟悉注册会计师法律责任的律师，详细讨论所有潜在的风险情况，并仔细考虑律师的建议。一旦发生法律诉讼，要聘请有经验的律师参与诉讼。另外，投保充分的责任保险是会计师事务所的一项极为重要的预防措施。这项措施能在诉讼失败时，防止或减少会计师事务所的经济损失。

项目小结

本项目解释了审计准则和审计依据的概念、特征和主要作用；介绍了审计准则的基本结构内容和审计依据的分类；阐述了注册会计师职业道德的基本原则；并且提及了注册会计师应承担的法律责任。

思考与练习

一、单项选择题

1. 衡量注册会计师审计质量合格与否的标准是（　）。
   A. 审计准则
   B. 注册会计师职业道德准则
   C. 会计准则及国家其他有关财务会计制度
   D. 审计质量控制准则

2. 下列各项对注册会计师法律责任认定的分类中，正确的是（　）。
   A. 违约、过失、欺诈
   B. 违约、重大过失、欺诈
   C. 过失、重大过失、欺诈
   D. 违约、过失、欺诈、推定欺诈

3. 下列各项中，属于职业道德基本原则的是（　）。
   A. 谨慎性　　　B. 独立性
   C. 及时性　　　D. 重要性

4. 审计准则是审计工作质量的权威性判断标准，又称为（　）。
   A. 审计依据　　B. 专业标准
   C. 审计假设　　D. 审计条例

5. 审计人员没有按照特定的审计项目取得必要和充分的审计证据就出具审计报告，可视为（　）。
   A. 普通过失　　B. 重大过失
   C. 推定欺诈　　D. 欺诈

二、多项选择题

1. 下列各项中，属于会计师事务所质量控制制度要素的有（　　）。
   A. 对业务质量承担的领导责任
   B. 职业道德规范
   C. 客户关系和具体业务的接受与保持
   D. 人力资源

2. 下列各项中，会计师事务所的行为不违反注册会计师职业道德规范的有（　　）。
   A. 会计师事务所以降低收费方式招揽业务，但遵守了审计准则并保证了审计质量
   B. 会计师事务所为争取更多的客户对其能力进行广告宣传，但没有诋毁同行
   C. 会计师事务所允许有条件的其他单位以本所名义承办业务
   D. 会计师事务所的一名员工与被审计单位的一名独立董事有近亲关系，但事务所没有安排他参与本次审计工作

3. 职业道德概念框架的目的在于为会员提供解决职业道德问题的思路，下列说法恰当的有（　　）。
   A. 会员在评价不利影响的重要程度时，不考虑不利影响的数量和性质因素
   B. 会员应该识别对遵循职业道德基本原则的不利影响
   C. 会员应该评价以及识别不利影响的重要程度
   D. 会员应该采取必要的防范措施，消除不利影响，或将其降到可接受的水平

4. 对于注册会计师个人而言，行政处罚包括（　　）。
   A. 暂停执业
   B. 支付违约金
   C. 吊销注册会计师证书
   D. 警告

5. 为了有效规避法律责任，注册会计师与会计师事务所自身应做的努力包括（　　）。
   A. 审慎选择被审计单位
   B. 深入了解被审计单位的业务
   C. 遵循职业道德和执业标准
   D. 加强沟通，消除期望差距

三、判断题

1. 如果会计师事务所的高级管理人员加入被审计单位担任董事或高级管理人员，则应将其调离该项目组，以维护独立性。（　　）

2. 审计准则为注册会计师执行审计业务提供了行为标准，而职业道德准则为注册会计师执行的各项业务符合相应的专业标准提供了保障。（　　）

3. 在注册会计师出具无保留意见的前提下，被审计单位如果发生经营失败，则注册会计师必定存在审计失败。（　　）

4. 注册会计师注意到被审计单位存在违犯法规行为之后，如果认为违犯法规行为是故意和重大的，注册会计师应就发现的情况立即与治理层进行沟通。（　　）

5. 在审计过程中，若注册会计师怀疑其所注意到的违犯法规行为涉及高级管理人员，注册会计师应当及时和被审计单位的相关高级管理人员进行沟通。（　　）

四、简答题

1. 注册会计师职业道德、基本准则的内容有哪些？
2. 审计依据与审计准则的关系是什么？
3. 审计依据的特点有哪些？

项目 4 审计重要性与审计风险

知识目标

◎ 理解错报的含义和分类；

◎ 掌握审计重要性水平；

◎ 理解审计风险的概念及要素。

技能目标

◎ 掌握评价错报；

◎ 掌握审计重要性的运用。

案例导入

肯博克公司是一家致力于青年人服饰制作的企业，生产的产品中有 40% 是通过商业信用方式进行销售的，60% 通过自己的专卖店进行销售。这些专卖店的经理都是高等院校市场营销专业毕业的学生，他们进入公司成为经理之前都接受了公司管理、公司经营理念和产品知识等方面的培训学习。专卖店的一般人员也都是充满朝气的年轻人，他们对年轻人服饰的流行趋势有着良好的见解和判断。

该公司的每一家专卖店每周都必须向总部递交业绩报告，报告内容包括：每周从总部领取的产品、退回的产品、周五营业结束时的库存产品、每天的银行存款数以及要求从公司总部提取发运的产品数量。同时，每个专卖店还需要编制一份本周的利润表并上交。公司总部的管理人员会对每份利润表进行合理性审核，并对每个专卖店进行业绩评价考核；公司总部发往各专卖店的产品按产品的实际生产成本附加一个额外的溢价来计价，高出部分是为了补偿公司总部的管理费用；各专卖店的经理还被授权经销专卖店当地的服装产品，但经理必须提交一份报告，说明其可行性，并保证这些服装销售情况良好。每个专卖店可以保留不超过 2 000 元的现金备用，其余销售收入的现金必须完整地存入银行。总部统一支付各专卖店的费用（日常零星支出除外）。此外，公司总部的经理人员要求公司的内部审计部门每年至少对每个专卖店进行一次突击审查。

案例思考

（1）你认为影响肯博克公司经营环境的风险因素有哪些？适当的内部控制措施有哪些？

（2）该公司的交易层和报表层中包含哪些重大错报风险？相应的控制措施有哪些？

项目 4 审计重要性与审计风险

本章导语

注册会计师在财务报表审计中需要运用重要性原则,合理确定重要性水平。注册会计师在计划和执行审计工作、评价识别出的错报对审计的影响(尤其是未更正错报对财务报表和审计意见的影响)时,需要运用重要性概念。

通过本项目,可以学习:

(1)错报的含义;
(2)审计重要性和重要性水平的含义;
(3)重要性水平的确定;
(4)审计风险的概念;
(5)审计风险模型。

任务 4.1 审计重要性

4.1.1 错报的含义和分类

1. 错报的含义

错报是指某一财务报表项目的金额、分类、列报或披露与按照适用的财务报告编制基础应当列示的金额、分类、列报或披露之间存在的差异;或根据注册会计师的判断,为使财务报表在所有重大方面实现公允反映,需要对金额、分类、列报或披露作出必要调整。

提示

错报可能是由于错误或舞弊导致的,具体来说,可能由下列事项导致:

(1)收集或处理用以编制财务报表的数据时出现错误;
(2)遗漏某项金额或披露。

2. 错报的分类

根据错报产生的原因,可将错报分为事实错报、判断错报和推断错报。在注册会计师评价审计过程中累积的错报的影响以及与管理层和治理层沟通错报事项时,这种分类是有帮助的。

(1)事实错报。

事实错报是毋庸置疑的错报,是被审计单位对财务报表所反映事项作出的不正确陈述或列报。这类错报产生于被审计单位收集和处理数据的错误,对事实的忽略或误解,或故意舞弊行为。

【情景4-1】润亚会计师事务所的注册会计师孙某通过对北京惠达家具厂的存货进行审计,发现惠达厂购入存货的实际价值为90 000元,但其存货账面记录金额为60 000元,因此可知惠达厂的存货被少记了30 000元。这里被少记的30 000元,就是事实错报。

(2)判断错报。

判断错报是指由于注册会计师认为被审计单位管理层对会计估计作出不合理的判断或不恰当地选择和运用会计政策而导致的差异。

【情景4-2】润亚会计师事务所的注册会计师

孙某通过对北京惠达家具厂的长期股权投资的审计，得知惠达家具厂拥有大风公司38%的股权，惠达家具厂采用成本法核算。孙某认为，惠达家具厂对大风公司的长期股权投资应该采用权益法核算。在这种情况下，成本法和权益法对长期股权投资的账面价值确认的差异，以及成本法和权益法对长期股权投资的投资收益金额确认的差异，为判断错报。

（3）推断错报。

推断错报是指注册会计师根据样本中识别的错报来推断总体的错报，推断错报是一个具体金额。通常情况下，注册会计师并不对所有的事项都做测试，而是选取一定样本进行测试，然后根据从样本中识别出的错报来推断总体的错报。推断错报通常包括通过测试样本估计出的总体的错报减去在测试中发现的已经识别的具体错报，以及通过分析程序推断出的估计错报。

①通过测试样本估计出的总体的错报减去在测试中发现的已经识别的具体错报。例如，应收账款年末余额为2 000万元，注册会计师抽查10%样本后发现金额有100万元的高估，高估部分为账面金额的20%，注册会计师据此推断总体的错报金额为400（2 000×20%）万元，那么上述100万元就是已识别的具体错报，其余300万元即推断误差。

②通过实质性分析程序推断出的会计错报。例如，注册会计师根据客户的预算资料及行业趋势等要素，对客户年度销售费用独立做出估计，并与客户账面金额进行比较，发现两者间有50%的差异；考虑到估计的精确性有限，注册会计师根据经验认为10%的差异通常是可接受的，而剩余40%的差异需要有合理解释并取得佐证性证据；假定注册会计师对其中10%的差异无法得到合理解释或不能取得佐证，则该部分差异金额即为推断误差。

4.1.2 评价错报

评价审计过程中识别出的错报，主要是定性评估错报是否重大，具体从下面几个方面评价：

（1）错报对遵守监管要求的影响程度。

（2）错报涉及对某些信息的遗漏。

（3）错报对增加管理层薪酬的影响程度。

（4）错报掩盖收益的变化或其他趋势的程度。

（5）错报与涉及特定机构或人员的项目的相关程度。

（6）错报对用于评价被审计单位财务状况、经营成果或现金流量的有关比率的影响程度。

（7）错报对遵守债务合同或其他合同条款的影响程度。

（8）相对于注册会计师所了解的以前向财务报表使用者传达的信息，错报是重大的。

（9）错报与会计政策的不正确选择或运用相关，可能对未来期间财务报表产生重大影响。

（10）错报影响其他信息，并且可能影响财务报表使用者作出的经济决策。

（11）错报对财务报表中列报的部分信息的影响程度。

提示

错报可能是由于管理层对会计政策作出不恰当的选择和运用引起的。如果在审计过程中识别出某项错报是内部控制失效而导致的，表明可能还存在其他错报。

4.1.3 审计重要性水平

重要性对财务报表审计有很广泛的影响。我国2010年修订的《中国注册会计师审计准则第1201号——计划审计工作》要求："总体审计策略的制定应当根据职业判断，考虑用以指导项目组工作方向的重要因素。"同期修订的《中国注册会计师审计准则第1221号——计划和执行审计工作时的重要性》对规范注册会计师在财务报表审计中运用重要性原则、合理确定重要性水平做出了规定，并要求注册会计师在计划和执行审计工作、评价识别出的错报对审计的影响，以及未更正错报对财务报表和审计意见的影响时，需要运用重要性概念。

1. 审计重要性的含义

各国现有的审计重要性准则对重要性所做的定义大都沿用会计准则的定义。并且，各国对重要性的认识是基本一致的，即财务会计信息的错报或漏报可能影响到财务报表使用者的决策就是重要性。

（1）理解审计重要性的含义，必须注意以下几点：

①重要性的判断离不开特定的环境。对重要性的判断是根据具体环境作出的。在不同的环境下，被审计单位的规模、性质、报表使用者对信息的需求不尽相同，因此，注册会计师确定的重要性也不相同。

提示

某一金额的错报对一个规模较小的被审计单位的财务报表来说可能是重要的，而对另一规模较大的被审计单位的财务报表来说可能是不重要的。

②重要性概念必须从财务报表使用者的角度来考虑。财务报表是为满足报表使用者的信息需求而编制的，因此，注册会计师必须站在报表使用者的角度，而不是站在注册会计师或被审计单位管理层的角度来考虑重要性。

③重要性概念是针对财务报表而言的。判断一项错报重要与否，应视其对财务报表使用者依据财务报表做出经济决策的影响程度而言，如果财务报表中的某些错报足以改变或影响财务报表使用者的相关决策，则该项错报就是重要的，否则就不重要。

（2）在审计实务中，重要性的适用范围主要包括以下两方面：

①注册会计师在执行财务报表审计时，包括对公司以及实行公司化管理的事业单位的年度和非年度财务报表进行的审计，应当运用重要性原则。

②注册会计师在执行其他鉴证业务，如盈利预测审核等，涉及重要性原则的运用时，除非其他法规和准则有特定要求，应当参照重要性原则办理。

提示

如果合理预期错报或漏报单独或汇总起来可能影响财务报表使用者依据财务报表做出的经济决策，则通常认为错报是重要的。

2. 两个层次的重要性水平

一般来说，重要性水平是指用金额额度表示的会计信息错报与错弊的严重程度，如果该错报与错弊未被揭露，足以影响会计信息使用者的判断或者决策。重要性水平，可以理解为审计重要性的量化标准。

提示

在审计过程中，注册会计师应当考虑两个层次的重要性水平，即财务报表整体的重要性和特定类别的各交易、账户或披露的重要性水平。

（1）财务报表整体的重要性水平。如果一项错报单独或连同其他错报可能影响财务报表使用者依据财务报表做出的经济决策，则该项错报是重大的。注册会计师在制定总体审计策略时，应当确定财务报表整体的重要性，以便能够评价财务报表整体是否公允反映。

提示

财务报表整体重要性水平是被审计单位总的可容忍错报，一旦超过这一水平，审计人员不能发表无保留意见。

（2）各交易、账户或披露的重要性水平。它是财务报表每一项目的重要性水平，它的确定以审计人员对财务报表整体重要性水平的初步评估为基础。各交易、账户或披露的重要性水平也称为"可容忍错报"，即使某一项错报超过重要性水平，只要各项目错报累计低于财务报表整体重要性水平，仍可以发表无保留意见。

> **提示**
>
> 重要性水平中指的"错报"，是指经注册会计师发现财务报表存在的问题后与被审计单位进行沟通，建议被审计单位调整后，仍然存在的错报，即最终的错报。比如，如果审计人员初步判断被审计单位财务报表整体的重要性水平为500万元，审计工作结束后，经过被审计单位进行错账调整，最终仍存错报520万元，超过整体重要性水平，则审计人员不能发表无保留意见。如果审计人员初步判断被审计单位财务报表整体的重要性水平为500万元，其中货币资金重要性水平为70万元、应收账款重要性水平为180万元、存货重要性水平为170万元、固定资产重要性水平为80万元（假设只有上述几项），相关审计工作结束后，经过被审计单位错账调整，货币资金最终仍有错报94万元，但上述几项总体最终错报一共为360万元，小于财务报表整体的重要性水平，则审计人员可以发表无保留意见的审计报告。

3.重要性水平的确定

注册会计师对重要性水平作出初步判断时，可综合考虑以下三方面的主要因素：

（1）以往的审计经验。如果对被审计单位以往审计时确定的重要性水平适当，则可作为本次审计时确定重要性水平的依据。

（2）被审计单位的经营规模及性质。不同规模、不同性质的企业，重要性水平的确定也不相同。

（3）内部控制的评估结果。被审计单位的内部控制情况不同，重要性水平的确定也不同，通常来说，内部控制健全的被审计单位，重要性水平可定得高一些。

①财务报表整体重要性水平的确定。

在制定总体审计策略时，注册会计师应当确定财务报表整体的重要性。在确定财务报表整体重要性水平时，注册会计师通常先选定一个基准，再乘以某一百分比作为财务报表整体的重要性。选择适合具体情况的适当基准和百分比，是注册会计师运用职业判断的结果。

Ⅰ.判断基础。

判断基础是指注册会计师在确定财务报表重要性水平时选定的基准，该基准取决于被审计单位的具体情况，包括各类报告收益（如税前利润、营业收入、毛利和费用总额），以及所有者权益或净资产。对于以盈利为目的的实体，通常以经常性业务的税前利润作为基准。如果经常性业务的税前利润不稳定，选用其他标准可能更加合适，如毛利或营业收入。

审计实务中较为常用的判断基础，如表4-1所示。

表4-1 审计实务中较为常用的判断基础

被审计单位的情况	可能选择的判断基础
（1）企业的盈利水平保持稳定	经常性业务的税前利润
（2）企业近年来经营状况大幅度波动，盈利和亏损交替发生	过去三到五年经常性业务的税前利润/亏损绝对数的平均值
（3）企业为新设企业，处于开办期，尚未开始经营，目前正在建造厂房及购买机器设备	总资产
（4）企业处于新兴行业，目前侧重于抢占市场份额，扩大企业知名度和影响力	主营业务收入
（5）为某开放式基金，致力于优化投资组合、提高基金净值、为基金持有人创造投资价值	净资产
（6）为某国际企业集团设立在中国的研发中心，主要为集团下属各企业提供研发服务，并向相关企业收取成本	成本与营业费用总额
（7）为公益性质的基金会	捐赠收入或捐赠支出总额

Ⅱ．计算方法。

财务报表整体重要性水平通常采用固定比率法进行计算。固定比率法是在注册会计师选定判断基础后，乘以一个固定百分比，计算出财务报表整体的重要性水平的方法。判断基础不同，适用的百分比也不尽相同。实务中的常用比率如表4-2所示。

表4-2 审计实务中的常用比率

判断基础	适用百分比
净利润	5%（净利润较大时）～10%（净利润较小时）
资产总额	0.5%（资产总额较大时）～1%（资产总额较小时）
净资产	1%
营业收入	0.5%（营业收入较大时）～1%（营业收入较小时）

注册会计师应当首先对每张财务报表确定一个重要性水平，如果同一期间各财务报表的重要性水平不同，注册会计师应当取其最低者作为财务报表整体重要性水平。

【情景4-3】润亚会计师事务所接受北京惠达家具厂2020年度的财务报表审计委托。惠达厂未审计的2020年度营业收入为60 000万元，资产总额为130 000万元。审计小组负责人拟根据营业收入的1%和总资产的0.5%确定财务报表层次的重要性水平。经过计算，按利润表计算的重要性水平为60 000×1%=600（万元），按资产负债表计算的重要性水平为130 000×0.5%=650（万元），两者相比，600万元小于650万元，因此，财务报表整体的重要性水平确定为600万元。

②各交易、账户或披露的重要性水平的确定。

对于各交易、账户或披露的重要性水平的确定，注册会计师可以采用分配的方法或不分配的方法。分配的方法是将财务报表整体的重要性水平按一定方法分配至各账户或各类交易；不分配的方法是单独确定各账户或各类交易的重要性水平。

【情景4-4】注册会计师初步确定财务报表整体的重要性水平为220万元。注册会计师按分配的方法，确定各资产账户（假设只有货币资金、应收账款、存货和固定资产账户）的重要性水平。通过分析，认为货币资金的重要性水平为10万元，应收账款的重要性水平为30万元，存货的重要性水平为75万元，固定资产的重要性水平为105万元（注意，按分配的方法，各交易、账户或披露的重要性水平的重要性水平合计数与财务报表整体的重要性水平是一致的。在此例中，即220=10+30+75+105）。

【情景4-5】注册会计师初步确定财务报表整体的重要性水平为220万元。如果注册会计师按不分配的方法，确定各资产账户（假设只有货币资金、应收账款、存货和固定资产账户）的重要性水平，通过分析，认为货币资金的重要性水平为财务报表整体重要性水平的10%，应收账款的重要性水平为财务报表整体重要性水平的20%，存货的重要性水平为财务报表整体重要性水平的40%，固定资产的重要性水平为财务报表整体重要性水平的50%，则货币资产、应收账款、存货和固定资产的重要性水平分别为22万元、44万元、88万元和110万元（注意：按不分配的方法，各交易、账户或披露的重要性水平的重要性水平合计数与财务报表整体的重要性水平没有关系。在此例中，可知220≠22+44+88+110）。

提示

无论采用分配的方法还是不分配的方法，注册会计师在确定各交易、账户或披露的重要性水平时，应考虑以下主要因素：

（1）各交易、账户或披露的性质及错报的可能性。

（2）各交易、账户或披露的重要性水平与财务报表层次重要性水平的关系。

提示

在实际工作中，预测哪些账户或交易可能发生错报或漏报比较困难，因此，重要性水平的确定是一个非常困难的专业判断过程。在审计过程中，如需修改审计计划，注册会计师应当重新考虑部分或全部账户及交易的重要性水平。

4.1.4 审计重要性的运用

1. 重要性运用的一般原则

对重要性的评估是注册会计师的一种专业判断。注册会计师对运用重要性原则的一般要求，可以从以下几个方面来理解：

（1）在审计过程中，需要运用重要性原则的两种情形。

①在确定审计程序的性质、时间和范围时，重要性被看成所允许的可能或潜在的未发现错报的限度，即注册会计师在运用审计程序以检查财务报表的错报时所允许的误差范围；

②在评价审计结果时，重要性被看成某一错报或漏报的汇总数是否会影响到财务报表使用者判断和决策的标准。

（2）注册会计师在审计过程中需要合理运用重要性原则。

①为了提高审计效率、保证审计质量，审计人员在审计过程中应当运用重要性原则；

②注册会计师应当合理运用重要性原则，因为如果重要性原则运用不当，往往会导致审计成本过大，而浪费人力和时间；或者审计风险过大，而得出错误的审计结论。

（3）注册会计师对重要性的评估需要运用专业判断。

注册会计师在对某一被审计单位进行审计时，必须根据客户面临的环境，并考虑其他因素，运用专业判断，合理确定重要性水平。

提示

不同的注册会计师在确定同一公司财务报表的重要性水平时，得出的结果也可能不同，甚至相差很大，原因是不同注册会计师对影响重要性的各种因素的判断存在差异。

2. 对金额和性质的考虑

重要性的判断受错报的金额或性质的影响，或受两者共同作用的影响。也就是说，重要性具有数量和质量两个方面的特征。

（1）对金额的考虑。

错报金额的大小是判断重要性的一个重要因素，同样类型的错报或漏报，数额大的显然要比数额小的更严重。另外，在考虑金额大小的时候，还要注意多项小额错报的累计影响，单独一项错报看来并不重要，但如果多次出现，积少成多，就变得重要了。

（2）对性质的考虑。

注册会计师在运用重要性原则时，还应当考虑错报或漏报的性质。在某些情况下，某些金额的错报从金额上考虑并不重要，但从性质方面考虑，则可能是重要的。通常来说，影响重要性的错报的性质主要表现为以下几种：

①涉及舞弊与违法行为的错报。被审计单位的舞弊与违法行为，这反映了被审计单位相关人员的诚信存在问题。对于财务报表使用者而言，主观蓄意的错报更严重；

②可能引起履行合同义务的错报。比如，如果某项错报使得被审计单位的营运资金增加了几万元，从数量上看并不重要，但这项错报使营运资金从低于贷款合同规定的营运资金数变为稍稍高于贷款合同规定的营运资金数，则影响了贷款合同规定的义务，那么这项错报也是重要的；

③影响收益趋势的错报。比如，某项错报使收益每年递增1%的趋势变为本年收益下降1%，使盈利变为亏损，那么这项错报就具有重要性；

④不期望出现的错报。一般情况下，如果发现现金和股本账户存在错报，就应当引起高度重视。

3. 重要性运用的步骤

（1）对重要性做出初步判断。

注册会计师在计划审计工作时，必须对重要性做出初步判断，以便为检查数量上重要的错报确定一个可接受的重要性水平。这种判断的结果通常也称为"计划重要性"。由于环境可能发生变化，加之在审计过程中可能会获得有关被审计单位的额外信息，因此初步判断的重要性水平最终可能不同于审计结束阶段评价审计发现结果时所用的重要性水平。

（2）将重要性的初步判断分配于各账户（可容忍错报）。

因为审计证据需要针对每个账户收集，而不是针对整个财务报表收集，因此，将重要性的初步判断分配于各账户是非常必要的。将重要性的初步判断在各账户余额之间分配后，每个具体账户所分摊的重要性初步判断，就是"可容忍错报"。将重要性的初步判断在各个账户之间分配是非常困难的职业判断，注册会计师至少需要考虑两个主要因素，一是各账户或各类交易的性质及错报的可能性，二是账户余额的重要性水平和账务报表的重要性水平之间的关系。

（3）估计错报并作比较。

执行各账户的审计程序时，注册会计师需要记录已发现的错报。因为是对样本进行审计而不是对总体进行审计，因此，发现的错报总数被称为"估计数"或者"推测数"。注册会计师应利用样本占总体的比例，来推算总体的错报估计数，并将总体的错报估计数与重要性的初步判断进行比较。

（4）完成阶段的重要性考虑。

注册会计师在完成现场审计工作后，应汇总在审计过程中发现的所有审计差异而形成审计结果，并对其进行评价。评价的内容主要包括两方面：一是这些审计差异在性质上是否重要；二是这种审计差异在金额上是否重要。如果注册会计师认为错报属于重要错报，就需要考虑通过扩大审计程序或请求管理层调整财务报表，以降低审计风险。

任务 4.2　审计风险

4.2.1　审计风险的概念及特征

审计风险，是指当财务报表存在重大错报时，注册会计师发表不恰当审计意见的可能性。这里的意见包括两层含义：财务报表没有公允揭示而注册会计师却认为已公允揭示，或财务报表总体上已公允揭示而注册会计师却认为未公允揭示。因此，审计风险不仅包含财务报表本身所带来的风险，还包含了注册会计师发表错误审计意见可能带来的风险。

审计风险主要具有以下几方面的特征：

（1）普遍性。

导致审计风险的因素有很多，它存在于审计过程的每一个环节，任何一个环节的审计失误，都会增加最终的审计风险，所以说，审计风险具有普遍性。

（2）客观性。

在抽样审计下，根据样本审查结果来推断总体，总会产生一定程度的误差，即注册会计师要承担一定程度的作出错误审计结论的风险。即使是详细审计，由于经济业务的复杂、管理人员道德品质等因素，仍存在审计结果与客观实际不一致的情况。因此，风险总是存在于审计活动过程中，人们只能认识和控制审计风险，尽量降低其发生的频率和减少损失，而不可能完全消除风险。

(3) 可控性。

虽然审计风险无法完全消除，但是注册会计师可以运用专业技能和经验，对审计风险进行恰当的预测和评估，并采取相应的审计程序和方法，使其得到有效的控制。

> **提示**
>
> 注册会计师应当通过计划和实施审计工作，获取充分、适当的审计证据，将审计风险降至可接受的水平。

4.2.2 审计风险模型

审计风险取决于重大错报风险和检查风险。也可以说，审计风险的构成要素包括重大错报风险和检查风险。审计风险受重大错报风险和检查风险的共同影响，两者的关系为：

审计风险 = 重大错报风险 × 检查风险

此公式也被称为审计风险模型。

在一定审计风险下，识别和评估重大错报风险直接决定着检查风险程度。

（1）重大错报风险。

重大错报风险，是指财务报表在审计前存在重大错报的可能性。重大错报风险与被审计单位的风险相关，且独立于财务报表审计而存在。重大错报风险包括两个层次：财务报表层次的重大错报风险和认定层次的重大错报风险。

①财务报表层次的重大错报风险。

财务报表层次的重大错报风险与财务报表整体存在广泛联系，可能影响多项认定。财务报表层次的重大错报风险通常与控制环境有关，如管理层缺乏诚信、监督层不能对管理层进行有效监督等；也可能与其他因素有关，如经济萧条、金融危机、企业所处行业处于衰退期等。

②认定层次的重大错报风险。

认定层次的重大错报风险由固有风险和控制风险两部分组成。

固有风险，是指在考虑相关的内部控制之前，某类交易、账户余额或披露的某一认定易于发生错报（该错报单独或连同其他错报可能是重大的）的可能性。

控制风险，是指某类交易、账户余额或披露的某一认定发生错报，该错报单独或连同其他错报可能是重大的，但没有被内部控制及时防止或发现并纠正的可能性。控制风险取决于财务报表编制单位内部控制的设计和运行的有效性。因为内部控制的固有局限性，控制风险是不可避免的。

> **提示**
>
> 控制风险的影响因素主要包括被审计单位内部控制制度的健全和有效程度、管理人员的诚信度以及被审计单位的经济情况等。

因为固有风险和控制风险经常互相交织，有时很难单独进行评估，因此将两者合并称为"认定层次的重大错报风险"。

（2）检查风险。

审计检查风险，是指如果存在某一错报，该错报单独或连同其他错报可能是重大的，注册会计师为将审计风险降至可接受的低水平而实施程序后没有发现这种错报的风险。换言之，无论注册会计师在审计过程中采取任何审计方法，都不能发现被审计单位的错误和舞弊的可能性，或者注册会计师在审计过程中出现了审计判断的失误，导致不能发现被审计单位的错误和舞弊的可能性，就是审计检查风险。

检查风险是不受固有风险和控制风险的影响而独立地存在于审计过程中的一种风险，它与注册会计师工作的有效性直接相关，取决于审计程序设计的合理性和执行的有效性。检查风险是唯一能够通过注册会计师的主观努力而加以控制的风险。例如，使用更有效的审计程序可降低检查风险。

> **提示**
>
> 一般来说，检查风险来自以下两个方面：
>
> （1）注册会计师通常并不对所有的交易、账户余额和列报进行检查，而是采用抽样技术来获取审计证据。
>
> （2）注册会计师可能选择了不恰当的审计程序，或是审计程序执行不当，或是错误地理解审计结论。

（3）重大错报风险与检查风险的关系。

从公式可以看出，重大错报风险与检查风险存在反向关系，当审计风险既定时，评估的重大错报风险越高，可接受的检查风险水平越低。

【情景4-6】 假设针对某一认定，审计人员将可接受的审计风险水平设定为6%，审计人员实施风险评估程序后，将该认定的重大错报风险评估为25%，那么可接受的检查风险为多少？

根据审计风险模型，审计风险＝重大错报风险×检查风险。故检查风险＝审计风险÷重大错报风险。

因此，可接受的检查风险水平为24%（6%÷25%）。

4.2.3 重大错报风险的评估

重大错报风险是企业的风险，注册会计师只能识别和评估，无法控制。

（1）识别和评估两个层次的重大错报风险。在识别和评估两个层次的重大错报风险时，注册会计师应当实施下列审计程序：

①在了解被审计单位及其环境（包括与风险相关的控制）的整个过程中，结合对财务报表中各类交易、账户余额和披露的考虑，识别风险；

②结合对拟测试的相关控制的考虑，将识别出的风险与认定层次可能发生错报的领域相联系；

③评估识别出的风险，并评价其是否更广泛地与财务报表整体相关，进而潜在地影响多项认定；

④考虑发生错报的可能性（包括发生多项错报的可能性），以及潜在错报的重大程度是否足以导致重大错报。

（2）需要特别考虑的重大错报风险。注册会计师应当运用职业判断，确定识别出的哪些风险属于特别风险。

> **提示**
>
> 在确定风险的性质时，注册会计师应当考虑下列事项，判断其是否属于特别风险：
>
> （1）风险是否属于舞弊风险；
>
> （2）风险是否与近期经济环境、会计处理方法和其他方面的重大变化有关，因而需要特别关注；
>
> （3）交易的复杂程度；
>
> （4）风险是否涉及重大的关联方交易；
>
> （5）财务信息计量的主观程度，特别是计量结果是否具有高度不确定性；
>
> （6）风险是否涉及异常或超出正常经营过程的重大交易。

（3）对重大错报风险评估的修正。如果通过实施进一步审计程序所获取的审计证据与初始评估获取的审计证据相矛盾，注册会计师应当修正风险评估结果，并相应修改原计划实施的进一步审计程序。这是一个持续的、不断修正的过程，贯穿于整个审计业务的始终。

4.2.4 审计风险形成的主要原因

（1）外部原因。

①经济环境对审计风险的影响。市场经济成份的多元化和被审计单位行为的不稳定性（如企业改组、兼并、重组等），使注册会计师对企业的情

况难以全面地反映和评价，获得正确结论的难度加大，从而增加了审计风险；

②社会环境对审计风险的影响。这是一种由于企业内部控制制度不完善或执行不力，但注册会计师又不能觉察所造成的风险。即使注册会计师确认被审计单位的内部控制制度不合理或在关键环节上失控，其提出的修正建议是否真正适合被审计单位的经营活动，也会形成一种修正风险；

③法律环境的影响。法律是审计工作的依据，如果法律体系不完备或不衔接，注册会计师就会失去统一标准，增加风险。近年来，注册会计师在执行审计业务中，因种种原因而引发的诉讼事件不断出现，审计准则中从业人员"应有的职业谨慎"和"适当的职业关注"已成为法律界关注的焦点。今后，随着市场经济环境的不断变化和法律建设的进一步推进，审计工作人员面临的风险将日趋增大；

④会计电算化信息系统的广泛使用。在电算化会计信息系统下，被审计单位的经济活动记录都已变成由计算机按程序指令自动完成。然而，储存在电脑中的会计信息很容易被修改、删除或转移，而且并无明显的痕迹，从而加大了审计风险。

（2）内部原因。

①注册会计师的专业水平和素质不高。审计工作是一种专业性和技术性很强的职业，因此对人的要求相应较高。如果注册会计师的责任心不够强，职业道德水平较差，那么审计质量也会受到影响，就会造成很大的工作失误，而形成审计风险；

②注册会计师所采用的审计技术方法落后。现代审计方法强调审计成本和审计风险的均衡，所采用的审计程序以允许存在一定审计风险为必要前提。因此，注册会计师必须追求审计效率和效果的平衡。他们把审计的重点放在各个重要组成项目上，抽取全部业务的一部分来进行审查，而抽取的样本及其代表的整体主观结论和客观事实之间可能存在一定偏离，从而形成一定审计风险；

③被审计单位的内部控制机制薄弱。内部控制与审计之间存在一种相互依赖、相互促进的内在联系。当前，我国有许多被审计单位没有良好的内部控制制度，从而影响对其经济活动进行记录的会计报表的真实性、合法性，进而加大了审计风险；

④被审计对象的复杂化。现代市场经济日益复杂，企业为了在竞争日益激烈的市场中谋求发展，所进行的交易也日趋复杂化，这就使得会计核算中记录不恰当业务的可能性随之增大，从而产生审计风险，审计结论与实际情况发生偏离的可能性也就更高。

4.2.5 审计风险与审计重要性水平之间的关系

审计重要性水平与审计风险之间存在反向关系。重要性水平越高，审计风险越低；重要性水平越低，审计风险越高。这里所说的重要性水平高低指的是金额的大小，重要性水平高是指金额较大，重要性水平低是指金额较小。比如，针对同一个被审计对象而言，5 000元的重要性水平比3 000元的重要性水平高。

提示

需要注意的是，虽然重要性水平和审计风险存在上述反向关系，但注册会计师不能为了降低审计风险，而不合理地人为调高重要性水平，因为重要性水平是依据相关判断标准确定的，而不能由审计人员主观期望的审计风险水平所决定。

提示

在理解两者之间的关系时，必须注意：重要性水平是注册会计师从财务报表使用者的角度进行判断的结果。如果重要性水平是 5 000 元，则意味着低于 5 000 元的错报不会影响财务报表使用者的决策，此时注册会计师需要通过执行有关审计程序，合理保证能发现高于 5 000 元的错报。如果重要性水平是 3 000 元，则金额在 3 000 元以上的错报就会影响财务报表使用者的决策，此时注册会计师需要通过执行有关审计程序，合理保证能发现金额在 3 000 元以上的错报。显然，重要性水平为 3 000 元时，审计不出这样的重大错报的可能性即审计风险，要比重要性水平为 5 000 元时的审计风险高。

任务 4.3 风险评估

4.3.1 风险评估概述

1. 风险评估程序的概念

风险评估程序，是指注册会计师为了解被审计单位及其环境（包括内部控制），以识别和评估财务报表层次和认定层次的重大错报风险（无论该错报由于舞弊或错误导致）而实施的审计程序。

2. 风险评估程序的相关活动

注册会计师应当实施下列风险评估程序，以了解被审计单位及其环境：询问被审计单位管理层和内部其他相关人员；分析程序；观察和检查。

提示

注册会计师在审计过程中应当实施上述审计程序，但是在了解被审计单位及其环境的每一方面时，无须实施上述所有程序。

（1）询问管理层、适当的内部审计人员（如有），以及注册会计师判断认为可能掌握有助于注册会计师识别由于舞弊或错误导致的重大错报风险的信息的被审计单位内部其他人员。这是注册会计师了解被审计单位及其环境的一个重要信息来源。

注册会计师可以考虑向管理层和财务负责人询问下列事项：

①管理层所关注的主要问题。如新的竞争对手、主要客户和供应商的流失、新的税收法规的实施以及经营目标或战略的变化等。

②被审计单位最近的财务状况、经营成果和现金流量。

③可能影响财务报告的交易和事项，或者目前发生的重大会计处理问题（如重大的购并事宜等）。

④被审计单位发生的其他重要变化（如所有权结构、组织结构的变化，以及内部控制的变化等）。

（2）实施分析程序。分析程序应按照《中国注册会计师审计准则第 1313 号——分析程序》来进行，包括以下内容：

①注册会计师的目标。

Ⅰ．在实施实质性分析程序时，获取相关、

可靠的审计证据；

Ⅱ．在临近审计结束时，设计和实施分析程序，帮助注册会计师对财务报表形成总体结论，以确定财务报表是否与其对被审计单位的了解一致。

②分析程序的要求。

Ⅰ．实质性分析程序。在设计和实施实质性分析程序时，无论单独使用还是与细节测试结合使用，注册会计师都应当：

A．考虑针对所涉及认定评估的重大错报风险和实施的细节测试（如有），确定特定实质性分析程序对这些认定的适用性；

B．考虑可获得信息的来源、可比性、性质和相关性以及与信息编制相关的控制，评价在对已记录的金额或比率作出预期时所使用数据的可靠性；

C．对已记录的金额或比率作出预期，并评价预期值是否足够精确，以识别重大错报（包括单项重大的错报和单项虽不重大但连同其他错报可能导致财务报表产生重大错报的错报）；

D．确定已记录金额与预期值之间可接受的，且无须按本准则第七条的要求作进一步调查的差异额。

Ⅱ．有助于形成总体结论的分析程序。在临近审计结束时，注册会计师应当设计和实施分析程序，帮助其对财务报表形成总体结论，以确定财务报表是否与其对被审计单位的了解一致。

Ⅲ．调查分析程序的结果。如果按照本准则的规定实施分析程序识别出与其他相关信息不一致，或与预期值差异重大的波动或关系，注册会计师应当采取下列措施，以调查这些差异：

A．询问管理层，并针对管理层的答复获取适当的审计证据；

B．根据具体情况，在必要时实施其他审计程序。

③观察和检查。观察和检查程序可以印证对管理层和其他相关人员询问的结果，并可提供有关被审计单位及其环境的信息，注册会计师应当实施下列观察和检查程序：

Ⅰ．观察被审计单位的生产经营活动；

Ⅱ．检查文件、记录和内部控制手册；

Ⅲ．阅读由管理层和治理层编制的报告；

Ⅳ．实地察看被审计单位的生产经营场所和厂房设备；

Ⅴ．追踪交易在财务报告信息系统中的处理过程（穿行测试）。

3. 项目组内部的讨论

《中国注册会计师审计准则第1211号——了解被审计单位及其环境并评估重大错报风险》要求项目合伙人和项目组其他关键成员应当讨论被审计单位财务报表存在重大错报的可能性，以及如何根据被审计单位的具体情况运用适用的财务报告编制基础。项目合伙人应当确定向未参与讨论的项目组成员通报哪些事项。

（1）项目讨论的意义。项目组内部关于财务报表发生重大错报可能性的讨论可以：

①使经验较丰富的项目组成员（包括项目合伙人）有机会分享其根据对被审计单位的了解形成的见解。

②使项目组成员能够讨论被审计单位面临的经营风险、财务报表容易发生错报的领域以及发生错报的方式，特别是由于舞弊或错误导致重大错报的可能性。

③帮助项目组成员更好地了解在各自负责的领域中潜在的重大财务报表错报，并了解各自实施的审计程序的结果可能如何影响审计的其他方面，包括对确定进一步审计程序的性质、时间安排和范围的影响。

④为项目组成员交流和分享在审计过程中获取的、可能影响重大错报风险评估结果或应对这些风险的审计程序的新信息提供基础。

《中国注册会计师审计准则第1141号——财务报表审计中与舞弊相关的责任》及其应用指南对项目组内部关于舞弊风险的讨论作出了进一步规定并提供了指引。

（2）项目组讨论的事项。

①财务报告要求的变化，该变化可能导致作出重大的新披露或对现有披露作出重大修改。

②被审计单位所处的环境、财务状况或经营活动的变化，该变化可能导致作出重大的新披露或对

现有披露作出重大修改（例如，审计期间发生的重大企业合并）。

③以前审计中难以获取充分、适当的审计证据的披露。

④关于复杂事项的披露，包括管理层对披露信息内容的重大判断。

（3）参与讨论的人员。所有成员都参与到一项讨论中，并非总是必要和可行的（如在跨地区审计中），将讨论中作出的全部决定告知项目组所有成员也不总是必要的。项目合伙人可以与项目组关键成员（包括专家和负责组成部分审计的人员，如认为适当）进行讨论，而在考虑整个项目组中必要的沟通范围后，可以委派代表与其他人员进行讨论。在这种情况下，经项目合伙人同意的沟通计划可能是有用的。

（4）讨论的时间和方式。项目组应当根据审计的具体情况，在整个审计过程中持续交换有关财务报表发生重大错报可能性的信息，方式灵活。项目组在讨论时应当强调在整个审计过程中保持职业怀疑态度，警惕可能发生重大错报的迹象，并对这些迹象进行严格追踪。通过讨论，项目组成员可以交流和分享在整个审计过程中获得的信息，包括可能对重大错报风险评估产生影响的信息或针对这些风险实施审计程序的信息。项目组还可以根据实际情况讨论其他重要事项。

4.3.2 了解被投资单位

1. 了解被投资单位及环境

注册会计师应当从下列方面了解被审计单位及其环境：

第一，相关行业状况、法律环境和监管环境及其他外部因素；

第二，被审计单位的性质；

第三，被审计单位对会计政策的选择和运用；

第四，被审计单位的目标、战略以及可能导致重大错报风险的相关经营风险；

第五，对被审计单位财务业绩的衡量和评价；

第六，被审计单位的内部控制。

上述第一项是被审计单位的外部环境，第二项至第四项以及第六项是被审计单位的内部因素，第五项则既有外部因素也有内部因素。

（1）行业状况、法律环境和监管环境及其他外部因素。

①行业状况。了解行业状况有助于注册会计师识别与被审计单位所处行业有关的重大错报风险。注册会计师应当了解被审计单位的行业状况，主要包括：所处行业的市场供求与竞争；生产经营的季节性和周期性；产品生产技术的变化；能源供应与成本；行业的关键指标和统计数据。

具体而言，注册会计师可能需要了解以下情况：

Ⅰ．被审计单位所处行业的总体发展趋势是什么？

Ⅱ．处于哪一发展阶段（如起步阶段、快速成长阶段、成熟或衰退阶段）？

Ⅲ．所处市场的需求、市场容量和价格竞争如何？

Ⅳ．该行业是否受经济周期波动的影响，以及采取了什么行动使波动产生的影响最小化？

Ⅴ．该行业受技术发展影响的程度如何？

Ⅵ．是否开发了新的技术？

Ⅶ．能源消耗在成本中所占比重，能源价格的变化对成本的影响是什么？

Ⅷ．谁是被审计单位最重要的竞争者，它们各自所占的市场份额是多少？

Ⅸ．被审计单位与其竞争者相比，主要的竞争优势是什么？

Ⅹ．被审计单位业务的增长率和财务业绩与行业的平均水平及主要竞争者相比如何？存在重大差异的原因是什么？

Ⅺ．竞争者是否采取了某些行动，如购并活动、降低销售价格、开发新技术等，从而对被审计单位的经营活动产生影响？

②法律环境与监管环境。了解法律环境与监管环境的主要原因在于：某些法律、法规或监管要求可能对被审计单位经营活动有重大影响，如不遵守将导致停业等严重后果；某些法律、法规或监管要求（如环保法规等）规定了被审计单位某些方面的责任和义务；某些法律、法规或监管要求决定了被审计单位需要遵循的行业惯例和核算要求。

注册会计师应当了解被审计单位所处的法律环境与监管环境，主要包括：适用的会计准则、会计制度和行业特定惯例；对经营活动产生重大影响的法律、法规及监管活动；对开展业务产生重大影响的政府政策，包括货币、财政、税收和贸易等政策；与被审计单位所处行业和所从事经营活动相关的环保要求。

具体而言，注册会计师可能需要了解以下情况：

Ⅰ．国家对某一行业的企业是否有特殊的监管要求（如对银行、保险等行业的特殊监管要求）。

Ⅱ．是否存在新出台的法律、法规（如新出台的有关产品责任、劳动安全或环境保护的法律法规等），对被审计单位有何影响。

Ⅲ．国家货币、财政、税收和贸易等方面政策的变化是否会对被审计单位的经营活动产生影响。

Ⅳ．与被审计单位相关的税务法规是否发生变化。

③其他外部因素。注册会计师应当了解影响被审计单位经营的其他外部因素，主要包括宏观经济的景气度、利率和资金供求状况、通货膨胀水平及币值变动、国际经济环境和汇率变动。

具体而言，注册会计师可能需要了解以下情况：

Ⅰ．当前的宏观经济状况以及未来的发展趋势如何？

Ⅱ．目前国内或本地区的经济状况（如增长率、通货膨胀率、失业率、利率等）怎样影响被审计单位的经营活动？

Ⅲ．被审计单位的经营活动是否受到汇率波动或全球市场力量的影响？

④了解的重点和程度。注册会计师对行业状况、法律环境与监管环境以及其他外部因素了解的范围和程度会因被审计单位所处行业、规模以及其他因素（如在市场中的地位）的不同而不同。例如，对于从事计算机硬件制造的被审计单位，注册会计师可能更关心市场和竞争以及技术进步的情况；对于金融机构，注册会计师可能关心宏观经济走势以及货币、财政等方面的宏观经济政策；对于化工等产生污染的行业，注册会计师可能更关心相关环保法规。注册会计师应当考虑将了解的重点放在对被审计单位的经营活动能产生重要影响的关键外部因素以及与前期相比发生的重大变化上。

注册会计师应当考虑被审计单位所在行业的业务性质或监管程度是否可能导致特定的重大错报风险，考虑项目组是否配备了具有相关知识和经验的成员。

（2）被审计单位的性质。注册会计师应当从下列方面了解被审计单位的性质：所有权结构、治理结构、组织结构、经营活动、投资活动和筹资活动。了解被审计单位的性质有助于注册会计师理解预期在财务报表中反映的各类交易、账户余额及列报。

①所有权结构。注册会计师应当了解被审计单位是属于国有企业、外商投资企业、民营企业，还是属于其他类型的企业，还应当了解其直接控股母公司、间接控股母公司、最终控股母公司和其他股东的构成，以及所有者与其他人员或实体，如控股母公司控制的其他企业之间的关系。对被审计单位所有权结构的了解有助于注册会计师识别关联方关系并了解被审计单位的决策过程。

②治理结构。良好的治理结构可以对被审计单位的经营和财务运作实施有效的监督，从而降低财务报表发生重大错报的风险。例如，董事会的构成情况、董事会内部是否有独立董事；治理结构中是否设有审计委员会或监事会及其运作情况。注册会计师应当考虑治理层是否能够在独立于管理层的情况下对被审计单位事务（包括财务报告）作出客观判断。

③组织结构。复杂的组织结构可能导致某些特定的重大错报风险。注册会计师应当了解被审计单位的组织结构，考虑复杂组织结构可能导致的重大错报风险，包括财务报表合并、商誉减值

以及长期股权投资核算等问题。

④经营活动。了解被审计单位经营活动有助于注册会计师识别预期在财务报表中反映的主要交易类别、重要账户余额和列报。注册会计师应当了解被审计单位的经营活动，主要包括：主营业务的性质、与生产产品或提供劳务相关的市场信息、业务的开展情况、联盟、合营与外包情况、关键客户、重要供应商、关联方交易等。

⑤投资活动。了解被审计单位投资活动有助于注册会计师关注被审计单位在经营策略和方向上的重大变化。注册会计师应当了解被审计单位的投资活动主要包括：近期拟实施或已实施的并购活动与资产处置情况、证券投资、委托贷款的发生与处置、资本性投资活动、不纳入合并范围的投资。

⑥筹资活动。了解被审计单位筹资活动有助于注册会计师评估被审计单位在融资方面的压力，并进一步考虑被审计单位在可预见未来的持续经营能力。注册会计师应当了解被审计单位的筹资活动主要包括：债务结构和相关条款、主要子公司和联营企业、关联方融资的特殊条款等。

⑦财务报告。了解影响财务报告的重要政策、交易或事项，例如：

Ⅰ．会计政策和行业特定惯例，包括特定行业各类重要的交易、账户余额及财务报表相关披露（如银行业的贷款和投资、医药行业的研究与开发活动）；

Ⅱ．收入确认惯例；

Ⅲ．公允价值会计核算；

Ⅳ．外币资产、负债与交易；

Ⅴ．异常或复杂交易（包括在有争议的或新兴领域的交易）的会计处理（如对股份支付的会计处理）。

（3）被审计单位对会计政策的选择和运用。注册会计师应当了解被审计单位对会计政策的选择和运用是否符合国家颁布的会计准则，是否符合被审计单位的具体情况。

①重要项目的会计政策与行业惯例。重要项目的会计政策包括收入确认方法、存货计价方法、固定资产折旧的方法等。除会计政策外，某些行业可能还存在一些行业惯例，注册会计师应当熟悉这些行业惯例。当被审计单位采用与行业惯例不同的会计处理方法时，注册会计师应当了解其原因，并考虑采用与行业惯例不同的会计处理方法是否恰当。

②重大和异常交易的会计处理方法。例如，本期发生的投资的会计处理方法；某些被审计单位可能存在与其所处行业相关的重大交易（例如，银行向客户发放贷款、证券公司对外投资等）。注册会计师应当考虑被审计单位对重大的和不经常发生的交易的会计处理方法是否适当。

③在缺乏权威性标准或共识、有争议的或新兴领域采用重要会计政策产生的影响。在缺乏权威性标准或共识的领域，注册会计师应当关注被审计单位选用了哪些会计政策，为什么选用这些会计政策以及选用这些会计政策产生的影响。

④被会计政策的变更。如果被审计单位变更了重要的会计政策，注册会计师应当考虑变更的原因及其适当性：会计政策变更是否符合法律、行政法规或者适用的会计准则和相关会计制度要求；会计政策变更是否能够提供更可靠、更相关的会计信息。除此之外，注册会计师还应当关注会计政策的变更是否得到充分披露。

（4）被审计单位的目标、战略以及相关经营风险。

①目标、战略与经营风险。注册会计师应当了解被审计单位的目标和战略，以及可能导致财务报表重大错报的经营风险。注册会计师应当了解被审计单位是否存在与下列方面有关的目标和战略，并考虑相应的经营风险：行业发展，可能导致被审计单位不具备足以应对行业变化的人力资源和业务专长等风险；开发新产品或提供新服务，可能导致被审计单位产品责任增加等风险；业务扩张，可能导致被审计单位对市场需求的估计不准确等风险；新的会计要求，可能导致被审计单位执行不当或不完整，或会计处理成本增加等风险；监管要求，可能导致被审计单位法律责任增加等风险；本期及未来的融资条件，可能导致被审计单位由于无法满足融资条件而失去融资机会等风险；信息技术的运用，可能导致被审计单位信息系统与业务流程难以融合等风险。

②经营风险对重大错报风险的影响。经营风险与财务报表重大错报风险是既有联系又相互区别的两个概念，前者比后者范围更广。

提示

注册会计师了解被审计单位的经营风险有助于其识别财务报表重大错报风险，但是注册会计师没有责任识别或评估所有的经营风险。

多数经营风险最终都会产生财务后果，从而影响财务报表，但并非所有的经营风险都会导致重大错报风险。经营风险可能对各类交易、账户余额和列报的认定层次或财务报表层次产生直接影响。例如，企业业务扩张涉足新的领域，导致企业对市场需求估计不准确，生产的产品过剩，由此产生的经营风险可能增加与存货计价（计提跌价准备）认定有关的重大错报风险。同样的风险，在经济紧缩时可能具有更为长期的后果，注册会计师在评估持续经营假设的适当性时需要考虑这一问题。注册会计师应当根据被审计单位的具体情况考虑经营风险是否可能导致财务报表产生重大错报。

③被审计单位财务业绩的衡量和评价。被审计单位内部或外部对财务业绩的衡量与评价可能对管理层产生压力，促使其采取行动改善财务业绩或歪曲财务报表。注册会计师应当了解被审计单位财务业绩衡量和评价情况，考虑这种压力是否能够导致管理层采取行动，以至于增加财务报表产生重大错报的风险，注册会计师应当关注下列信息：关键业绩指标；业绩趋势；预算、预测、差异分析；员工业绩考核与激励性报酬政策；与竞争对手的业绩比较。

2. 了解被投资单位内部控制

（1）内部控制的概念和要素。

①内部控制的概念。内部控制是被审计单位为了合理保证财务报告的可靠性、经营的效率和效果以及对法律法规的遵守，由治理层、管理层和其他人员设计与执行的政策及程序。从保证程度上来看，内部控制是合理保证；从目标上来看，内部控制是为实现财务报告的可靠性、经营的效率和效果以及对法律法规的遵守；从责任主体来看，设计和实施内部控制的责任主体是治理层、管理层和其他人员；从实现内部控制目标的手段来看是设计和执行控制政策及程序。

②内部控制的要素。内部控制包括下列要素：控制环境；风险评估过程；与财务报告相关的信息系统与沟通；控制活动；对控制的监督。

对内部控制要素的分类提供了了解内部控制的框架，但无论如何对内部控制要素进行分类，注册会计师都应当重点考虑，被审计单位的某项控制是否能够以及如何防止或发现并纠正各类交易、账户余额和披露存在的重大错报。也就是说，在了解和评价内部控制时，采用的具体分析框架及控制要素的分类可能并不唯一，重要的是控制能否实现控制目标。注册会计师可以使用不同的框架和术语描述内部控制的不同方面，但必须涵盖上述内部控制5个要素所涉及的各个方面。

被审计单位设计和执行内部控制的具体方式会因被审计单位的规模和复杂程度的不同而不同。小型被审计单位通常采用非正式和简单的内部控制实现其目标，参与日常经营管理的业主（以下简称业主）可能承担多项职能，内部控制要素没有得到清晰区分，注册会计师应当综合考虑小型被审计单位的内部控制要素能否实现其目标。

（2）与审计相关的控制。内部控制的目标旨在合理保证财务报告的可靠性、经营的效率和效果以及对法律、法规的遵守。注册会计师审计的目标是对财务报表是否不存在重大错报发表审计意见，尽管要求注册会计师在财务报表审计中考虑与财务报表编制相关的内部控制，但目的并非对被审计单位内部控制的有效性发表意见。因此，注册会计师需要了解和评价的内部控制只是与财务报表审计相关的内部控制，并非被审计单位所有的内部控制。

①为实现财务报告可靠性目标设计和实施的控制。与审计相关的控制，包括被审计单位为实现财务报告可靠性目标设计和实施的控制。注册

会计师应当运用职业判断，考虑一项控制单独或连同其他控制是否与评估重大错报风险以及针对评估的风险设计和实施进一步审计程序有关。在运用职业判断时，注册会计师应当考虑下列因素：

Ⅰ．注册会计师确定的重要性水平；

Ⅱ．被审计单位的性质，包括组织结构和所有制性质；

Ⅲ．被审计单位的规模；

Ⅳ．被审计单位经营的多样性和复杂性；

Ⅴ．法律法规和监管要求；

Ⅵ．作为内部控制组成部分的系统（包括利用服务机构）的性质和复杂性。

②其他与审计相关的控制。如果在设计和实施进一步审计程序时拟利用被审计单位内部生成的信息，注册会计师应当考虑用于保证该信息完整性和准确性的控制可能与审计相关。注册会计师以前的经验以及在了解被审计单位及其环境过程中获得的信息，可以帮助注册会计师识别与审计相关的控制。如果用于保证经营效率、效果的控制以及对法律法规遵守的控制与实施审计程序时评价或使用的数据相关，注册会计师应当考虑这些控制可能与审计相关。

例如，对于某些非财务数据（如生产统计数据）的控制，如果注册会计师在实施分析程序时使用这些数据，这些控制就可能与审计相关。

（3）认识内部控制的局限性。内部控制存在固有局限性，没有完美的内部控制，只有相对强一些、弱一些的内部控制，以及相对完善或不够完善的内部控制。所以，任何内部控制都会有某种程度的缺陷，无论内部控制的设计和执行多么严密，也不能认为它是完全有效的。即使管理层能够设计出一套严密的控制制度，这套制度的有效性也还要取决于执行制度的人的胜任能力和可靠性。内部控制通常存在下列固有局限性，无论如何设计和执行，只能对财务报告的可靠性提供合理的保证。

在决策时，人为判断可能出现错误以及由于人为失误而导致内部控制失效。例如，被审计单位信息技术工作人员没有完全理解系统如何处理销售交易，为使系统能够处理新型产品的销售，可能错误地对系统进行更改；或者对系统的更改是正确的，但是程序员没能把更改转化为正确的程序代码。

错误可能由于两个或更多的人员进行串通或管理层凌驾于内部控制之上而被规避。例如，管理层可能与客户签订背后协议，对标准的销售合同作出变动，从而导致确认收入发生错误。再如，软件中的编辑控制旨在发现和报告超过赊销信用额度的交易，但这一控制可能被逾越或规避。

管理层往往是在综合考虑了各项控制的成本与效益之后才建立内部控制的。当实施某项控制的成本大于控制效果而发生损失时，就没有必要设置控制环节或控制措施。

此外，如果被审计单位内部行使控制职能的人员素质不适应岗位要求，也会影响内部控制功能的正常发挥。内部控制一般都是针对经常而重复发生的业务而设置的，如果出现不经常发生或未预计到的业务，原有控制就可能不适用。

4.3.3 识别和评估重大错报风险

注册会计师应当在下列两个层次识别和评估重大错报风险，为设计和实施进一步审计程序提供基础：

（1）财务报表层次；

（2）各类交易、账户余额和披露的认定层次。

1. 识别、评估财务报表层次和认定层次的重大错报风险

（1）评估重大错报风险时考虑的因素。

风险评估时考虑的部分风险因素如表4-3所示。

表 4-3　风险评估时考虑的部分风险因素

1. 已识别的风险是什么？	
财务报表层次	（1）源于薄弱的被审计单位整体层面内部控制或信息技术一般控制； （2）与财务报表整体广泛相关的特别风险； （3）与管理层凌驾和舞弊相关的风险因素； （4）管理层愿意接受的风险，例如小企业因缺乏职责分离导致的风险。
认定层次	（1）与完整性、准确性、存在或计价相关的特定风险： ①收入、费用和其他交易； ②账户余额； ③财务报表披露。 （2）可能产生多重错报的风险。
相关内部控制程序	（1）特别风险； （2）用于预防，发现或减轻已识别风险的恰当设计并执行的内部控制程序； （3）仅通过执行控制测试应对的风险。
2. 错报（金额影响）可能发生的规模有多大？	
财务报表层次	什么事项可能导致财务报表重大错报？考虑管理层凌驾、舞弊、未预期事件和以往经验
认定层次	考虑： （1）交易、账户余额或披露的固有性质； （2）日常和例外事件； （3）以往经验。
3. 事件（风险）发生的可能性有多大？	
财务报表层次	考虑： （1）来自高层的基调； （2）管理层风险管理的方法； （3）采用的政策和程序； （4）以往经验。
认定层次	考虑： （1）相关的内部控制活动； （2）以往经验。
相关内部控制程序	识别对于降低事件发生可能性非常关键的管理层风险应对要素

（2）评估重大错报风险的审计程序。在评估重大错报风险时，注册会计师应当实施下列审计程序。

①在了解被审计单位及其环境（包括与风险相关的控制）的整个过程中，可以结合对财务报表中各类交易、账户余额和披露（包括定量披露和定性披露）的考虑识别风险。例如，被审计单位因相关环境法规的实施需要更新设备，可能面临原有设备闲置或贬值的风险；宏观经济的低迷可能预示应收账款的回收存在问题；竞争者开发的新产品上市，可能导致被审计单位的主要产品在短期内过时，预示将出现存货跌价和长期资产（如固定资产等）的减值。

②结合对拟测试的相关控制的考虑，将识别出的风险与认定层次可能发生错报的领域相联系。例如，销售困难使产品的市场价格下降，可能导致年末存货成本高于其可变现净值而需要计提存货跌价准备，这显示存货的计价认定可能发生错报。

③评估识别出的风险，并评价其是否更广泛地与财务报表整体相关，进而潜在地影响多项认定。

④考虑发生错报的可能性（包括发生多项错报的可能性），以及潜在错报的重大程度是否足以导致重大错报。

注册会计师应当根据职业判断，确定识别出

的风险是否为特别风险。在进行判断时，注册会计师不应考虑识别出的控制对相关风险的抵消效果。

（3）识别两个层次的重大错报风险。在对重大错报风险进行识别和评估后，注册会计师应当确定识别的重大错报风险是与特定的某类交易、账户余额和披露的认定相关，还是与财务报表整体广泛相关，进而影响多项认定。

某些重大错报风险可能与特定的某类交易、账户余额和披露的认定相关。例如，被审计单位存在复杂的联营或合资，这一事项表明长期股权投资账户的认定可能存在重大错报风险。又如，被审计单位存在重大的关联方交易，该事项表明关联方及关联方交易的披露认定可能存在重大错报风险。

某些重大错报风险可能与财务报表整体广泛相关，进而影响多项认定。例如，在经济不稳定的国家和地区开展业务、资产的流动性出现问题、重要客户流失、融资能力受到限制等，可能导致注册会计师对被审计单位的持续经营能力产生重大疑虑。又如，管理层缺乏诚信或承受异常的压力可能引发舞弊风险，这些风险与财务报表整体相关。

（4）控制环境对评估财务报表层次重大错报风险的影响。财务报表层次的重大错报风险很可能源于薄弱的控制环境。薄弱的控制环境带来的风险可能对财务报表产生广泛影响，难以限于某类交易、账户余额和披露，注册会计师应当采取总体应对措施。

例如，被审计单位治理层、管理层对内部控制的重要性缺乏认识，没有建立必要的制度和程序；或管理层经营理念偏于激进，又缺乏实现激进目标的人力资源等，这些缺陷源于薄弱的控制环境，可能对财务报表产生广泛影响，需要注册会计师采取总体应对措施。

（5）控制对评估认定层次重大错报风险的影响。在评估重大错报风险时，注册会计师应当将所了解的控制与特定认定相联系。这是由于控制有助于防止或发现并纠正认定层次的重大错报。

在评估重大错报发生的可能性时，除了考虑可能的风险外，还要考虑控制对风险的抵消和遏制作用。有效的控制会减少错报发生的可能性，而如果控制不当或缺乏控制，错报就有可能会变成现实。

控制可能与某一认定直接相关，也可能与某一认定间接相关。关系越间接，控制在防止或发现并纠正认定中错报的作用越小。例如，销售经理对分地区的销售网点的销售情况进行复核时，与销售收入完整性的认定只是间接相关。相应地，该项控制在降低销售收入完整性认定中的错报风险方面的效果，要比与该认定直接相关的控制（例如，将发货单与开具的销售发票核对）的效果差。

注册会计师可能识别出有助于防止或发现并纠正特定认定发生重大错报的控制。在确定这些控制是否能够实现上述目标时，注册会计师应当将控制活动和其他要素进行综合考虑。如将销售和收款的控制置于其所在的流程和系统中考虑，以确定其能否实现控制目标。因为单个的控制活动（如将发货单与销售发票核对）本身并不足以控制重大错报风险，只有多种控制活动和内部控制的其他要素综合作用，才足以控制重大错报风险。

当然，也有某些控制活动可能专门针对某类交易或账户余额的个别认定。例如，被审计单位建立的、以确保盘点工作人员能够正确地盘点和记录存货的控制活动，直接与存货账户余额的存在和完整性认定相关。注册会计师只需要对盘点过程和程序进行了解，就可以确定控制是否能够实现目标。

注册会计师应当考虑对识别的各类交易、账户余额和披露认定层次的重大错报风险予以汇总和评估，以确定进一步审计程序的性质、时间安排和范围。表4-4给出了评估认定层次重大错报风险汇总表示例。

表 4-4　评估认定层次重大错报风险汇总表

重大账户	认定	识别的重大错报风险	风险评估结果
列示重大账户（例如，应收账款）	列示相关的认定（例如，存在、完整性、计价或分摊等）	汇总实施审计程序识别出的与该重大账户的某项认定相关的重大错报风险	评估该项认定的重大错报风险水平（应考虑控制设计是否合理、是否得到执行）

（6）考虑财务报表的可审计性。注册会计师在了解被审计单位内部控制后，可能会对被审计单位财务报表的可审计性产生怀疑。例如，对被审计单位会计记录的可靠性和状况的担心可能会使注册会计师认为可能很难获取充分、适当的审计证据，以支持对财务报表发表意见。再如，如果管理层严重缺乏诚信，注册会计师会认为管理层在财务报表中作出虚假陈述的风险高到无法进行审计的程度。因此，如果通过对内部控制的了解发现下列情况，并对财务报表局部或整体的可审计性产生疑问，注册会计师应当考虑出具保留意见或无法表示意见的审计报告：被审计单位会计记录的状况和可靠性存在重大问题，不能获取充分、适当的审计证据以发表无保留意见；对管理层的诚信存在严重疑虑。必要时，注册会计师应当考虑解除业务约定。

2. 需要特别考虑的重大错报风险

（1）特别风险的概念。

特别风险，是指注册会计师识别和评估的、根据判断认为需要特别考虑的重大错报风险。

（2）确定特别风险时考虑的事项。

在判断哪些风险是特别风险时，注册会计师应当至少考虑下列事项：

①风险是否属于舞弊风险；

②风险是否与近期经济环境、会计处理方法或其他方面的重大变化相关，因而需要特别关注；

③交易的复杂程度；

④风险是否涉及重大的关联方交易；

⑤财务信息计量的主观程度，特别是计量结果是否具有高度不确定性；

⑥风险是否涉及异常或超出正常经营过程的重大交易。

如果认为存在特别风险，注册会计师应当了解被审计单位与该风险相关的控制（包括控制活动）。

（3）非常规交易和判断事项导致的特别风险。日常的、不复杂的、经正规处理的交易不太可能产生特别风险。特别风险通常与重大的非常规交易和判断事项有关。

非常规交易是指由于金额或性质异常而不经常发生的交易。例如，企业购并、债务重组、重大或有事项等。由于非常规交易具有下列特征，因此与重大非常规交易相关的特别风险可能导致更高的重大错报风险：管理层更多地干预会计处理；数据收集和处理进行更多的人工干预；复杂的计算或会计处理方法；非常规交易的性质可能使被审计单位难以对由此产生的特别风险实施有效控制。

判断事项通常包括作出的会计估计（具有计量的重大不确定性），如资产减值准备金额的估计、需要运用复杂估值技术确定的公允价值计量等。由于下列原因，与重大判断事项相关的特别风险可能导致更高的重大错报风险：对涉及会计估计、收入确认等方面的会计原则存在不同的理解；所要求的判断可能是主观和复杂的，或需要对未来事项作出假设。

（4）考虑与特别风险相关的控制。了解与特别风险相关的控制，有助于注册会计师制订有效的审计方案予以应对。对于特别风险，注册会计师应当评价相关控制的设计情况，并确定其是否已经得到执行。由于与重大非常规交易或判断事项相关的风险很少受到日常控制的约束，因此注册会计师应当了解被审计单位是否针对该特别风险设计和实施了控制。

例如，作出会计估计所依据的假设是否由管理层或专家进行复核，是否建立了作出会计估计的正规程序，重大会计估计结果是否由治理层批准等。再如，管理层在收到重大诉讼事项的通知时采取的措施，包括这类事项是否提交给适当的专家（如内部或外部的法律顾问）处理、是否对该事项的潜在影响作出评估、是否确定该事项在财务报表中的披露问题以及如何确定等。

如果管理层未能实施控制以恰当应对特别风险，注册会计师应当认为内部控制存在值得关注的内部控制缺陷，并考虑其对风险评估的影响。在此情况下，注册会计师应当就此类事项与治理层沟通。

3. 仅通过实质性程序无法应对的重大错报风险

作为风险评估的一部分，如果认为仅通过实质性程序获取的审计证据无法应对认定层次的重大错报风险，注册会计师应当评价被审计单位针对这些风险设计的控制，并确定其执行情况。

在被审计单位对日常交易采用高度自动化处理的情况下，审计证据可能仅以电子形式存在，其充分性和适当性通常取决于自动化信息系统相关控制的有效性，注册会计师应当考虑仅通过实施实质性程序不能获取充分、适当审计证据的可能性。

例如，某企业通过高度自动化的系统确定采购品种和数量，生成采购订购单，并通过系统中设定的收货确认和付款条件进行付款。除了系统中的相关信息以外，该企业没有其他有关订购单和收货的记录。在这种情况下，如果认为仅通过实施实质性程序不能获取充分、适当的审计证据，注册会计师应当考虑依赖的相关控制的有效性，并对其进行了解、评估和测试。

在实务中，注册会计师可以用表格汇总识别出的重大错报风险，如表4-5所示。

表4-5　识别出的重大错报风险汇总表

识别出的重大错报风险	对财务报表的影响	相关的各类交易类别、账户余额和披露认定	是否与财务报表整体广泛相关	是否属于特别风险	是否属于仅通过实质性程序无法应对的重大错报风险
（记录识别的重大错报风险）	（描述对财务报表的影响和导致财务报表发生重大错报的可能性）	（列示相关的各类交易、账户余额和披露及其认定）	（考虑是否属于财务报表层次的重大错报风险）	（考虑是否属于特别风险）	（考虑是否属于仅通过实质性程序无法应对的重大错报风险）

4. 对风险评估的修正

注册会计师对认定层次重大错报风险的评估可能会随着审计过程中不断获取审计证据而作出相应的变化。

例如，注册会计师对重大错报风险的评估可能基于预期控制运行有效这一判断，即相关控制可以防止或发现并纠正认定层次的重大错报。但在测试控制运行的有效性时，注册会计师获取的证据可能表明相关控制在被审计期间并未有效运行。同样，在实施实质性程序后，注册会计师可能发现错报的金额和频率比在风险评估时预计的金额和频率要高。因此，如果通过实施进一步审计程序获取的审计证据与初始评估获取的审计证据相矛盾，注册会计师应当修正风险评估结果，并相应修改原计划实施的进一步审计程序。

任务 4.4 风险应对

4.4.1 应对报表层次的重大错报风险

1. 财务报表层次重大错报风险与总体应对措施

注册会计师应当针对评估的财务报表层次重大错报风险设计和实施总体应对措施。包括：

（1）向项目组强调保持职业怀疑的必要性。

（2）指派更有经验或具有特殊技能的注册会计师，或利用专家的工作。审计项目组成员中应有一定比例的人员曾经参与过被审计单位以前年度的审计，或具有被审计单位所处特定行业的相关审计经验。必要时，要考虑利用信息技术、税务、评估、精算等方面的专家的工作。

（3）提供更多的督导。对于财务报表层次重大错报风险较高的审计项目，审计项目组的高级别成员，如项目合伙人、项目经理等经验较丰富的人员，要为其他成员提供更详细、更经常、更及时的指导和监督，并加强项目质量复核。

（4）在选择拟实施的进一步审计程序时融入更多的不可预见的因素。在设计拟实施审计程序的性质、时间安排和范围时，为了避免既定思维对审计方案的限制，避免对审计效果的人为干涉，注册会计师要考虑使某些程序不被审计单位管理层预见或事先了解。

（5）注册会计师对控制环境的了解会影响其对财务报表层次重大错报风险的评估，从而影响其所采取的总体应对措施。有效的控制环境可以增强注册会计师对内部控制的信心和对被审计单位内部生成的审计证据的信赖程度。例如，如果控制环境有效，注册会计师可以在期中而非期末实施某些审计程序；如果控制环境存在缺陷，则会产生相反的影响。

为应对无效的控制环境，注册会计师可以采取的措施举例如下：

①在期末而非期中实施更多的审计程序；

②通过实施实质性程序获取更广泛的审计证据；

③增加拟纳入审计范围的经营地点的数量。

2. 增加审计程序不可预见性的方法

（1）增加审计程序不可预见性的思路。在实务中，注册会计师可以通过以下方法提高审计程序的不可预见性：

①对某些以前未测试的低于设定的重要性水平或风险较小的账户余额和认定实施实质性程序。

②调整实施审计程序的时间，使其超出被审计单位的预期。比如说，如果注册会计师在以前年度的大多数审计工作都围绕着12月或在年底前后进行，那么被审计单位就会了解注册会计师的这一审计习惯，由此可能会把一些不适当的会计调整放在年度的9月、10月或11月等，以避免引起注册会计师的注意。因此，注册会计师可以考虑调整实施审计程序时测试项目的时间，从测试12月的项目调整到测试9月、10月或11月的项目。

③采取不同的审计抽样方法，使当年抽取的测试样本与以前有所不同。

④选取不同的地点实施审计程序，或预先不告知被审计单位所选定的测试地点。例如，在存货监盘程序中，注册会计师可以到未事先通知被审计单位的盘点现场进行监盘，使被审计单位没有机会事先安排，隐藏一些不想让注册会计师知道的情况。

（2）增加审计程序不可预见性的实施要点。

①注册会计师需要与被审计单位的管理层事先沟通，要求实施具有不可预见性的审计程序，但不能告知其具体内容。注册会计师可以在签订审计业务约定书时明确提出这一要求。

②虽然对于不可预见性程度没有量化的规定，但审计项目组可根据对舞弊风险的评估等确定具

有不可预见性的审计程序。审计项目组可以汇总那些具有不可预见性的审计程序，并记录在审计工作底稿中。

③项目合伙人需要安排项目组成员有效地实施具有不可预见性的审计程序，但同时要避免使项目组成员处于困难境地。

3. 总体应对措施对拟实施进一步审计程序的总体审计方案的影响

财务报表层次的重大错报风险难以限于某类交易、账户余额和披露的特点，意味着此类风险可能对财务报表的多项认定产生广泛影响，并相应增加注册会计师对认定层次重大错报风险的评估难度。因此，注册会计师评估的财务报表层次重大错报风险以及采取的总体应对措施对拟实施进一步审计程序的总体审计方案具有重大影响。

拟实施进一步审计程序的总体审计方案包括实质性方案和综合性方案。其中，实质性方案是指注册会计师实施的进一步审计程序以实质性程序为主；综合性方案是指注册会计师在实施进一步审计程序时，将控制测试与实质性程序结合使用。当评估的财务报表层次重大错报风险属于高风险水平（并相应采取更强调审计程序的不可预见性以及重视调整审计程序的性质、时间安排和范围等总体应对措施）时，拟实施进一步审计程序的总体方案往往更倾向于实质性方案。

4.4.2 应对认定层次的重大错报风险

1. 进一步审计程序的概念和要求

（1）进一步审计程序的概念。进一步审计程序相对于风险评估程序而言的，是指注册会计师针对评估的各类交易、账户余额和披露认定层次的重大错报风险实施的审计程序，包括控制测试和实质性程序。

注册会计师应当针对评估的认定层次的重大错报风险设计和实施进一步审计程序，包括审计程序的性质、时间安排和范围。

提示

尽管在应对评估的认定层次的重大错报风险时，拟实施的进一步审计程序的性质、时间安排和范围都应当确保其具有针对性，但其中进一步审计程序的性质是最重要的。

（2）设计进一步审计程序时的考虑因素。

在设计进一步审计程序时，注册会计师应当考虑下列因素：

①风险的重要性。风险的重要性是指风险造成的后果的严重程度。风险的后果越严重，就越需要注册会计师关注和重视，越需要精心设计有针对性的进一步审计程序。

②重大错报发生的可能性。重大错报发生的可能性越大，同样越需要注册会计师精心设计进一步审计程序。

③涉及的各类交易、账户余额和披露的特征。不同的交易、账户余额和披露，产生的认定层次的重大错报风险也会存在差异，适用的审计程序也有差别，需要注册会计师区别对待，并设计有针对性的进一步审计程序予以应对。

④被审计单位采用的特定控制的性质。不同性质的控制（尤其是人工控制或自动化控制）对注册会计师设计进一步审计程序具有重要影响。

⑤注册会计师是否拟获取审计证据，以确定内部控制在防止或发现并纠正重大错报方面的有效性。如果注册会计师在风险评估时预期内部控制运行有效，随后拟实施的进一步审计程序就必须包括控制测试，且实质性程序自然会受到之前控制测试结果的影响。

综合上述几方面因素，注册会计师对认定层次的重大错报风险的评估为确定进一步审计程序的总体审计方案奠定了基础。因此，注册会计师

应当根据对认定层次的重大错报风险的评估结果，恰当选用实质性方案或综合性方案。通常情况下，注册会计师可以出于成本效益的考虑采用综合性方案设计进一步审计程序，即将测试控制运行的有效性与实质性程序结合使用。但在某些情况下（如仅通过实质性程序无法应对重大错报风险时），注册会计师必须通过实施控制测试，才可能有效应对评估出的某一认定的重大错报风险；而在另一些情况下（如注册会计师的风险评估程序未能识别出与认定相关的任何控制，或注册会计师认为控制测试很可能不符合成本效益原则时），注册会计师可能认为仅实施实质性程序就是适当的。

小型被审计单位可能不存在能够被注册会计师识别的控制活动，注册会计师实施的进一步审计程序可能主要是实质性程序。但是，注册会计师始终应当考虑在缺乏控制的情况下，仅通过实施实质性程序是否能够获取充分、适当的审计证据。

还需要特别说明的是，注册会计师对重大错报风险的评估毕竟是一种主观判断，可能无法充分识别所有的重大错报风险，同时内部控制存在固有局限性（特别是存在管理层凌驾于内部控制之上的可能性），因此，无论选择何种方案，注册会计师都应当对所有重大类别的交易、账户余额和披露设计和实施实质性程序。

2. 进一步审计程序的性质

（1）进一步审计程序的性质的概念。审计程序的性质是指审计程序的目的和类型。审计程序的目的包括实施控制测试以评价内部控制在防止或发现并纠正认定层次的重大错报方面运行的有效性，实施实质性程序以发现认定层次的重大错报。审计程序的类型包括检查、观察、询问、函证、重新计算、重新执行和分析程序。在应对评估的风险时，确定审计程序的性质是最重要的。

（2）进一步审计程序的性质的选择。在确定进一步审计程序的性质时，注册会计师首先需要考虑的是认定层次的重大错报风险的评估结果。因此，注册会计师应当根据认定层次的重大错报风险的评估结果选择审计程序。评估的认定层次的重大错报风险越高，对通过实质性程序获取的审计证据的相关性和可靠性的要求越高，从而可能影响进一步审计程序的类型及其综合运用。例如，当注册会计师判断某类交易协议的完整性存在更高的重大错报风险时，除了检查文件以外，注册会计师还可能决定向第三方询问或函证协议条款的完整性。

除了从总体上把握认定层次的重大错报风险的评估结果对选择进一步审计程序的影响外，在确定拟实施的审计程序时，注册会计师接下来应当考虑评估的认定层次重大错报风险产生的原因，包括考虑各类交易、账户余额和披露的具体特征以及内部控制。例如，注册会计师可能判断某特定类别的交易即使在不存在相关控制的情况下发生重大错报的风险仍较低，此时注册会计师可能认为仅实施实质性程序就可以获取充分、适当的审计证据。再如，对于经由被审计单位信息系统日常处理和控制的某类交易，如果注册会计师预期此类交易在内部控制运行有效的情况下发生重大错报的风险较低，且拟在控制运行有效的基础上设计实质性程序，注册会计师就会决定先实施控制测试。

需要说明的是，如果在实施进一步审计程序时拟利用被审计单位信息系统生成的信息，注册会计师应当就信息的准确性和完整性获取审计证据。例如，注册会计师在实施实质性分析程序时，使用了被审计单位生成的非财务信息或预算数据。再如，注册会计师在对被审计单位的存货期末余额实施实质性程序时，拟利用被审计单位信息系统生成的各个存货存放地点及其余额清单。注册会计师应当获取关于这些信息的准确性和完整性的审计证据。

3. 进一步审计程序的时间

（1）进一步审计程序的时间的概念。进一步审计程序的时间是指注册会计师何时实施进一步审计程序，或审计证据适用的期间或时点。因此，当提及进一步审计程序的时间时，在某些情况下指的是审计程序的实施时间，在另一些情况下是指需要获取的审计证据适用的期间或时点。

（2）进一步审计程序的时间的选择。有关进一步审计程序的时间的选择问题：第一个层面是注册会计师选择在何时实施进一步审计程序的问题；第二个层面是选择获取什么期间或时点的审计证据的问题。第一个层面的选择问题主要集中在如何权衡期中与期末实施审计程序的关系；第二个层面的选择问题分别集中在如何权衡期中审计证据与期末审计证据的关系、如何权衡以前审计获取的审计证据与本期审计获取的审计证据的关系。这两个层面的最终落脚点都是如何确保获取审计证据的效率和效果。

注册会计师可以在期中或期末实施控制测试或实质性程序。这就引出了注册会计师应当如何选择实施审计程序的时间的问题。一项基本的考虑因素应当是注册会计师评估的重大错报风险，当重大错报风险较高时，注册会计师应当考虑在期末或接近期末实施实质性程序，或采用不通知的方式，或在管理层不能预见的时间实施审计程序。

虽然在期末实施审计程序在很多情况下非常必要，但仍然不排除注册会计师在期中实施审计程序可能发挥积极作用。在期中实施进一步审计程序，可能有助于注册会计师在审计工作初期识别重大事项，并在管理层的协助下及时解决这些事项；或针对这些事项制订有效的实质性方案或综合性方案。当然，在期中实施进一步审计程序也存在很大的局限。首先，注册会计师往往难以仅凭在期中实施的进一步审计程序获取有关期中以前的充分、适当的审计证据（例如，某些期中以前发生的交易或事项在期中审计结束时尚未完结）；其次，即使注册会计师在期中实施的进一步审计程序能够获取有关期中以前的充分、适当的审计证据，但从期中到期末这段剩余期间还往往会发生重大的交易或事项（包括期中以前发生的交易、事项的延续，以及期中以后发生的新的交易、事项），从而对所审计期间的财务报表认定产生重大影响；最后，被审计单位管理层也完全有可能在注册会计师于期中实施了进一步审计程序之后对期中以前的相关会计记录作出调整甚至篡改，注册会计师在期中实施了进一步审计程序所获取的审计证据已经发生了变化。为此，如果在期中实施了进一步审计程序，注册会计师还应当针对剩余期间获取审计证据。

需要说明的是，虽然注册会计师在很多情况下可以根据具体情况选择实施进一步审计程序的时间，但也存在着一些限制选择的情况。某些审计程序只能在期末或期末以后实施，包括将财务报表中的信息与其所依据会计记录相核对或调节，检查财务报表编制过程中所作的会计调整等。如果被审计单位在期末或接近期末发生了重大交易，或重大交易在期末尚未完成，注册会计师应当考虑交易的发生或截止等认定可能存在的重大错报风险，并在期末或期末以后检查此类交易。

4. 进一步审计程序的范围

（1）进一步审计程序的范围的概念。进一步审计程序的范围是指实施进一步审计程序的数量，包括抽取的样本量、对某项控制活动的观察次数等。

（2）确定进一步审计程序的范围时考虑的因素。

在确定进一步审计程序的范围时，注册会计师应当考虑下列因素：

①确定的重要性水平。确定的重要性水平越低，注册会计师实施进一步审计程序的范围越广。

②评估的重大错报风险。评估的重大错报风险越高，对拟获取审计证据的相关性、可靠性的要求越高，因此，注册会计师实施的进一步审计程序的范围也越广。

③计划获取的保证程度。计划获取的保证程度，是指注册会计师计划通过所实施的审计程序对测试结果可靠性所获取的信心。计划获取的保证程度越高，对测试结果可靠性要求越高，注册会计师实施的进一步审计程序的范围越广。例如，注册会计师对财务报表是否不存在重大错报的信心可能来自控制测试和实质性程序。如果注册会计师计划从控制测试中获取更高的保证程度，则控制测试的范围就更广。

需要说明的是，随着重大错报风险的增加，注册会计师应当考虑扩大审计程序的范围。但是，只有当审计程序本身与特定风险相关时，扩大审计程序的范围才是有效的。

在考虑确定进一步审计程序的范围时，使用计算机辅助审计技术具有积极的作用。注册会计师可以使用计算机辅助审计技术对电子化的交易和账户文档进行更广泛的测试,包括从主要电子文档中选取交易样本,或按照某一特征对交易进行分类,或对总体而非样本进行测试。

鉴于进一步审计程序的范围往往是通过一定的抽样方法加以确定的,因此,注册会计师需要慎重考虑抽样过程对审计程序范围的影响是否能够有效实现审计目的。注册会计师使用恰当的抽样方法通常可以得出有效结论。但如果存在下列情形,注册会计师依据样本得出的结论可能与对总体实施同样的审计程序得出的结论不同,出现不可接受的风险:从总体中选择的样本量过小;选择的抽样方法对实现特定目标不适当;未对发现的例外事项进行恰当的追查。

此外,注册会计师在综合运用不同审计程序时,除了面临各类审计程序的性质选择问题外,还面临如何权衡各类程序的范围问题。因此,注册会计师在综合运用不同审计程序时,不仅应当考虑各类审计程序的性质,还应当考虑测试的范围是否适当。

4.4.3 控制测试

控制测试是指用于评价内部控制在防止或发现并纠正认定层次重大错报方面的运行有效性的审计程序。

1. 控制测试的性质

控制测试的性质是指控制测试所使用的审计程序的类型及其组合。

计划从控制测试中获取的保证水平是决定控制测试性质的主要因素之一。注册会计师应当选择适当类型的审计程序以获取有关控制运行有效性的保证。计划的保证水平越高,对有关控制运行有效性的审计证据的可靠性要求越高。当拟实施的进一步审计程序主要以控制测试为主,尤其是仅实施实质性程序获取的审计证据无法将认定层次的重大错报风险降至可接受的低水平时,注册会计师应当获取有关控制运行有效性的更高的保证水平。

虽然控制测试与了解内部控制的目的不同,但两者采用审计程序的类型通常相同,包括询问、观察、检查和重新执行。

(1)询问。注册会计师可以向被审计单位适当员工询问,获取与内部控制运行情况相关的信息。例如,询问信息系统管理人员有无未经授权接触计算机硬件和软件,向负责复核银行存款余额调节表的人员询问如何进行复核,包括复核的要点是什么、发现不符事项如何处理等。然而,仅仅通过询问不能为控制运行的有效性提供充分的证据,注册会计师通常需要印证被询问者的答复,如向其他人员询问和检查执行控制时所使用的报告、手册或其他文件等。因此,虽然询问是一种有用的手段,但它必须和其他测试手段结合使用才能发挥作用。在询问过程中,注册会计师应当保持职业怀疑态度。

(2)观察。观察是测试不留下书面记录的控制(如职责分离)的运行情况的有效方法。例如,观察存货盘点控制的执行情况。观察也可运用于实物控制,如查看仓库门是否锁好,或空白支票是否妥善保管。通常情况下,注册会计师通过观察直接获取的证据比间接获取的证据更可靠。但是,注册会计师还要考虑其所观察到的控制在注册会计师不在场时可能未被执行的情况。

(3)检查。对运行情况留有书面证据的控制,检查非常适用。书面说明、复核时留下的记号,或其他记录在偏差报告中的标志,都可以被当作控制运行情况的证据。例如,检查销售发票是否有复核人员签字,检查销售发票是否附有客户订购单和出库单等。

(4)重新执行。通常只有当询问、观察和检查程序结合在一起仍无法获得充分的证据时，注册会计师才考虑通过重新执行来证实控制是否有效运行。例如，为了合理保证计价认定的准确性，被审计单位的一项控制是由复核人员核对销售发票上的价格与统一价格单上的价格是否一致。但是，要检查复核人员有没有认真执行核对，仅仅检查复核人员是否在相关文件上签字是不够的，注册会计师还需要自己选取一部分销售发票进行核对，这就是重新执行程序。如果需要进行大量的重新执行，注册会计师就要考虑通过实施控制测试以缩小实质性程序的范围是否有效率。

询问本身并不足以测试控制运行的有效性，注册会计师应当将询问与其他审计程序结合使用，以获取有关控制运行有效性的审计证据。观察提供的证据仅限于观察发生的时点，本身也不足以测试控制运行的有效性。将询问与检查或重新执行结合使用，通常能够比仅实施询问和观察获取更高的保证。例如，被审计单位针对处理收到的邮政汇款单设计和执行了相关的内部控制，注册会计师通过询问和观察程序往往不足以测试此类控制的运行有效性，还需要检查能够证明此类控制在所审计期间的其他时段有效运行的文件和凭证，以获取充分、适当的审计证据。

2. 控制测试的要求

作为进一步审计程序的类型之一，控制测试并非在任何情况下都需要实施。当存在下列情形之一时，注册会计师应当实施控制测试：①在评估认定层次的重大错报风险时，预期控制的运行是有效的；②仅实施实质性程序并不能够提供认定层次的充分、适当的审计证据。

在评估认定层次的重大错报风险时，如果预期控制的运行是有效的，注册会计师应当实施控制测试，就控制在相关期间或时点的运行有效性获取充分、适当的审计证据。

注册会计师通过实施风险评估程序，可能会发现某项控制的设计是存在的，也是合理的，同时得到了执行。在这种情况下，出于成本效益的考虑，注册会计师可能会有这样的预期：如果相关控制在不同时点都得到了一贯执行，则与该项

控制有关的财务报表认定发生重大错报的可能性就不会很大，也就不需要实施很多的实质性程序。为此，注册会计师可能会认为值得对相关控制在不同时点是否得到了一贯执行进行测试，即实施控制测试。这种测试主要是出于成本效益的考虑，其前提是注册会计师在了解内部控制以后，认为某项控制存在着被信赖和利用的可能。因此，只有认为控制设计合理、能够防止或发现和纠正认定层次的重大错报，注册会计师才有必要对控制运行的有效性实施测试。

如果认为仅实施实质性程序获取的审计证据无法将认定层次的重大错报风险降至可接受的低水平，注册会计师应当实施相关的控制测试，以获取控制运行有效性的审计证据。

有时，对有些重大错报风险，注册会计师仅通过实施实质性程序无法予以应对。例如，在被审计单位对日常交易或与财务报表相关的其他数据（包括信息的生成、记录、处理、报告）采用高度自动化处理的情况下，审计证据可能仅以电子形式存在，此时审计证据是否充分和适当通常取决于自动化信息系统相关控制的有效性。如果信息的生成、记录、处理和报告均通过电子格式进行而没有适当有效的控制，则生成不正确信息或信息被不恰当修改的可能性就会大大增加。在认为仅通过实施实质性程序不能获取充分、适当的审计证据的情况下，注册会计师必须实施控制测试，且这种测试已经不再是单纯出于成本效益的考虑，而是必须获取的一类审计证据。

此外，需要说明的是，被审计单位在所审计期间内可能由于技术更新或组织管理变更而更换了信息系统，从而导致在不同时期使用了不同的控制。如果被审计单位在所审计期间内的不同时期使用了不同的控制，注册会计师应当考虑不同时期控制运行的有效性。

3. 控制测试的时间

在了解内部控制之后，注册会计师要结合对风险进行的评估确定客户内部控制的运行是否有效，并决定是否要依赖客户的内部控制。一般来说，只有当信赖内部控制而减少的实质性测试工

作量大于控制测试的工作量,或者通过实质性程序本身获得的认定层次的审计证据不足以保证证据的充分性和适当性时,注册会计师才需要对内部控制实施测试。

控制测试是为了确定内部控制的设计是否合理和执行是否有效而实施的审计程序。只有在了解内部控制的基础上并经过评估认定层次的重大错报风险后认为被审计单位的内部控制设计合理且运行有效,能够防止或发现并纠正认定层次的重大错报时,注册会计师才需要对控制运行的有效性实施测试,就控制在相关期间或时点的运行有效性获取充分、适当的审计证据,否则测试是没有意义的。如前所述,如果认为仅实施实质性程序获取的审计证据无法将认定层次重大错报风险降至可接受的低水平,注册会计师应当实施相关的控制测试,以获取控制运行有效性的审计证据。

控制测试的时间取决于注册会计师的目的,并决定了信赖相关控制的时间。如果测试特定时点的控制,注册会计师仅能得到该时点控制有效运行的审计证据;如果测试某一期间的控制,注册会计师则能获取控制在该期间有效运行的审计证据。

如果需要获取了控制在某一期间有效运行的审计证据,仅与时点相关的审计证据是不充分的,注册会计师应当辅以其他控制测试,通常包括测试被审计单位对控制的监督,以获取相关期间控制运行有效的审计证据。

如果已获取有关控制在期中有效运行的审计证据,并拟利用该证据,注册会计师需要实施以下两个审计程序:

第一,获取这些控制在剩余期间变化情况的审计证据;

第二,确定针对剩余期间还需获取的补充审计证据。

如果拟信赖的控制自上次测试后未发生变化,且不属于旨在减轻特别风险的控制,注册会计师应当运用职业判断确定是否在本期审计中测试其运行有效性,以及本次测试与上次测试的时间间隔。审计准则规定,两次测试的时间间隔不得超过两年。

4. 控制测试的性质

注册会计师需要选择适当类型的审计程序,以获取有关控制运行有效性的保证。当计划的保证水平增加时,注册会计师要相应获取更为可靠的审计证据。当拟实施的进一步程序和采取的审计方法主要以控制测试为主时,尤其是仅实施实质性程序获取的审计证据无法将认定层次的重大错报风险降至可接受的低水平时,注册会计师必须获取有关控制运行有效性的更高的保证水平。

控制测试与了解内部控制的目的不同,但两者采用审计程序的类型通常相同,包括询问、观察、检查和穿行测试。此外,控制测试的程序还包括重新执行。需要注意的是:询问本身并不足以测试控制运行的有效性,注册会计师还要将询问与其他审计程序结合使用,以获取有关控制运行有效性的审计证据。将询问与检查或重新执行结合使用,通常能够比仅实施询问和观察获取更高的保证。观察提供的证据仅限于观察发生的时点,本身不足以测试控制运行的有效性。

对于一项自动化的应用控制,由于信息技术处理过程的内在一贯性,注册会计师可以利用该项控制得以执行的审计证据和信息技术一般控制运行有效性的审计证据作为支持该项控制在相关期间运行有效性的审计证据。

对控制运行的有效性进行测试,注册会计师需要从下列方面获取控制有效运行的审计证据:

(1)控制在所审计期间的不同时点是如何运用的?

(2)控制是否得到一贯执行?

(3)控制由谁执行?

(4)控制以什么方式执行?

如果被审计单位在所审计期间内的不同时期使用了不同的控制,注册会计师还要考虑不同时期控制运行的有效性。

5. 控制测试的范围

在确定某项控制的测试范围时，注册会计师通常考虑下列因素：

（1）在所审计期间，被审计单位执行控制的频率。

（2）在所审计期间，注册会计师拟信赖控制运行有效性的时间长度。

（3）为证实控制能够防止或发现并纠正认定层次的重大错报，所需获取审计证据的相关性和可靠性。

（4）通过测试与认定相关的其他控制所获取的审计证据的范围。

（5）在风险评估时，拟信赖控制运行有效性的程度。

（6）控制的预期偏差。

注册会计师在风险评估时对控制运行有效性的拟信赖程度越高，实施控制测试的范围越大。控制的预期偏差率越高，控制测试的范围越大，注册会计师越应当考虑控制是否不足以将认定层次的重大错报风险降至所评估的水平。如果控制的预期偏差率过高，注册会计师应当考虑针对某一认定实施的控制测试可能是无效的。

信息技术处理具有内在一贯性，除非系统发生变动，注册会计师通常不需要增加自动化控制的测试范围。

4.4.4 实质性程序

1. 实质性程序的概念

实质性程序是指用于发现认定层次重大错报的审计程序，包括对各类交易、账户余额和披露的细节测试以及实质性分析程序。

注册会计师实施的实质性程序应当包括下列与财务报表编制完成阶段相关的审计程序：

（1）将财务报表中的信息与其所依据的会计记录进行核对或调节，包括核对或调节披露中的信息，无论该信息是从总账和明细账中获取的，还是从总账和明细账之外的其他途径获取的。

（2）检查财务报表编制过程中作出的重大会计分录和其他调整。注册会计师对会计分录和其他会计调整检查的性质和范围取决于被审计单位财务报告过程的性质和复杂程度，以及由此产生的重大错报风险。

由于注册会计师对重大错报风险的评估是一种判断，可能无法充分识别所有的重大错报风险。同时，由于内部控制存在固有局限性，无论评估的重大错报风险结果如何，注册会计师都应当针对所有重大类别的交易、账户余额和披露实施实质性程序。

2. 针对特别风险实施的实质性程序

如果认为评估的认定层次的重大错报风险是特别风险，注册会计师应当专门针对该风险实施实质性程序。例如，如果认为管理层面临实现盈利指标的压力而可能提前确认收入，注册会计师在设计询证函时不仅应当考虑函证应收账款的账户余额，还应当考虑询证销售协议的细节条款（如交货、结算及退货条款）；注册会计师还可考虑在实施函证的基础上针对销售协议及其变动情况询问被审计单位的非财务人员。如果针对特别风险实施的程序仅为实质性程序，这些程序应当包括细节测试，或将细节测试和实质性分析程序结合使用，以获取充分、适当的审计证据。为应对特别风险，就需要获取具有高度相关性和可靠性的审计证据，仅实施实质性分析程序不足以获取有关特别风险的充分、适当的审计证据。

3. 实质性程序的性质

注册会计师要根据各类交易、账户余额、列报的性质选择实质性程序的类型。实质性程序首先包括细节测试，注册会计师为了达到认定层次

所计划的保证水平,应当针对评估的风险情况设计细节测试。细节测试适用于对各类交易、账户余额、列报认定的测试,以此获取充分、适当的审计证据,尤其是对存在或发生、计价认定的测试。

在设计实质性分析程序时,注册会计师应当考虑以下几个方面:第一,对既定的认定使用实质性分析程序的适当性;第二,对已记录的金额或比率进行预期时,所依据的内部或外部数据的可靠性;第三,在计划的保证水平上,作出的预期是否足以准确识别重大错报;第四,已记录金额与预期值之间可接受的差异额。

4. 实质性程序的时间

注册会计师可以在会计年度结束前实施实质性测试,但需要注意的是:在期中实施实质性程序,可能增加期末存在错报而未被发现的风险,并且该风险会随着剩余期间的延长而增加。如果在期中实施了实质性程序,注册会计师应当针对剩余期间实施进一步的实质性程序,或将实质性程序和控制测试结合使用,以将期中测试得出的结论合理延伸至期末。

如果已在期末实施了实质性程序,或将控制测试与实质性程序相结合,并拟信赖期中测试得出的结论,注册会计师应当将期末信息和期中的可比信息进行比较、调节,识别和调查出现的异常金额,并针对剩余期间实施实质性分析程序或细节测试。如果拟针对剩余期间实施实质性分析程序,注册会计师应当考虑某类交易的期末累计发生额或账户期末余额在金额、相对重要性及构成方面能否被合理预期。

如果在期中检查出各类交易或账户余额存在错报,注册会计师应当考虑修改与各类交易或账户余额相关的风险评估以及针对剩余期间拟实施实质性程序的性质、时间和范围,或扩大实质性程序的范围,或在期末重新执行实质性程序。

5. 实质性程序的范围

重大错报风险与实质性程序的范围成正比关系,故注册会计师评估的重大错报风险越高,实施实质性程序的范围越广。如果对控制测试结果不满意,注册会计师应当考虑扩大实质性程序的范围。

在设计细节测试时,注册会计师除了从样本量的角度考虑测试范围外,还要考虑其他选择样本的方法是否更为有效。在设计实质性分析程序时,注册会计师应当考虑已记录金额与预期值之间的差异额是否可以接受而无须进一步调查,这种考虑主要受重要性和计划的保证水平的影响。

6. 评价审计证据的充分性和适当性

注册会计师应当根据实施的审计程序和获取的审计证据评价对认定层次的重大错报风险的评估是否仍然适当。财务报表审计是一个累积和反复的过程。随着计划的审计程序的实施,如果获取的信息与风险评估时依据的信息有重大差异,注册会计师应当考虑修正风险评估结果,并据以修改原计划的其他审计程序的性质、时间和范围。

对于充分、适当的审计证据,注册会计师都应当在工作底稿中进行记录,包括对评估的财务报表层次的重大错报风险采取的总体应对措施;实施进一步审计程序的性质、时间和范围;实施的进一步审计程序与评估的认定层次的重大错报风险的联系;实施进一步审计程序的结果。如果拟利用以前审计获取的有关控制运行有效性的审计证据,注册会计师应当记录信赖这些控制的理由和结论。如果对重大的财务报表认定没有获取充分、适当的审计证据,注册会计师应当尽量获取进一步的审计证据。如果不能获取充分、适当的审计证据,注册会计师应当发表保留意见或无法表示意见。

项目小结

本项目解释了错报、审计重要性和审计风险的含义，以及错报的分类和两个层次的重要性水平；介绍了初步确定重要性水平的方法和审计风险的要素；阐述了审计重要性的运用原则和审计风险模型的构成；并且揭示了审计风险形成的主要原因。

思考与练习

一、单项选择题

1. 重要性取决于在具体环境下对错报金额和性质的判断。以下关于重要性的理解，不正确的是（ ）。
   A. 重要性的确定离不开具体环境
   B. 重要性包括对数量和性质两个方面的考虑
   C. 重要性概念是针对管理层决策的信息需求而言的
   D. 对重要性的评估需要运用职业判断

2. 下列关于财务报表层次的重大错报风险的说法，不正确的是（ ）。
   A. 通常与控制环境有关
   B. 与财务报表整体存在广泛联系
   C. 可能影响多项认定
   D. 可以直接界定某类交易、账户余额、列报的具体认定

3. 盘点有形资产可以为下列哪项认定提供可靠的审计证据，但不一定能够为权利和义务或计价认定提供可靠的审计证据？（ ）
   A. 存在
   B. 完整性
   C. 可理解性
   D. 计价和分摊

4. 注册会计师了解被审计单位及其环境的目的是（ ）。
   A. 进行风险评估程序
   B. 收集充分适当的审计证据
   C. 识别和评估财务报表重大错报风险
   D. 控制检查风险

5. 在下列情形中，（ ）属于审计抽样中的误拒风险。
   A. 将实际上没有失效的内部控制推断为失效的
   B. 将实际上没有失效的内部控制推断为有效的
   C. 将实际上失效的内部控制推断为失效的
   D. 将实际上失效的内部控制推断为有效的

二、多项选择题

1. 下列关于重要性的理解，恰当的有（ ）。
   A. 判断一项错报对财务报表使用者是否重大，有时需要考虑个别特定使用者的需求
   B. 如果财务报表中的某项错报足以改变或是影响报表使用者的决策，则该错报就是重要的
   C. 重要性的判断离不开具体环境
   D. 在任何情况下，金额大的错报都比金额小的错报重要

2. 下列与控制测试有关的表述中，正确的有（ ）。
   A. 如果控制设计不合理，则不必实施控制测试
   B. 如果在评估认定层次重大错报风险时预期控制的运行是有效的，则应当实施控制测试
   C. 如果认为仅实施实质性程序不足以提供认定层次充分、适当的证据，则应当实施控制测试
   D. 对于特别风险，即使拟信赖的相关控制没有发生变化，也应当在本次审计中实施控制测试

3. 在确定控制测试的范围时，注册会计师通常考虑的因素有（ ）。
   A. 总体变异性
   B. 在风险评估时拟信赖控制运行有效性的程度
   C. 控制的预期偏差
   D. 控制的执行频率

4. 在下列涉及舞弊导致的重大错报风险事项中，注册会计师应当与治理层沟通的有（ ）。
   A. 管理层未能恰当应对已发现的内部控制重大缺陷
   B. 注册会计师对被审计单位控制环境的评价，包括对管理层胜任能力和诚信的疑虑
   C. 注册会计师对超出正常经营过程的交易的授权恰当性的疑虑
   D. 注册会计师注意到的可能对财务报表信息作出虚假报告的行为

5. 下列说法中，正确的有（ ）。
   A. 审计风险越低，重要性水平越高
   B. 重要性水平越低，应当获取的审计证据越多
   C. 审计风险越高，重要性水平越高
   D. 重要性水平和审计证据之间无联系

三、判断题

1. 如果尚未更正错报汇总数接近重要性水平，注册会计师可以发表无保留意见的审计报告。（ ）
2. 在确定重要性水平时，要综合考虑各方面的影响因素，一旦确定便不能修改。（ ）
3. 在既定的审计风险水平下，可接受的检查风险水平与认定层次重大错报风险的评估结果成同向关系。（ ）
4. 注册会计师设计和实施的控制测试和实质性程序的性质、时间、范围，应当与评估出的认定层次重大错报风险具有明确的对应关系。（ ）
5. 根据审计风险模型可知，注册会计师可以通过实施审计程序控制重大错报风险。（ ）

四、简答题

1. 注册会计师如何利用审计风险模拟型进行审计风险分析？
2. 什么是审计风险？其构成要素有哪些？
3. 如何评估财务报表层次的重要性水平？

项目 5 审计计划、审计方法与内部控制

知识目标

◎ 了解审计计划的内容；
◎ 理解选用审计方法的要求；

◎ 了解内部控制的概念与描述方法。

技能目标

◎ 掌握审计计划的编制与审核；

◎ 掌握审查书面资料的方法。

案例导入

A 和 B 注册会计师对东升股份有限公司 2020 年度的财务报表进行审计。其未经审计的有关财务报表项目金额如表 5-1 所示。

表 5-1　未经审计的有关财务报表项目金额

财务报表项目名称	金额
资产总计	180 000
股东权益合计	88 000
营业收入	240 000
利润总额	36 000
净利润	24 120

案例思考

（1）如果以资产总额、净资产（股东权益）、营业收入和净利润作为判断基础，采用固定比率法，并假定资产总额、净资产、营业收入和净利润的固定百分比数值分别为 0.5%、1%、0.5% 和 5%，请代 A 和 B 注册会计师计算并确定东升股份有限公司 2020 年度财务报表层次的重要性水平（请列示计算过程）。

（2）简要说明重要性水平与审计风险之间的关系。

（3）简要说明重要性水平与审计证据之间的关系。

本章导语

审计计划是对审计工作的一种预先规划。审计方法是注册会计师检查和分析审计对象、收集审计证据，并对照审计依据，形成审计结论和意见的各种专门手段。内部控制是在单位内部实施的各种制约和调节的组织、计划、程序和方法。

通过本项目，可以学习：

（1）审计计划的内容；

（2）审计计划的编制与审核；

（3）审查书面资料的方法和证实客观事物的方法；

（4）抽样技术在审计中的应用；

（5）内部控制的概念及要素；

（6）内部控制评价的基本程序。

任务 5.1 审计计划

5.1.1 审计计划的概念和内容

1. 审计计划的概念

审计计划指注册会计师为了达到预期的审计目标，完成各项审计业务，在具体执行审计程序之前编制的工作计划，并且在之后的工作中按照此计划执行。在执行审计过程中，情况可能会发生变化，因此要对审计计划进行相应的补充和修订。

2. 审计计划的内容

（1）计划审计工作的意义。

《中国注册会计师审计准则第 1201 号——计划审计工作》第三条规定，注册会计师应当制订审计工作计划，使审计业务以有效的方式得到执行。

①合理的审计计划有助于注册会计师顺利完成审计工作和控制审计风险。

②合理的审计计划有助于注册会计师关注重点审计领域、及时发现和解决潜在问题、恰当地组织和管理审计工作，以使审计工作更加有效。

③合理的审计计划有助于注册会计师对项目组成员进行恰当分工和指导监督，并复核其工作。

④合理的审计计划有助于协调其他注册会计师和专家的工作。

（2）审计计划的参与者。

制订审计计划十分重要，很多关键决策往往在这个阶段作出，如可接受的审计风险水平和重要性的确定、项目人员的配置等。鉴于其重要性，项目负责人和项目组其他关键成员应当参与制订审计计划，利用其经验和见解，以提高制订过程的效率和效果。

（3）审计计划的编制。

审计计划通常由审计项目负责人在审计工作开始时起草，项目组其他关键成员也要参与审计计划的编制工作。审计计划应形成书面文件，并最终形成审计工作底稿的一部分。审计计划的文件形式多种多样，主要有表格式、问卷式和文字叙述式三种主要形式。无论采用哪种形式，均不能生搬硬套，因为不同的被审计单位，具体情况和审计目标不同。

> **提示**
>
> 审计计划的文件格式和内容需要根据实际情况酌情调整。

按执业准则规定，注册会计师可以与被审计单位的有关人员就总体审计策略的要点和某些审计程序进行讨论，并使审计程序与被审计单位有关人员的工作相协调，但独立编制审计计划仍是注册会计师的责任。执业准则还规定，审计计划应当在具体实施前下达至审计小组的全体成员；审计人员应当根据审计情况的变化及时对审计计划进行修改、补充。计划修改、补充意见应经审计组织有关业务负责人同意，并记录于审计工作底稿。

> **提示**
>
> 注册会计师将制订总体审计策略和具体审计计划相结合进行，可能会使计划审计工作更有效率及效果。

5.1.2 初步业务活动

1. 初步活动内容

（1）初步活动的目的。

在本期审计业务开始时，注册会计师需要开展初步业务活动，以实现以下三个主要目的：

①具备执行业务所需的独立性和能力。

②不存在因管理层诚信问题而可能影响注册会计师保持该项业务的意愿的事项。

③与被审计单位之间不存在对业务约定条款的误解。

（2）初步活动的内容。

注册会计师应当开展下列初步业务活动：

①针对保持客户关系和具体审计业务实施相应的质量控制程序。针对保持客户关系和具体审计业务实施质量控制程序，并且根据实施相应程序的结果作出适当的决策是注册会计师控制审计风险的重要环节。《中国注册会计师审计准则第1121号——对财务报表审计实施的质量管理》及《会计师事务所质量管理准则第5101号——业务质量管理》含有与客户关系和具体业务的接受与保持相关的要求，注册会计师应当按照其规定开展初步业务活动。在连续审计时，注册会计师通常执行针对保持客户关系和具体审计业务的质量控制程序。

值得注意的是，在首次接受审计委托时，注册会计师需要执行针对建立有关客户关系和承接具体审计业务的质量控制程序。

> **提示**
>
> 无论是首次接受审计委托还是连续审计，注册会计师都应当考虑下列主要事项，以确定保持客户关系和具体审计业务的结论是恰当的：
> ● 被审计单位的主要股东、关键管理人员和管理层是否诚信？
> ● 项目组是否具备执行审计业务的专业胜任能力以及必要的时间和资源？
> ● 会计师事务所和项目组能否遵守职业道德规范？

在连续审计的情况下，由于注册会计师已经积累了一定的审计经验，因此，在决定是否保持与某一客户的关系时，项目负责人通常会重点考虑本期或前期审计中发现的重大事项及其对保持该客户关系的影响。

> **提示**
>
> 在实务中，会计师事务所可以区别首次接受审计委托和连续审计的情况，并制定不同的质量控制程序，以提高审计工作的效率及效果。

②评价遵守职业道德规范的情况也是一项非常重要的初步业务活动。职业道德规范要求项目组成员恪守独立、客观、公正的原则，保持专业胜任能力和应有的关注，并对审计过程中获知的信息保密。

对于保持独立性，质量控制准则要求会计师事务所制定政策和程序，以及项目负责人实施相应措施。例如，会计师事务所应当每年至少一次向所有受独立性要求约束的人员获取其遵守独立性政策和程序的书面确认函。值得注意的是，审计过程中，由于情况会发生变化，注册会计师对上述第一项（针对保持客户关系和具体审计业务实施相应的质量控制程序）及第二项（评价遵守职业道德规范的情况）的考虑应当贯穿审计业务的全过程。

虽然保持客户关系及具体审计业务和评价职业道德的工作应贯穿审计业务的全过程，但是这两项活动需要安排在其他审计工作之前，以确保注册会计师已具备执行业务所需要的独立性和专业胜任能力，且不存在因管理层诚信问题而影响注册会计师保持该项业务的意愿等情况。

③就审计业务约定条款达成一致意见，及时签订或修改审计业务约定书。在作出接受或保持客户关系及具体审计业务的决策后，注册会计师应当按照《中国注册会计师审计准则第1111

号——审计业务约定书》的规定，在审计业务开始前与被审计单位就审计业务约定条款达成一致意见，签订或修改审计业务约定书，以避免双方对审计业务的理解产生分歧。

提示

在连续审计的业务中，这些初步业务活动通常是在上期审计工作结束后不久或将要结束时就已经开始了。

2. 审计的前提条件

（1）财务报告编制基础。

承接鉴证业务的条件之一是《中国注册会计师鉴证业务基本准则》中提及的标准适当，且能够为预期使用者获取。标准是指用于评价或计量鉴证对象的基准，当涉及列报时，还包括列报与披露的基准。适当的标准使注册会计师能够运用职业判断对鉴证对象作出合理一致的评价或计量。就审计准则而言，适用的财务报告编制基础为注册会计师提供了用以审计财务报表（包括公允反映，如相关）的标准。如果不存在可接受的财务报告编制基础，管理层就不具有编制财务报表的恰当基础，注册会计师也不具有对财务报表进行审计的适当标准。

①确定财务报告编制基础的可接受性。在确定编制财务报表所采用的财务报告编制基础的可接受性时，注册会计师需要考虑下列相关因素：第一，被审计单位的性质；第二，财务报表的目的；第三，财务报表的性质。

按照某一财务报告编制基础编制，旨在满足广大财务报表使用者共同的财务信息需求的财务报表，称为通用目的财务报表。按照特殊目的编制基础编制的财务报表，称为特殊目的财务报表，旨在满足财务报表特定使用者的财务信息需求。对于特殊目的财务报表，预期财务报表使用者对财务信息的需求可决定适用的财务报告编制基础。《中国注册会计师审计准则第 1601 号——对按照特殊目的编制基础编制的财务报表审计的特殊考虑》规范了如何确定旨在满足财务报表特定使用者财务信息需求的财务报告编制基础的可接受性。

②通用目的编制基础。如果财务报告准则由经授权或获得认可的准则制定机构制定和发布，供某类实体使用，只要这些机构遵循一套既定和透明的程序（包括认真研究和仔细考虑广大利益相关者的观点），则认为财务报告准则对于这类实体编制通用目的财务报表是可接受的。这些财务报告准则主要有：国际会计准则理事会发布的国际财务报告准则，国际公共部门会计准则理事会发布的国际公共部门会计准则，以及某一国家或地区经授权或获得认可的准则制定机构在遵循一套既定和透明的程序（包括认真研究和仔细考虑广大利益相关者的观点）的基础上发布的会计准则。

在规范通用目的财务报表编制的法律法规中，这些财务报告准则通常被界定为适用的财务报告编制基础。

（2）就管理层的责任达成一致意见。

按照审计准则的规定执行审计工作的前提是管理层已认可并理解其承担的责任。审计准则并不超越法律法规对这些责任的规定。然而，独立审计的理念要求注册会计师不对财务报表的编制或被审计单位的相关内部控制承担责任，并要求注册会计师合理预期能够获取审计所需要的信息（在管理层能够提供或获取的信息范围内，包括从总账和明细账之外的其他途径获取的信息）。因此，管理层认可并理解其责任，这一前提对执行独立审计工作是至关重要的。

①按照适用的财务报告编制基础编制财务报表，并使其实现公允反映（如适用）。大多数财务报告编制基础包括与财务报表列报相关的要求，对于这些财务报告编制基础，在提到"按照适用的财务报告编制基础编制财务报表"时，编制包括列报。实现公允列报的报告目标非常重要，因而在与管理层达成一致意见的执行审计工作的前提中需要特别提及公允列报，或需要特别提及管理层负有确保财务报表根据财务报告编制基础编制并使其实现公允反映的责任。

②设计、执行和维护必要的内部控制，以使财务报表不存在由于舞弊或错误导致的重大错报。由于内部控制的固有限制，无论其如何有效，也只能合理保证被审计单位实现其财务报告目标。

注册会计师按照审计准则的规定执行的独立审计工作，不能代替管理层维护编制财务报表所需要的内部控制。因此，注册会计师需要就管理层认可并理解其与内部控制有关的责任与管理层达成共识。

③向注册会计师提供必要的工作条件，包括允许注册会计师接触与编制财务报表相关的所有信息（如记录、文件和其他事项），向注册会计师提供审计所需要的其他信息，允许注册会计师在获取审计证据时不受限制地接触其认为必要的内部人员和其他相关人员。

（3）确认的形式。

按照《中国注册会计师审计准则第1341号——书面声明》的规定，注册会计师应当要求管理层就其已履行的某些责任提供书面声明。因此，注册会计师需要获取针对管理层责任的书面声明、其他审计准则要求的书面声明，以及在必要时需要获取用于支持其他审计证据（用以支持财务报表或者一项或多项具体认定）的书面声明。注册会计师需要使管理层意识到这一点。

如果管理层不认可其责任，或不同意提供书面声明，注册会计师将不能获取充分、适当的审计证据。在这种情况下，注册会计师承接此类审计业务是不恰当的，除非法律法规另有规定。如果法律法规要求承接此类审计业务，注册会计师可能需要向管理层解释这种情况的重要性及其对审计报告的影响。

3. 审计约定书

审计业务约定书是指会计师事务所与被审计单位签订的，用以记录和确认审计业务的委托与受托关系、审计目标和范围、双方的责任以及报告的格式等事项的书面协议。会计师事务所承接任何审计业务，都应与被审计单位签订审计业务约定书。

（1）审计业务约定书的基本内容。

审计业务约定书的具体内容和格式可能因被审计单位的不同而不同，但应当包括以下主要内容：

①财务报表审计的目标与范围。

②注册会计师的责任。

③管理层的责任。

④指出用于编制财务报表所适用的财务报告编制基础。

⑤提及注册会计师拟出具的审计报告的预期形式和内容，以及对在特定情况下出具的审计报告可能不同于预期形式和内容的说明。

（2）审计业务约定书的特殊考虑。

①考虑特定需要。如果情况需要，注册会计师还可能考虑在审计业务约定书中列明下列内容：

Ⅰ．详细说明审计工作的范围，包括提及适用的法律法规、审计准则，以及注册会计师协会发布的职业道德守则和其他公告；

Ⅱ．对审计业务结果的其他沟通形式；

Ⅲ．关于注册会计师按照《中国注册会计师审计准则第1504号——在审计报告中沟通关键审计事项》的规定，在审计报告中沟通关键审计事项的要求；

Ⅳ．说明由于审计和内部控制的固有限制，即使审计工作按照审计准则的规定得到恰当的计划和执行，仍不可避免地存在某些重大错报未被发现的风险；

Ⅴ．计划和执行审计工作的安排，包括审计项目组的构成；

Ⅵ．预期管理层将提供书面声明；

Ⅶ．预期管理层将允许注册会计师接触管理层知悉的与财务报表编制相关的所有信息（包括与披露相关的所有信息）；

Ⅷ．管理层同意向注册会计师及时提供财务报表草稿（包括与财务报表及披露的编制相关的所有信息）和其他所有附带信息（如有），以使注册会计师能够按照预定的时间表完成审计工作；

Ⅸ．管理层同意告知注册会计师在审计报告日至财务报表报出日之间注意到的可能影响财务报表的事实；

Ⅹ．收费的计算基础和收费安排；

Ⅺ．管理层确认收到审计业务约定书并同意其中的条款；

Ⅻ．在某些方面对利用其他注册会计师和专家工作的安排；

XIII. 对审计涉及的内部审计人员和被审计单位其他员工工作的安排；

XIV. 在首次审计的情况下，与前任注册会计师（如存在）沟通的安排；

XV. 说明对注册会计师责任可能存在的限制；

XVI. 注册会计师与被审计单位之间需要达成进一步协议的事项；

XVII. 向其他机构或人员提供审计工作底稿的义务。

②组成部分的审计。如果母公司的注册会计师同时也是组成部分注册会计师，需要考虑下列因素，决定是否向组成部分单独致送审计业务约定书：

Ⅰ. 组成部分注册会计师的委托人；

Ⅱ. 是否对组成部分单独出具审计报告；

Ⅲ. 与审计委托相关的法律法规的规定；

Ⅳ. 母公司占组成部分的所有权份额；

Ⅴ. 组成部分管理层相对于母公司的独立程度。

③连续审计。对于连续审计，注册会计师应当根据具体情况评估是否需要对审计业务约定条款作出修改，以及是否需要提醒被审计单位注意现有的条款。

注册会计师可以决定不在每期都致送新的审计业务约定书或其他书面协议。然而，下列因素可能导致注册会计师修改审计业务约定条款或提醒被审计单位注意现有的业务约定条款：

Ⅰ. 有迹象表明被审计单位误解审计目标和范围；

Ⅱ. 需要修改约定条款或增加特别条款；

Ⅲ. 被审计单位高级管理人员近期发生变动；

Ⅳ. 被审计单位所有权发生重大变动；

Ⅴ. 被审计单位业务的性质或规模发生重大变化；

Ⅵ. 法律法规的规定发生变化；

Ⅶ. 编制财务报表采用的财务报告编制基础发生变更；

Ⅷ. 其他报告要求发生变化。

④审计业务约定条款的变更。

Ⅰ. 变更审计业务约定条款的要求。在完成审计业务前，如果被审计单位或委托人要求将审计业务变更为保证程度较低的业务，注册会计师应当确定是否存在予以变更的合理理由。

A. 下列原因可能导致被审计单位要求变更业务：

a. 环境变化对审计服务的需求产生影响；

b. 对原来要求的审计业务的性质存在误解；

c. 无论是管理层施加的还是其他情况引起的审计范围受到限制。

上述前两项通常被认为是变更业务的合理理由，但如果有迹象表明该变更要求与错误的、不完整的或者不能令人满意的信息有关，注册会计师不应认为该变更是合理的。

B. 如果没有合理的理由，注册会计师不应同意变更业务。如果注册会计师不同意变更审计业务约定条款，而管理层又不允许继续执行原审计业务，注册会计师应当：

a. 在适用的法律法规允许的情况下，解除审计业务约定；

b. 确定是否有约定义务或其他义务向管理层、所有者或监管机构等报告该事项。

Ⅱ. 变更为审阅业务或相关服务业务的要求。在同意将审计业务变更为审阅业务或相关服务业务前，接受委托按照审计准则执行审计工作的注册会计师除考虑上述中提及的事项外，还需要评估变更业务对法律责任或业务约定的影响。

如果注册会计师认为将审计业务变更为审阅业务或相关服务业务具有合理理由，截至变更日已执行的审计工作可能与变更后的业务相关，相应地，注册会计师需要执行的工作和出具的报告会适用于变更后的业务。为避免引起报告使用者的误解，在对相关服务业务出具的报告中不应提及原审计业务和在原审计业务中已执行的程序。只有将审计业务变更为执行商定程序业务，注册会计师才可在报告中提及已执行的程序。

5.1.3 审计计划的两个层次

审计计划分为总体审计策略和具体审计计划两个层次。注册会计师应当针对总体审计策略中所识别的不同事项制订具体审计计划，并考虑通过有效利用审计资源以实现审计目标。值得注意的是，虽然制定总体审计策略的过程通常在具体审计计划之前，但是两项计划具有内在紧密联系，对其中一项的决定可能会影响甚至改变对另外一项的决定。例如，注册会计师在了解被审计单位及其环境的过程中，注意到被审计单位对主要业务的处理依赖复杂的自动化信息系统，因此计算机信息系统的可靠性及有效性对其经营、管理、决策以及编制可靠的财务报告具有重大影响。对此，注册会计师可能会在具体审计计划中制定相应的审计程序，并相应调整总体审计策略的内容，作出利用信息风险管理专家的工作的决定。

1. 总体审计策略

会计师应当为审计工作制定总体审计策略。总体审计策略用以确定审计范围、时间安排和方向，并指导具体审计计划的制订。

（1）确定审计业务的特征，以界定审计范围。

在确定审计范围时，需要考虑下列具体事项：

①编制拟审计的财务信息所依据的财务报告编制基础，包括是否需要将财务信息调整至按照其他财务报告编制基础编制。

②特定行业的报告要求，如某些行业监管机构要求提交的报告。

③预期审计工作涵盖的范围，包括应涵盖的组成部分的数量及所在地点。

④母公司和集团组成部分之间存在的控制关系的性质，以确定如何编制合并财务报表。

⑤由组成部分注册会计师审计组成部分的范围。

⑥拟审计的经营分部的性质，包括是否需要具备专门知识。

⑦外币折算，包括外币交易的会计处理、外币财务报表的折算和相关信息的披露。

⑧除为合并目的执行的审计工作之外，对个别财务报表进行法定审计的需求。

⑨内部审计工作的可获得性及注册会计师拟信赖内部审计工作的程度。

⑩被审计单位使用服务机构的情况，及注册会计师如何取得有关服务机构内部控制设计和运行有效性的证据。

⑪对利用在以前审计工作中获取的审计证据（如获取的与风险评估程序和控制测试相关的审计证据）的预期。

⑫信息技术对审计程序的影响，包括数据的可获得性和对使用计算机辅助审计技术的预期。

⑬协调审计工作与中期财务信息审阅的预期涵盖范围和时间安排，以及中期审阅所获取的信息对审计工作的影响。

⑭与被审计单位人员的时间协调和相关数据的可获得性。

（2）明确审计业务的报告目标，以计划审计的时间安排和所需沟通的性质。

为计划报告目标、时间安排和所需沟通，需要考虑下列事项：

①被审计单位对外报告的时间表，包括中间阶段和最终阶段。

②与管理层和治理层举行会谈，讨论审计工作的性质、时间安排和范围。

③与管理层和治理层讨论注册会计师拟出具的报告的类型和时间安排以及沟通的其他事项（口头或书面沟通），包括审计报告、管理建议书和向管理层通报的其他事项。

④与管理层讨论预期就整个审计业务中审计工作的进展进行的沟通。

⑤与组成部分注册会计师沟通拟出具的报告的类型和时间安排，以及与组成部分审计相关的其他事项。

⑥项目组成员之间沟通的预期性质和时间安排，包括项目组会议的性质和时间安排，以及复核已执行工作的时间安排。

（3）根据职业判断审计方向。

总体审计策略的制定应当包括考虑影响审计业务的重要因素，以确定项目组工作方向，包括确定适当的重要性水平，初步识别可能存在较高的重大错报风险的领域，初步识别重要的组成部分和账户余额，评价是否需要针对内部控制的有效性获取审计证据，识别被审计单位、所处行业、财务报告要求及其他相关方面最近发生的重大变化等。

在确定审计方向时，注册会计师需要考虑下列事项：

①重要性方面。具体包括：

Ⅰ．为计划目的确定重要性；

Ⅱ．为组成部分确定重要性且与组成部分的注册会计师沟通；

Ⅲ．在审计过程中重新考虑重要性；

Ⅳ．识别重要的组成部分和账户余额。

②重大错报风险较高的审计领域。

③评估的财务报表层次的重大错报风险对指导、监督及复核的影响。

④项目组人员的选择（在必要时包括项目质量控制复核人员）和工作分工，包括向重大错报风险较高的审计领域分派具备适当经验的人员。

⑤项目预算，包括考虑为重大错报风险可能较高的审计领域分配适当的工作时间。

⑥如何向项目组成员强调在收集和评价审计证据过程中保持职业怀疑的必要性。

⑦以往审计中对内部控制运行有效性进行评价的结果，包括所识别的控制缺陷的性质及应对措施。

⑧管理层重视设计和实施健全的内部控制的相关证据，包括这些内部控制得以适当记录的证据。

⑨业务交易量规模，以基于审计效率的考虑确定是否依赖内部控制。

⑩对内部控制重要性的重视程度。

⑪管理层用于识别和编制适用的财务报告编制基础所要求的披露（包括从总账和明细账之外的其他途径获取的信息）的流程。

⑫影响被审计单位经营的重大发展变化，包括信息技术和业务流程的变化，关键管理人员变化，以及收购、兼并和分立。

⑬重大的行业发展情况，如行业法规变化和新的报告规定。

⑭会计准则及会计制度的变化，该变化可能涉及作出重大的新披露或对现有披露作出重大修改。

⑮其他重大变化，如影响被审计单位的法律环境的变化。

（4）确定执行业务所需资源的性质、时间安排和范围。

注册会计师应当在总体审计策略中清楚地说明审计资源的规划和调配，包括确定执行审计业务所必需的审计资源的性质、时间安排和范围。

①向具体审计领域调配的资源，包括向高风险领域分派有适当经验的项目组成员，就复杂的问题利用专家工作等。

②向具体审计领域分配资源的多少，如包括分派到重要地点进行存货监盘的项目组成员的人数，在集团审计中复核组成部分注册会计师工作的范围，向高风险领域分配的审计时间预算等。

③何时调配这些资源，包括是在期中审计阶段还是在关键的截止日期调配资源等。

④如何管理、指导、监督这些资源，包括预期何时召开项目组预备会和总结会，预期项目合伙人和经理如何进行复核，是否需要实施项目质量控制复核等。

2. 审计的具体计划

注册会计师应当为审计工作制订具体审计计划。具体审计计划应比总体审计策略更加详细，其内容包括为获取充分、适当的审计证据以将审计风险降至可接受的低水平，项目组成员拟实施的审计程序的性质、时间安排和范围。可以说，为获取充分、适当的审计证据，而确定审计程序的性质、时间安排和范围是具体审计计划的核心。具体审计计划应当包括风险评估程序、计划实施的进一步审计程序和其他审计程序。

（1）风险评估程序。

具体审计计划应当包括按照《中国注册会计师审计准则第1211号——通过了解被审计单位及其环境识别和评估重大错报风险》的规定，为了充分识别和评估财务报表重大错报风险，注册会计师计划实施的风险评估程序的性质、时间安排和范围。

(2) 计划实施的进一步审计程序。

具体审计计划应当包括按照《中国注册会计师审计准则第 1231 号——针对评估的重大错报风险采取的应对措施》的规定，针对评估的认定层次的重大错报风险，注册会计师计划实施的进一步审计程序的性质、时间安排和范围。进一步审计程序包括控制测试和实质性程序。

注册会计师计划的进一步审计程序可以分为进一步审计程序的总体方案和拟实施的具体审计程序两个层次。进一步审计程序的总体方案主要是指注册会计师针对各类交易、账户余额和披露决定采用的总体方案（包括实质性方案和综合性方案）。具体审计程序则是对进一步审计程序的总体方案的延伸和细化，它通常包括控制测试和实质性程序的性质、时间安排和范围。在实务中，注册会计师通常单独制定一套包括这些具体程序的"进一步审计程序表"，待具体实施审计程序时，注册会计师将基于所计划的具体审计程序，进一步记录所实施的审计程序及结果，并最终形成有关进一步审计程序的审计工作底稿。

另外，完整、详细的进一步审计程序的计划包括对各类交易、账户余额和披露实施的具体审计程序的性质、时间安排和范围，包括抽取的样本量等。

提示

在实务中，注册会计师可以统筹安排进一步审计程序的先后顺序，如果对某类交易、账户余额或披露已经作出计划，则可以安排先行开展工作；与此同时，再制定其他交易、账户余额和披露的进一步审计程序。

(3) 计划其他审计程序。

具体审计计划应当包括根据审计准则的规定，注册会计师针对审计业务需要实施的其他审计程序。计划的其他审计程序可以包括上述进一步程序的计划中没有涵盖的、根据其他审计准则的要求注册会计师应当执行的既定程序。

在审计计划阶段，除了按照《中国注册会计师审计准则第 1211 号——通过了解被审计单位及其环境识别和评估重大错报风险》进行计划工作，注册会计师还需要兼顾其他准则中规定的、针对特定项目在审计计划阶段应执行的程序及记录要求。例如，《中国注册会计师审计准则第 1141 号——财务报表审计中与舞弊相关的责任》《中国注册会计师审计准则第 1324 号——持续经营》《中国注册会计师审计准则第 1142 号——财务报表审计中对法律法规的考虑》及《中国注册会计师审计准则第 1323 号——关联方》等准则中对注册会计师针对这些特定项目在审计计划阶段应当执行的程序及其记录作出了规定。当然，由于被审计单位所处行业、环境各不相同，特别项目可能也有所不同。例如，有些企业可能涉及环境事项、电子商务等。在实务中，注册会计师应根据被审计单位的具体情况确定特定项目，并执行相应的审计程序。

(4) 审计过程中对计划的更改。

计划审计工作并非审计业务的一个孤立阶段，而是一个持续的、不断修正的过程，贯穿于整个审计业务的始终。由于未预期事项、条件的变化或在实施审计程序中获取的审计证据等原因，在审计过程中，注册会计师应当在必要时对总体审计策略和具体审计计划作出更新和修改。

审计过程可以分为不同阶段，通常前面阶段的工作结果会对后面阶段的工作计划产生一定的影响，而在后面阶段的工作过程中又可能会发现需要对已制定的相关计划进行相应的更新和修改。通常来讲，这些更新和修改可能涉及比较重要的事项。例如，对重要性水平的修改，对某类交易、账户余额和披露的重大错报风险的评估和进一步审计程序（包括总体方案和拟实施的具体审计程序）的更新和修改等。一旦计划被更新和修改，审计工作也就应当进行相应的修正。

例如，如果在制订审计计划时，注册会计师基于对材料采购交易的相关控制的设计和执行获取的审计证据，认为相关控制设计合理并得以执行，因此未将其评价为高风险领域并且计划执行控制测试。但是，如果发现在执行控制测试时获得的审计证据与审计计划阶段获得的审计证据相矛盾时，如果注册会计师就会认为该类交易的控制没有得到有效执行，就可能需要修正对该类交易的风险评估，并基于修正的评估风险修改计划的审计方案（如采用实质性方案）。

如果注册会计师在审计过程中对总体审计策略或具体审计计划作出重大修改，应当在审计工作底稿中记录作出的重大修改及其理由。

（5）指导、监督与复核。

注册会计师应当制订计划，确定对项目组成员的指导、监督以及对其工作进行复核的性质、时间安排和范围。项目组成员的指导、监督以及对其工作进行复核的性质、时间安排和范围主要取决于下列因素：

①被审计单位的规模和复杂程度。
②审计领域。
③评估的重大错报风险。
④执行审计工作的项目组成员的专业素质和胜任能力。

注册会计师应在评估重大错报风险的基础上，计划对项目组成员工作的指导、监督与复核的性质、时间安排和范围。当评估的重大错报风险增加时，注册会计师通常会扩大指导与监督的范围，增强指导与监督的及时性，执行更详细的复核工作。在计划复核的性质、时间安排和范围时，注册会计师还应考虑单个项目组成员的专业素质和胜任能力。

任务 5.2 审计方法

5.2.1 选用审计方法的要求

审计方法是指注册会计师检查和分析审计对象，收集审计证据，并对照审计依据，形成审计结论和意见的各种专门手段的总称。科学、合理地选用审计方法，对做好审计工作、提高审计工作质量具有重要意义。注册会计师在审计工作过程中，为了实现审计目标、完成审计任务，必须运用各种审计方法，对审计对象进行审查和评价，收集各种审计证据，以便据以发表审计意见和作出审计结论。

在选用恰当的审计方法时，应符合以下要求：
（1）审计方法的选用要适应审计目的；
（2）审计方法的选用要适合审计方式；
（3）审计方法的选用要联系被审计单位实际。

审计方法通常包括审查书面资料的方法和证实客观事物的方法两大类。

5.2.2 审查书面资料的方法

审查书面资料的方法，也叫查账法，审查的对象主要是会计凭证、会计账簿和财务报表。这类方法是最基本的方法。

审查书面资料的方法，具体还可以按审查技术、审查顺序、审查数量等不同的标准进行分类。

1. 按审查书面资料的技术分类

按审查书面资料的技术可分为审阅法、核对法、询证法、比较法和分析法。

(1) 审阅法。

审阅法是对凭证、账簿和报表，以及经营决策、计划、预算、合同等文件和资料的内容详细阅读和审查，以检查经济业务是否合法合规，经济资料是否真实正确，是否符合会计准则的要求。审阅法主要是查验证、账、表等会计资料。

在审阅原始凭证、记账凭证时，既要从形式和技术上审查，也要从内容上审查。从形式上审查主要是审查凭证是否完整正确，如日期、摘要、金额、大小写、签章等应填写内容是否齐全，有无涂改；从技术上审查主要是审查经济业务是否符合有关手续，有无违反财经纪律、财会制度规定，甚至从事非法经营活动的事实等。

在审阅账簿时，主要是审阅明细记录的内容是否真实、正确，其账户对应关系是否正常合理，有无错误或舞弊。

在审阅财务报表时，主要是审阅报表项目是否按会计准则规定编制；对应关系是否正确，双方合计数是否相符；核对各报表之间有关项目的钩稽关系及数据；审阅各项目是否合理、合规、合法。

【情景5-1】润亚会计师事务所在对北京惠达家具厂进行审计时，注册会计师孙一文发现有一张销售发票上的价款金额有涂改痕迹，相应的记账凭证和会计账簿的数据均与销售发票涂改后的价款金额一致。此审计行为主要运用审阅法完成。

(2) 核对法。

核对法是将会计记录及其相关资料中两处以上的同一数值或相关数据相互对照，用以验明内容是否一致、计算是否正确的审计方法。核对法的目的是查明证、账、表之间是否相符，证实被审单位财务状况和财务成果的真实、正确、合法。一般要在下列资料间核对：

①原始凭证与记账凭证：核对内容是记账凭证所附或有关的原始凭证数量是否齐全，日期、业务、内容、金额同记账凭证上的会计科目及金额是否相符，原始凭证之间、记账凭证之间内容是否一致。

②凭证与账簿：主要核对凭证的日期、会计科目、明细科目、金额同账簿记录内容是否一致。

③明细分类账同总分类账：主要核对期初余额、本期发生额和期末余额是否相符。

④账簿与报表：主要核对账户记录同有关报表项目是否相符。

⑤报表与报表：主要核对报表是否按制度规定要求编制，报表之间的相应关系是否正确。

【情景5-2】润亚会计师事务所在对北京惠达家具厂进行审计时，注册会计师孙一文发现有一张销售发票上的价款金额有涂改痕迹，随即调取了该笔销售的销售合同，发现销售合同约定的销售价款与销售发票涂改后的金额不一致。此审计行为主要运用核对法。

(3) 询证法。

询证法是指注册会计师对审计过程中所发现的疑点和问题，通过向被审计单位内外有关人员调查和询问，弄清事实真相并取得审计证据的一种方法。注册会计师应当确认是否有必要实施函证以获取认定层次的充分、适当的审计证据。在作出决策时，注册会计师应考虑三个要素：评估的认定层次的重大错报风险、函证程序针对的认定和实施函证以外的其他审计程序。

询证法又分为面询和函询两种。面询是审计人员向被审计单位内外的有关人员当面征询意见、核实情况。函询是通过向有关单位发函来了解情况、取得证据的一种方法。

【情景5-3】润亚会计师事务所在对北京惠达家具厂进行审计时，注册会计师孙一文对惠达家具厂与其重要客户木禾公司之间形成的往来款项进行核实。孙一文编制了一份询证函，将审计期内惠达家具厂与木禾公司的所有往来款项的金额进行列示。通过收回经木禾公司核实后回复的询证函，孙一文对相应的往来款项明细账记录的真实性和完整性进行了验证。这种方法就是询证法。

(4) 比较法。

比较法就是通过对相同被审计项目的实际与计划、本期与前期、本企业与同类企业的数额进行对比分析，检查有无异常情况和可疑问题，以便跟踪追查线索，取得审计证据。

> **提示**
>
> 比较法大多通过有关指标进行比较，包括指标绝对数比较和相对数比较。绝对数比较法的主要内容有：实际指标与计划指标比较、本期实际指标与上期实际指标或历史最高水平比较、被审计单位与同行业先进单位的同质指标比较等。指标相对数比较是指对于不能直接比较的指标，可先将对比的指标数值换算为相对数，然后比较各种比率（如考核和比较规模不同的企业之间的利润水平时，可利用各企业资本金利润率进行比较，借以评价被审计单位的财务状况和经济效益）。

（5）分析法。

分析法是通过对会计资料的有关指标的逻辑推理、分解和综合，以了解其本质和其构成要素的相关关系的审计方法。比如，某单位当年固定资产比上年度增加一倍，生产力却不仅没有提高，反而比上年下降，此情况就不符合常理，需要审计人员进一步分析原因。

通过分析发现存在的差距和问题以后，需进一步分析原因，提出改进的方法。分析法在审计工作中被广泛运用。

2. 按审查书面资料的顺序分类

按审查书面资料的顺序可分为顺查法和逆查法。

（1）顺查法。

顺查法是按照会计核算程序的先后顺序，依次审核和分析凭证、账簿和报表。

> **提示**
>
> 顺查法的具体做法是：首先审查原始凭证及记账凭证，然后进一步结合凭证审查账簿，最后根据账簿审阅会计报表。

顺查法的主要优点是简便易行，审计结果较为可靠；主要缺点是费时费力，审查无重点方向，因此一般适用于对规模较小、业务不多的单位审计时采用。另外，对已经发现有严重问题的单位或单位中的某些部门进行审计时，也会使用顺查法，以便查清全部问题。

（2）逆查法。

逆查法是按照会计核算程序的相反次序进行审查。

> **提示**
>
> 逆查法的具体做法是：先审查会计报表，从中发现错弊和问题，然后有针对性地依次审查和分析报表、账簿和凭证。

逆查法的主要优点是审查的重点和目的比较明确，还可以节省人力和时间；不足之处是可能遗漏或疏忽某些更重要的问题，难以揭露错弊。而且逆查法难度较大，对审计人员的业务素质要求较高。逆查法比较适合规模较大、业务较多的大中型企业和凭证较多的行政事业单位。

> **提示**
>
> 在实质审计工作中，不能机械地只运用顺查法或只运用逆查法，而应将二者有机地结合起来，使顺查法与逆查法相互结合、相互渗透。在灵活运用过程中，既能尽快抓住会计错弊存在的重点环节，又能及时、准确地捕捉住会计错弊的疑点或线索。

3. 按审查书面资料所涉及的数量分类

按审查书面资料所涉及的数量可分为详查法和抽查法。

（1）详查法。

详查法是对被审单位被审计期内的全部证、账、表或某一重要（或可疑）项目所包括的全部账项进行全面、详细的审查。

详查法的优点是能查清被审计单位所存在的问题，特别是对弄虚作假、营私舞弊等违反财经法纪行为，一般不易疏漏，能够保证审计质量。其缺点是工作量太大，耗费人力和时间过多，审计成本高。因此，详查法难以普遍采用，只能用于规模较小的企事业单位或者对特定业务进行的审计。

(2) 抽查法。

抽查法是指从被审单位被审计对象中抽取一部分进行审查；根据审查结果，借以推断审计对象总体有无错误和弊端的一种审计方法。

抽查法的主要优点是能明确审查重点，省时省力，具有效率高、成本低和事半功倍的效果。其缺点是审计结果过分依赖抽查样本的合理性，如果抽样不合理，或缺乏代表性，抽查结果往往不能发现问题，作出错误的审计结论。因此，抽查法仅适用于内部控制系统有效、会计基础较好的企事业单位。

5.2.3 证实客观事物的方法

证实客观事物的方法，是注册会计师收集书面资料以外的审计证据，证明和落实客观事物的形态、性质、存放地点、数量和价值等的方法。除了收集书面资料方面的信息，审计工作还必须取得实物存在方面的资料，以审核是否与相关账目相符，有无错误和弊端，主要包括盘点法、调节法、观察法和鉴定法。

1. 盘点法

盘点法是指注册会计师通过对各项财产物资的实地盘存，检查实物的数量、品种、规格、金额等实际情况，借以确证经济资料和经济活动是否真实正确、经济资料与实物是否一致的审计方法。

盘点法分为直接盘点法和监督盘点法两种。直接盘点法是由注册会计师亲自到场盘点——但为了明确责任，注册会计师一般不采用这种方法。监督盘点法是注册会计师亲临现场观察监督。但不亲自参与盘点，由被审单位自行组织盘点清查。必要时，注册会计师可以进行抽查、复点，保证盘点的质量。

【情景5-4】润亚会计师事务所对北京惠达家具厂进行审计时，注册会计师赵然负责存货审计。在与惠达家具厂沟通后，他制定了监盘计划，确定了一个恰当的日期，以便对惠达家具厂的存货进行监盘。监盘过程中，由惠达家具厂的相关人员进行盘点；盘点结束后，赵然选择部分存货进行抽点，最后由赵然填制"存货监盘表"，并由相关人员进行签字。上述方法即为盘点法。

2. 调节法

如果现成的数据和需要证实的数据表面不一致，为了证实数据的真实性，就要运用调节法。调节法就是从一定时点上的数据着手，对因已发生的正常业务而形成的数据进行必要的增减调查的一种方法。

运用调节法可以证实财产物资是否账实相符，当盘点日与书面资料结存日不同时，结合实物盘点，对盘点日和结存日之间新发生的出入数量与结存日有关财产物资的结存数进行调节，以验证或推算结存日有关财产物资的应结存数。其计算公式为：

结存日（书面资料日）数量 = 盘点日盘点数量 + 结存日至盘点日发出数量 − 结存日至盘点日收入数量

注册会计师通常运用调节法编制银行存款调节表，以便根据银行对账单的余额来验证银行存款账户的余额是否正确。调节法还可用于编制有关财产物资的调节表，以验证有关财产物资结账日账面数与实存数是否相符。其基本方法是：当盘点日与书面资料结存日不同时，先进行实物盘点，得出实存数（即盘点日盘点数量），然后运用调节法，计算出结存日的实存数，并与结存日的账面数量相对比，审查账实是否一致。

【情景5-5】润亚会计师事务所的注册会计师刘某于2021年1月15日下班后监盘了北京惠达家具厂的A材料，发现其实存数量为2 700千克。刘某通过审阅、核对A材料的账面数量得知：2020年12月31日，A材料账面结存数量为2 400千克，且未发现错弊；惠达家具厂在2021年1月1日—15日期间收入34 000千克，发出33 400千克；1月1日，期初余额及收发数额无误。

运用调节法，计算出结存日的实存数：

结存日数量 = 2 700 + 33 400 − 34 000

= 2 100（千克）

由此可知，A 材料的实存数量 2 700 千克与账面记录的结存数量 2 400 千克不一致，刘某应要求有关人员说明原因，并进行核实。

3. 观察法

观察法是指注册会计师进驻被审计单位后，对于生产经营管理工作的环境、财产物资的保管情况、内部控制系统的执行情况等，亲临现场进行实地观察，借以查明被审计单位经济活动的事实真相，核实是否符合有关标准和书面资料的记载，以取得审计证据的方法。比如，在调查阶段，注册会计师到被审计单位的生产现场和营销管理部门实地观察被审计单位的生产流程、组织结构及公司制度等各种情况，为下一步审计工作打下良好基础。上述行为主要运用的是观察法。

进行财政财务审计和经济责任审计时，一般要运用观察法进行广泛的实地观察，收集书面资料以外的审计证据。

> **提示**
>
> 应用观察法时，通常与其他审计方法相结合。必要时，可对现场进行摄像或拍照，作为审计证据。

4. 鉴定法

鉴定法是指邀请有关专业人员运用专门技术对书面资料、实物和经济活动进行确定和识别的方法。如对实物性能、质量、价值、书面资料的真伪以及经济活动的合理性、有效性等的鉴定，就超出了一般注册会计师的能力，需要聘请一定数量的工程技术人员、律师等提供鉴定结论，并作为独立的审计证据。因此，为了更好地工作，审计部门应当在法律部门和技术部门的配合下，提高审计水平。

5.2.4 抽样技术在审计中的应用

审计抽样是在控制测试中应用审计抽样技术，主要是属性抽样法。

所谓属性抽样法，是指在精确度界限和可靠程度一定的条件下，为了测定总体特征的发生频率而采用的一种方法。包括固定样本量抽样、停—走抽样、发现抽样三种具体方法。

1. 固定样本量抽样

固定样本量抽样是一种最为广泛使用的属性抽样，常用于估计审计对象总体中某种误差发生的比例。它的基本步骤如下：

（1）确定审计目的。假定某企业规定所有现金支出原始凭证必须经过有关领导签字方可报销，某审计人员想测试这个企业 20×× 年该内部控制的执行情况，就需要用属性抽样的方法。

（2）定义"误差"。对于每张现金支出发票，只要没有领导签字就报销，就是误差。

（3）定义审计对象总体。

（4）确定样本选取方法。用随机数表抽样的方法选取样本。

（5）确定样本量。

（6）选取样本进行审计。

（7）评价抽样结果。注册会计师对选取的样本进行审查之后，应将查处的误差加以汇总，并评价抽样结果。

2. 停—走抽样

停—走抽样是固定样本量抽样的一种改进形式。它采用边抽样、边审查、边判断的方法，一旦能得出审计结论即可终止抽样，所以并非一定要把全部样本单位抽出才能得出审计结论。

停—走抽样的思路是先根据零差错率确定一个初始样本容量进行抽样审查，如果未发现差错或例外，则可停止抽样，得出在一定置信水平下总体差错率不超过某一可容许差错率的结论；如果发现差错，则扩大样本规模继续进行审查，直到原预计差错率得到肯定或否定为止。

停—走抽样一般适用于注册会计师估计差错率为零或非常低的审计总体。停—走抽样以预计总体误差率为零开始，通过边抽样边审计来完成审计工作，这样就有效地提高了工作效率，降低了审计费用。

3. 发现抽样

发现抽样是指在既定的可信赖程度下，在假定误差以既定的误差率存在于总体的情况下，至少查出一个误差的抽样方法。发现抽样主要用于查找重大舞弊事件或极少出现的例外事件。

使用发现抽样时，当发现重大的误差，如贪污、挪用的凭证时，审计人员都可能放弃抽样程序，而对总体进行全面彻底的检查。若发现抽样未发现任何例外，审计人员可得出在既定的误差率范围内没有发现重大误差的结论。

任务 5.3 内部控制

5.3.1 内部控制的概念与描述方法

内部控制的产生和发展，促使审计工作从全面详细审计发展成为以抽样测试为基础的系统导向审计。审查和评价被审计单位的内部控制系统，是现代审计的重要特征。

1. 内部控制的概念

内部控制是在一定的环境下，单位为了提高经营效率、充分有效地获得和使用各种资源、达到既定管理目标，而在单位内部实施的各种制约和调节的组织、计划、程序和方法。

企业规模越大，内部控制的重要性越显著。企业建立内部控制的必要性主要体现在以下几个方面：

（1）科学管理的要求。

内部控制作为一种有效的管理工具，能够帮助企业董事会和经理层对其实现目标的各种活动进行有效的组织、制约、考核和调节，为各种信息的准确性和可靠性以及各类活动实现预期的目标提供合理的保证。

（2）法律法规的要求。

《中华人民共和国会计法》第二十七条规定："各单位应当建立、健全本单位内部会计监督制度。"2008年6月，中国财政部、证监会、审计署、银监会、保监会（现银保监会）联合发布了《企业内部控制基本规范》；2010年5月，上述五部委联合发布了《企业内部控制配套指引》，至此，企业内部控制法律体系基本形成。因此，企业建立有效的内部控制是应履行的一项法律责任，同时，检查和评价被审计单位的内部控制也成为审计人员进行审计时不可缺少的内容。

（3）成本效益原则的要求。

企业在建立内部控制的过程中，要求针对所面临的风险，根据成本效益原则的要求，选择能够实现"控制过度"与"控制不足"的总成本最小化的控制水平。

2. 内部控制的要素

企业建立与实施有效的内部控制，应当包括内部环境、风险评估、控制活动、信息与沟通和内部监督五项要素。

(1) 内部环境。

内部环境是提供企业纪律与架构、塑造企业文化，并影响企业员工的控制意识，是所有其他内部控制组成要素的基础。内部环境的因素一般包括诚信的原则和道德价值观、评定员工的能力、机构设置及权责分配、内部审计、人力资源政策等。

(2) 风险评估。

风险评估是指企业及时识别、系统分析经营活动中与实现内部控制目标相关的风险，合理确定风险应对策略。具体包括目标、风险、环境变化后的管理等。

(3) 控制活动。

控制活动是指企业根据风险评估结果，采用相应的控制措施，将风险控制在可承受度之内。控制活动是确保管理层的指令得以执行的政策及程序，在企业内的各个管理层和职能之间都会出现，主要包括：高层经理人员对企业绩效进行分析、相关部门进行管理、对信息处理的控制、实体控制、绩效指标的比较、分工。

(4) 信息与沟通。

信息与沟通是指企业及时、准确地收集、传递与内部控制相关的信息，确保信息在企业内部、企业与外部之间进行有效沟通。企业所有员工必须从管理层清楚地获取承担控制责任的信息，而且必须有向上级部门沟通重要信息的方法，并与外界顾客、供应商、政府主管机关和股东等做有效的沟通。

(5) 内部监督。

内部监督是企业对内部控制建立与实施情况进行监督检查，评价内部控制的有效性，发现内部控制缺陷，应当及时加以改进。内部控制需要监督，内部监督活动可确保企业内部控制能持续有效地动作。具体包括持续的监控活动、个别评估、报告缺陷。

提示

内部控制的五个要素不是孤立存在的，而是互相支撑、紧密联系的逻辑统一体。其中：①内部环境是基础，决定其他要素能否有效运行；②内部监督是对内部控制的质量进行评价的过程；③企业通过一定的技术手段，找出影响战略目标实现的各种因素，并对其存在的风险隐患进行分析，从而确定相应的风险应对策略，就是风险评估，它是采取控制活动的根据。④根据明确的风险应对策略，企业采取有效控制风险的应对措施，就是控制活动。⑤信息与沟通在五个要素中处于承上启下、沟通内外的关键地位。内部环境与其他要素之间的相互作用需要通过信息与沟通这一桥梁才能发挥，风险评估、控制活动和内部监督的实施需要以信息与沟通结果为依据，它们的结果也需要通过信息与沟通渠道来反映。

3. 内部控制的描述方法

当注册会计师取得对内部控制的了解后，必须在工作底稿中记录这些信息。常用的记录方法有文字表述法、调查表法和流程图法三种，这些方法被称为内部控制的描述方法。

(1) 文字表述法。

文字表述法也称为文字说明法，是将被审计单位内部控制的调查结果，以简洁的文字加以叙述的方法。

文字表述法的优点主要有两方面：一是可以对调查对象作出比较深入和具体的描述；二是使用范围广，不受企业类型的限制。其缺点主要是对于规模较大、内部控制较为复杂的企业，用文字说明显得过于复杂，不便从总体上对内部控制系统作出全面评价。

【情景5-6】文字表述法举例。

北京惠达家具厂产成品收发的内部控制
2020 年 12 月

产成品仓库由王朋师傅负责。产成品入库时，仓库会同质量检验处根据生产车间入库单的数量，等级验收产成品，并由仓库填写产成品验收入库单。验收入库单一式三联：第一联由仓库留存登记产成品卡片，第二联交销售处登记产成品明细账，第三联连同生产车间的入库单交会计处登记总账。各产成品销售部门均由专人负责签发出库单。产成品发出时，由销售部门填制出库单，凭一式三联的出库单向仓库要求发出产成品。仓库发出产成品后，将第一联出库单留存登记产成品卡片，第二联交销售处登记产成品明细账，第三联交会计处登记产成品总账和明细账。

产成品的收发采用永续盘存制记录，按实际成本计价。

销售处每月编制产成品收发存月报，并报送会计处。经管产成品明细账的会计员张灿根据销售处送来的收发存月报，与产成品明细账核对，并编制产成品收发汇总表。张灿根据产成品明细账登记产成品总账。

评价：产成品收发的内部控制系统不够健全。产成品总账和明细账都是由刘岩同志登记，不相容职务未进行分离。

上述情况说明产成品收发的内部控制系统存在着明显的缺陷。

审计员：刘一文
2020 年 12 月 13 日

（2）调查表法。

调查表法是指审计人员利用事先设计好的标准化格式的调查表来反映被审计单位内部控制状况的方法。

调查表法的优点主要有三方面：一是调查范围明确，问题突出，容易发现被审计单位内部控制系统中存在的缺陷和薄弱环节；二是设计合理的调查表，可广泛适用于同类型企业，从而减少审计工作量；三是调查表可由若干人分别同时回答，有助于保证调查效果。

其缺点也表现在三个方面：一是反映问题不全面，仅限于被调查事项的范围；二是调查表仅要求作出是或否的回答，难以反映被审计单位事项的具体情况和存在问题的程度；三是标准格式的调查表缺乏弹性，难以适用于各类型企业。

【情景 5-7】调查表法举例（如表 5-1 所示）。

表 5-1 内部控制制度调查表

被调查单位：北京惠达家具厂　　　　　　　　　　　　　　　　调查日期：2020 年 12 月 20 日
调查内容：材料采购业务内部控制制度
被调查人：张某、王某、刘某等

调查问题	调查结果				备注
	是	否		不适用	
		较轻	较重		
1. 材料采购前是否制订材料采购计划？	√				
2. 每次采购材料的数量是否超过规定的定额？		√			
3. 有无材料请购审批制度？	√				
4. 材料入库是否有严格的验收制度？	√				
……					

审计负责人：刘明　　　　　　　　　　　　　　　　　　　　　　审计调查人：王成

（3）流程图法。

流程图法是指用特定的符号和图形来描述某项业务的整个处理过程，将凭证和记录的产生、传递、检查、保存及其相互关系，用图解的形式直观地表达出来的方法。

流程图法的优点主要体现在两个方面：一是

可以将各项业务活动的职责分工、授权批准和复核验证等控制措施与功能完整地显示出来，并且形象直观，能够突出现有的控制点，有助于审计人员全面了解内部控制系统的运行情况，及时识别系统中的不足之处；二是便于随时根据业务控制程序的变化对流程图作出修改。而其缺点主要是由于缺少文字说明，故较复杂的业务不易理解，并且绘制流程图需要一定的技术，对相关人员的素质要求较高。

> **提示**
>
> 内部控制的三种描述方法是相互依赖和互相补充的，在描述某单位内部控制时，可对不同业务环节使用不同的方法，也可同时使用两种或三种方法。很多情况下，多种方法结合使用，描述的效果更好。

【情景5-13】注册会计师对惠达公司的存货进行审计时采用了以下流程，如图5-1所示。

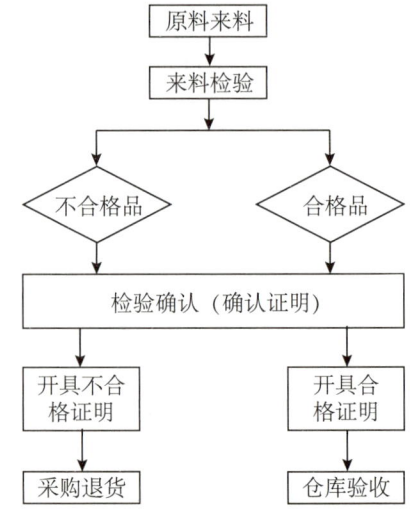

图 5-1 原材料进货检验流程图

5.3.2 内部控制的内容与评价

1. 内部控制的内容

要对内部控制进行评审，首先必须充分了解其构成内容。由于每个单位的性质、业务、规模等不同，内部控制的具体内容也不完全相同。概括起来，内部控制的构成内容主要有如下几个方面：

（1）授权批准控制。

授权批准是指单位在处理经济业务的过程中必须经授权批准以进行控制。企业每一层的管理人员既是上级管理人员的授权客体，又是对下级管理人员授权的主体。

授权批准的形式通常有一般授权和特别授权之分。一般授权是办理常规性的经济业务的权力、条件和有关责任者作出的规定，这些规定在管理部门中采用文件形式或在经济业务中规定一般性交易办理的条件、范围和对该项交易的责任关系。在日常业务处理中，可以按照规定的权限范围和有关职责自行办理。特别授权指受权处理非常规性业务，比如重大筹资行为、投资决策、股票发行等。

> **提示**
>
> 内部控制要求明确一般授权和特别授权的责任和权限，以及每笔经济业务的授权批准程序。

（2）组织结构控制。

实行和完善内部控制，首先要从本单位的组织结构开始，主要包括：确定单位的组织形式，明确相关的管理职能和报告关系，以及为每个组织单位内部划分责任权限。

单位的经济活动通常可以划分为五个步骤，即授权、签发、核准、执行和记录。根据内部控制的要求，单位在确定和完善组织结构的过程中，应当遵循不相容职务相分离的原则。所谓不相容职务，是指那些如果由一个人或一个部门担任，既可能弄虚作假，又能够自己掩盖其舞弊行为的职务。

提示

一般情况下，如果授权、签发、核准、执行和记录的每一个步骤均由相对独立的人员或部门实施，就能够保证不相容职务的分离，便于内部控制作用的发挥。

（3）会计记录控制。

会计记录控制的要求是保证会计信息反映及时、完整、准确、合法。一个单位的会计机构实行会计记录控制，要建立会计人员岗位责任制，对会计人员进行科学的分工，使之形成相互分离和制约的关系。经济业务一经发生，就应对记载经济业务的所有凭证进行连续编号，通过复式记账，在两个或两个以上相关账户中进行登记，以防止经济业务的遗漏、重复，揭示某些弊端问题。

（4）资产保护控制。

资产保护控制主要包括接近控制、盘点控制。广义上说，资产保护控制可以包括对实物的采购、保管、发货及销售等各个环节进行控制。

接近控制主要是指严格控制无关人员对资产的接触，只有经过授权批准的人员才能够接触资产。一般情况下，现金、银行存款、其他货币资金、有价证券和存货等变现能力较强的资产必须限制无关人员直接接触，间接接触可通过保管、批准、记录及不相容职务的分离和授权批准控制来达到。

盘点控制是指对实物资产进行盘点并将盘点结果与会计记录进行比较，盘点结果与会计记录如不一致，可能说明资产管理上出现错误、浪费、损失或其他不正常现象。

（5）职工素质控制。

职工素质控制包括企业在招聘、使用、培养、奖惩等方面对职工素质进行控制。招聘是保证单位的职工应有素质的重要环节。单位的人事部门和用人部门应共同对应聘人员的素质、水平、能力等有关情况进行全面的测试、调查、试用，以确保受聘人员能够适应工作要求。

如果管理层重视对单位内职工的投资、管理和使用，合理配置组织内的人力资源，职工所创造的价值必然会增加；反之，就会造成人力资源价值的不充分发挥，甚至损失和浪费。

（6）预算控制。

预算控制是内部控制的一个重要方面。经过批准的预算就是单位的法令，单位内部的各部门都必须严格履行，完不成预算，就要受到处罚。预算控制也是一个系统，该系统由预算编制、预算执行、预算考核等构成。

提示

预算控制的内容可以涵盖单位经营活动的全过程，包括筹资、融资、采购、生产、销售、投资、管理等诸多方面，也可以就某些方面实行预算控制。

预算的执行层由各预算单位组织实施，并辅之以对等的权、责、利关系，由内部审计部门负责监督预算的执行，通过预算的编制和实施，检查预算的执行情况，比较分析内部各单位未完成预算的原因，并对未完成预算的不良后果采取改进措施。

（7）风险控制。

企业所面临的风险按形成的原因一般可分为经营风险和财务风险两大类。

经营风险是指因生产经营方面的原因给企业盈利带来的不确定性。比如，由于原材料供应地的政治经济情况变化等带来的供应方面的风险，新产品、新技术开发试验不成功，生产组织不合理等因素带来的生产方面的风险，销售决策失误等带来的销售方面的风险，此外还有劳动力市场供求关系变化、自然环境变化、税收调整以及其他宏观经济政策的变化等方面的因素，也会直接或间接地影响企业正常经营活动。经营风险多数情况来源于企业外部，尽管如此，企业仍应采取有效的内控措施加以防范。

财务风险又称筹资风险，是指由于举债而给企业财务成果带来的不确定性。对财务风险的控制，关键是要保证有一个合理的资本结构，维持适当的负债水平，既要充分利用举债经营这一手段获取财务杠杆的收益，提高自有资金盈利能力，同时也要注意防止因过度举债而引起的财务风险的加大，避免陷入财务困境。

(8) 合规、合法性控制。

建立和健全企业内部控制系统，必须符合国家法律、财经政策、法令和财经制度的规定，每一项经济业务活动必须控制在合规、合法的范围内。比如，一切会计凭证都必须由会计部门认真审核、把关，对不合规、不合法的经济业务，应坚决予以揭露和制止；生产和销售的产品必须符合质量要求，不许以次充优或生产销售伪劣产品；等等。这些都是合规、合法性控制。

2. 内部控制评价

内部控制评价，是指企业董事会或类似权力机构对内部控制的有效性进行全面评价，形成评价结论，出具评价报告的过程。企业应该围绕内部环境、风险评估、控制活动、信息与沟通和内部监督等要素，确定内部控制评价的内容，对内部控制设计与运行情况进行全面评价。

(1) 内部控制评价的原则。

①全面性原则。评价范围应覆盖被审计单位内部控制活动的全过程及所有的系统、部门和岗位。

②统一性原则。评价的准则、范围、程序和方法等应保持一致，以确保评价过程的准确及评价结果的客观和可比。

③独立性原则。评价应由诸如证监会、银保监会或委托独立的评价机构进行。

④评价应以事实为基础，以法律法规、监管要求为准则，客观公正，实事求是。

⑤重要性原则。评价应依据风险和控制的重要性确定重点，关注重点区域和重点业务。

⑥及时性原则。评价应按照规定的时间间隔持续进行，当经营管理环境发生重大变化时，应及时重新评价。

(2) 内部控制评价的内容。

①内部控制评价的主要内容。

内部控制评价应紧紧围绕内部环境评价、风险评估评价、控制活动评价、信息与沟通评价、内部监督评价五要素进行。

Ⅰ. 内部环境评价。企业组织开展内部环境评价，应当以组织架构、发展战略、人力资源、企业文化、社会责任等应用指引为依据。其中，组织架构评价可以重点从组织架构的设计和运行等方面进行；发展战略评价可以重点从发展战略的制定合理性、有效实施和适当调整三方面进行；人力资源评价应当重点从企业人力资源引进结构合理性、开发机制、激励约束机制等方面进行；企业文化评价应从建设和评估两方面进行；社会责任评价可以从安全生产、产品质量、环境保护与资源节约、促进就业、员工权益保护等方面进行。

Ⅱ. 风险评估评价。企业组织开展风险评估评价，应当以《企业内部控制基本规范》有关风险评估的要求，以及各项应用指引中所列主要风险为依据，结合本企业的内部控制制度，对日常经营管理过程中的目标设定、风险识别、风险分析、应对策略等进行认定和评价。

Ⅲ. 控制活动评价。企业组织开展控制活动评价，应当以《企业内部控制基本规范》和各项应用指引中的控制措施为依据，结合本企业的内部控制制度，对相关控制措施的设计和运行情况进行认定和评价。

Ⅳ. 信息与沟通评价。企业组织开展信息与沟通评价，应当以内部信息传递、财务报告、信息系统等相关指引为依据，结合本企业的内部控制制度，对信息收集、处理和传递的及时性，反舞弊机制的健全性，财务报告的真实性，信息系统的安全性，以及利用信息系统实施内部控制的有效性进行认定和评价。

Ⅴ. 内部监督评价。企业组织开展内部监督评价，应当以《企业内部控制基本规范》有关内部监督的要求，以及各项应用指引中有关日常管控的规定为依据，结合本企业的内部控制制度，对内部监督机制的有效性进行认定和评价，重点关注监事会、审计委员会、内部审计机构等是否在内部控制设计和运行中有效发挥监督作用。

> **提示**
>
> 具体的评价内容确定之后，内部控制评价工作应形成工作底稿，详细记录企业执行评价工作的内容，包括评价要素、评价指标、评价标准、评价和测试的方法、主要风险点、采取的控制措施、有关证据资料以及认定结果等。工作底稿可以用一系列评价表格来呈现，通过对每个要素核心指标的分别分解、评价，最终汇总出评价结果。

②内部控制评价的基本程序。

内部控制评价程序一般包括设置内部控制评价部门、制定评价工作方案、组成评价工作组、实施现场测试、汇总评价结果、编报评价报告等环节。

Ⅰ．设置内部控制评价部门。企业可以授权内部审计部门或专门机构（以下简称内部控制评价部门）负责内部控制评价的具体组织实施工作。

Ⅱ．制定评价工作方案。内部控制评价部门应当根据企业实际情况和管理要求，分析企业经营管理过程中的高风险领域和重要业务事项，制定科学合理的评价工作方案，报经董事会或其授权机构审批后实施。评价工作方案应当明确评价主体范围、工作任务、人员组织、进度安排和费用预算等相关内容。

Ⅲ．组成评价工作组。由内部控制评价工作组具体实施内部控制评价工作。评价工作组应当吸收企业内部相关机构熟悉情况的业务骨干参加。评价工作组成员对本部门的内部控制评价工作应当实行回避制度。企业也可以委托中介机构实施内部控制评价。为企业提供内部控制审计服务的会计师事务所，不得同时为同一企业提供内部控制评价服务。

Ⅳ．实施现场测试。评价工作组根据评价工作方案确定的内部控制评价范围，入驻被评价单位实施现场测试。现场测试的一般步骤为：了解被评价单位基本情况；确定检查评价范围和重点；开展现场检查测试；编制现场评价报告；提交现场评价结论。

Ⅴ．汇总评价结果。内部控制评价部门汇总各评价工作组的评价结果。对于认定的内部控制缺陷，内部控制评价部门应当提出整改建议，要求责任单位及时整改，并跟踪其整改落实情况；已经造成损失或负面影响的，企业应当追究相关人员的责任。

Ⅵ．编报评价报告。内部控制评价部门以汇总的评价结果和认定的内部控制缺陷为基础，综合内部控制工作整体情况，客观、公正、完整地编制内部控制评价报告，并报送企业经理层、董事会和监事会，由董事会最终审定后对外披露或以其他形式加以合理利用。

> **提示**
>
> 企业应当以12月31日作为年度内部控制评价报告的基准日。内部控制评价报告应于基准日后4个月内报出。

项目小结

本项目介绍了审计计划的内容，包括总体审计计划和具体审计策略，以及审计计划在编制、审核、修正与记录时应注意的事项；阐述了审计的方法，包括审查书面资料的方法和证实客观事物的方法；介绍了抽样技术在审计中的应用，并进一步介绍了属性抽样的基本程序；解释了内部控制的概念和基本要素；介绍了内部控制的描述方法和内部控制评价的基本程序。

思考与练习

一、单项选择题

1. 下列各项中，不属于审计业务约定书基本内容的是（　　）。

   A. 财务报表审计的目标与范围

   B. 指出用于编制财务报表所适用的财务报告编制基础

   C. 收费的计算基础和收费安排

   D. 提及注册会计师拟出具的审计报告的预期形式和内容

2. 下列关于具体审计计划的说法中，错误的是（　　）。

   A. 具体审计计划包括风险评估程序、计划实施的进一步审计程序和其他审计程序

   B. 对审计程序的计划贯穿于整个审计过程

   C. 风险评估程序通常在审计开始阶段进行

   D. 注册会计师需要完成风险评估程序，识别和评估重大错报风险，并针对评估的财务报表层次的重大错报风险，计划实施进一步审计程序的性质、时间安排和范围

3. 顺查法不适用于（　　）。

   A. 规模较小、业务量少的审计项目

   B. 内部控制制度较差的审计项目

   C. 规模较大、业务量较大的审计项目

   D. 重要的审计事项

4. 为了获得有关控制设计和执行的审计证据，注册会计师通常采用的审计程序不包括（　　）。

   A. 对应收账款进行函证

   B. 观察特定控制的运用

   C. 询问被审计单位的人员

   D. 检查文件、报告

5. 下列各项中，不属于内部控制要素的是（　　）。

   A. 控制制度　　　　B. 控制活动

   C. 对控制的监督　　D. 控制环境

二、多项选择题

1. 具体审计计划包括的内容有（　）。
   A. 风险评估程序
   B. 控制测试
   C. 计划实施的进一步审计程序
   D. 计划实施的其他审计程序

2. 审计人员对内部控制进行调查后，可以采用的描述内部控制的方法是（　）。
   A. 文字表述法
   B. 调查表法
   C. 流程图法
   D. 录像与录音法

3. 在有关审计抽样的下列表述中，注册会计师不能认同的有（　）。
   A. 审计抽样适用于财务报表审计的所有审计程序
   B. 统计抽样的产生并不意味着非统计抽样的消亡
   C. 统计抽样能够减少审计过程中的专业判断
   D. 对可信赖程度要求越高，需选取的样本量就应越大

4. 下列关于内部控制的表述中，正确的有（　）。
   A. 有效的内部控制可以保护物资的安全完整和有效使用
   B. 有效的内部控制可以保证会计及其他信息资料的真实可靠
   C. 有效的内部控制可以促进工作效率的提高和经营目标的实现
   D. 有效的内部控制可以促进国家法律法规的遵循和各项政策的贯彻落实

5. 审计计划包括（　）。
   A. 总体审计计划　　B. 具体审计计划
   C. 详细审计计划　　D. 项目审计计划

三、判断题

1. 审查书面资料的方法，按审查书面资料的技术可分为审阅法、核对法、询证法、比较法和分析法。（　）

2. 财务风险又称筹资风险，是指由于举债而给企业财务成果带来的不确定性。（　）

3. 根据全面性原则，内部控制应当在全面控制的基础上，关注重要业务事项和高风险领域。（　）

4. 总体审计策略用以确定审计范围、时间和方向，并指导制订具体审计计划。（　）

5. 在对被审计单位进行审计时，了解被审计单位及其环境不是可有可无的程序，而是必须实施的程序。（　）

四、简答题

1. 内部控制评价包括哪些步骤？
2. 注册会计师应如何制定审计计划？
3. 审计方法有哪些？

项目 6 审计证据与审计工作底稿

知识目标

◎ 了解审计证据的含义、特征及分类；

◎ 了解审计工作底稿的含义和作用。

技能目标

◎ 掌握审计证据的收集及鉴定；

◎ 掌握审计工作底稿的复核与保管；

◎ 掌握审计工作底稿的格式及编制要求。

案例导入

2020 年 12 月 31 日，昌达公司账面结存 A 材料 750 件，B 材料 270 件，经审阅和核对无差错。2021 年 1 月 1 日至 3 月 10 日，该公司收入 A 材料 320 件、B 材料 130 件，发出 A 材料 120 件、B 材料 80 件，经核对审阅和验算无误。2021 年 3 月 10 日，审计盘存数为 A 材料 800 件，B 材料 320 件。

案例思考

请问：昌达公司应如何调节材料结存数？

本章导语

审计证据是注册会计师为了得出审计结论、形成审计意见所使用的所有信息，审计工作底稿是审计人员对制订的审计计划、实施的审计程序、获取的相关审计证据以及得出的审计结论做出的记录。

通过本项目，可以学习：

（1）审计证据的含义及特征；

（2）审计证据的分类及收集方法；

（3）审计证据的鉴定；

（4）审计工作底稿的含义和基本格式；

（5）审计工作底稿的编制要求；

（6）审计工作底稿的复核和保管。

任务 6.1 审计证据

6.1.1 审计证据的含义与特征

依据会计记录编制财务报表是被审计单位管理层的责任，注册会计师应当测试会计记录以获取审计证据。

1. 审计证据的含义

审计证据是指注册会计师为了得出审计结论、形成审计意见所使用的所有信息。审计证据包括构成财务报表基础的会计记录所含有的信息和可用作审计证据的其他信息。

（1）构成财务报表编制基础的会计记录中含有的信息。

会计记录主要包括原始凭证、记账凭证、总分类账和明细分类账、未在记账凭证中反映的对财务报表的其他调整，以及支持成本分配、计算、调节和披露的手工计算表和电子数据表。上述会计记录是编制财务报表的基础，共同构成了注册会计师执行财务报表审计业务所需获取的审计证据的重要部分。

（2）可用作审计证据的其他信息。

可用作审计证据的其他信息的范围很广，包括：

①注册会计师从被审计单位内部或外部获取的会计记录以外的信息，如被审计单位的会议记录、内部控制手册、询证函的回函、分析师的报告、与竞争者的比较数据等。

②注册会计师通过询问、观察和检查等审计程序获取的信息，如通过检查存货获取的关于存货存在性的证据等。

③注册会计师自身编制或获取的可以通过合理推断得出结论的信息，如注册会计师编制的各种计算表、分析表等。

> **提示**
> 收集、鉴定和综合审计证据，是审计工作的核心。

2. 审计证据的特征

注册会计师应当获取充分、适当的审计证据，以得出合理的审计结论，作为形成审计意见的基础。审计证据的特征主要表现在充分性和适当性两方面。

（1）充分性。

审计证据的充分性是对审计证据数量的衡量。注册会计师需要获取的审计证据的数量受其对重大错报风险评估的影响，并受审计证据质量的影响。因此，它是注册会计师为形成审计意见所需审计证据的最低数量要求，与注册会计师确定的样本量有关。

为得出客观公正的审计意见，必须有足够数量的审计证据，但考虑到审计工作的效率和效益，审计证据的数量并非越多越好，注册会计师通常把所需审计证据的数量范围降到最低限度。

> **提示**
> 充分性主要针对审计证据的数量是否足够。

注册会计师判断审计证据是否充分时，主要考虑以下因素：

①具体审计项目的重要性。

越是重要的审计项目，注册会计师就越需获取充分的审计证据以支持其审计结论或意见；对于不太重要的审计项目，注册会计师可相应减少审计证据的数量。

②审计风险大小。

一般来说,在可接受的审计风险水平下,重大错报风险越高,注册会计师就应实施越多的测试工作,收集越多的审计证据,将检查风险降至可接受水平,以保证审计风险控制在可接受的低水平范围内;反之,重大错报风险越低,所需收集的证据的数量就越少。

③审计证据的类型与获取途径。

如果审计证据的质量较高、可靠性较强,注册会计师所需获取的审计证据的数量就可相对减少;反之,审计证据的数量就应增加。

④注册会计师的审计经验。

丰富的审计经验可使注册会计师从较少的审计证据中判断出被审事项是否存在错误或舞弊行为,可减少对审计证据数量的依赖程度。相反,当注册会计师缺乏审计经验时,就应增加审计证据的数量。

(2)适当性。

审计证据的适当性是对审计证据质量的衡量,即审计证据在支持各类交易、账户余额、列报(包括披露)的相关认定或发现其中存在错报方面具有相关性和可靠性。相关性是指审计证据与审计目标相关联;可靠性是指审计证据能如实地反映实际情况。

①相关性。

审计证据的相关性只能结合具体审计目标来考虑。在确定审计证据的相关性时,注册会计师通常考虑:

Ⅰ.特定的审计程序可能只为某些认定提供相关的审计证据,而与其他认定无关。例如,通过对应收账款函证获取应收账款询证函的回函,可以证明应收账款的存在,但是不能证明应收账款的完整性。

Ⅱ.针对同一项认定,可以获取不同来源或不同性质的审计证据。例如,为证明应收账款的存在可以通过函证,但是如果函证无法实施时,也可以检查文件和记录。

Ⅲ.只与某项认定相关的审计证据并不能替代与其他认定相关的审计证据。例如,有关存货实物存在的审计证据并不能替代与存货计价相关的审计证据。

②可靠性。

可靠性是指审计证据的可信程度,主要受审计证据的来源和性质影响。注册会计师通常按照下列原则考虑审计证据的可靠性:

Ⅰ.从外部独立来源获取的审计证据比从其他来源获取的审计证据可靠。从外部独立来源获取的审计证据由完全独立于被审计单位以外的机构或人员提供,没有经过被审计单位人员之手,减少了被伪造、篡改的可能性,因而较可靠。例如,从银行、律师或顾客那里取得的外部证据,一般认为比从被审计单位获取的会计记录更可靠。

Ⅱ.内部控制有效时内部生成的审计证据,比内部控制薄弱时内部生成的审计证据可靠。如果被审计单位内部控制健全且一贯遵循,所生成的会计记录的可信赖程度较高;而内部控制薄弱时所生成的会计记录的可信赖程度较低。例如,如果与销售业务相关的内部控制有效,注册会计师就能从销售发票和发货单中取得比控制不健全时更加可靠的证据。

Ⅲ.直接获取的审计证据比间接获取或推论得出的审计证据更可靠。例如,注册会计师通过观察某项控制的运行得到的证据比询问被审计单位某项内部控制的运行得到的证据更可靠。间接获取的审计证据,有被涂改及伪造的可能性,可靠性会受到影响。

Ⅳ.以文件、记录形式(无论是纸质、电子还是其他介质)存在的审计证据比口头形式的审计证据更可靠;从原件获取的审计证据比从传真或复印件获取的审计证据更可靠;客观证据比需要经过大量主观判断才能确定其是否正确的证据更可靠。

Ⅴ.不同来源或不同性质的审计证据能够相互印证时,审计证据更可靠;反之,若通过某一来源所获取的证据与通过其他来源所获取的证据相互印证时不一致,或者不同性质的证据相互矛盾时,该证据就不值得信任,注册会计师需进一步审计。

审计证据的适当性会影响其充分性。一般而言,审计证据的适当性越强,即相关与可靠程度越高,则所需审计证据的数量就越少;反之,审计证据的数量就要越多。例如，被审计单位内部控制健全时生成的审计证据更可靠，注册会计师只需获取适量的审计证据，就可以为发表审计意见提供合理的基础。

提示

需要注意的是，如果审计证据的质量存在缺陷，那么注册会计师仅靠增加审计证据的数量可能无法弥补其质量上的缺陷。比如，注册会计师应当获取与销售收入完整性相关的证据，实际获取到的却是有关销售收入真实性的证据，审计证据与完整性目标不相关，即使获取的证据再多，也证明不了收入的完整性。

提示

对于审计证据来说，充分性和适当性两者缺一不可，只有充分且适当的审计证据才是有证明力的，才能为审计人员最终得出恰当的审计意见提供有效保证。

【情景6-1】注册会计师孙一文在对北京惠达家具厂2020年度财务报表进行审计时，收集到以下几组审计证据，分析每组证据中哪项审计证据较为可靠：

(1) 银行询证函回函与银行对账单。
(2) 收料单与购货发票。
(3) 销货发票副本与产品出库单。
(4) 领料单与材料成本计算表。
(5) 存货盘点表与存货监盘记录。

分析：

(1) 银行询证函回函与银行对账单：银行询证函回函比银行对账单可靠。因为银行询证函回函是注册会计师直接获取的，未经公司有关职员之手，而银行对账单经过公司有关职员之手，存在伪造、涂改的可能性。

(2) 收料单与购货发票：购货发票比收料单可靠。因为购货发票来自公司以外的机构或人员，而收料单是公司自行编制的。

(3) 销货发票副本与产品出库单：销货发票副本比产品出库单可靠。因为销货发票是在外部流转的，并获得公司以外的机构或个人的承认，而产品出库单只在公司内部流转。

(4) 领料单与材料成本计算表：领料单比材料成本计算表可靠。因为领料单预先被连续编号，并且经过公司不同部门人员的审核，而材料成本计算表只在公司的会计部门内部流转。

(5) 存货盘点表与存货监盘记录：存货监盘记录比存货盘点表可靠。因为存货监盘记录是注册会计师自行编制的，而存货盘点表是公司提供的。

6.1.2 审计证据的分类

审计证据可按照不同的标准进行分类，通常会根据审计证据的表现形式、审计证据的来源和审计证据与审计事项的相关程度进行分类。

1. 按照审计证据的表现形式进行分类

按照表现形式进行分类是对审计证据的基本分类方式，主要分为实物证据、书面证据、口头证据和环境证据。

(1) 实物证据。

实物证据是指通过检查有形资产或观察等手段取得的、用以确定某些实物资产是否确实存在的证据。比如，通过对库存现金、存货和固定资产等的监盘，可以取得这些资产的实物证据，以证实它们是否确实存在。

实物证据通常被认为是最可靠的证据，具有很强的证明力。但是，实物证据并不能完全证明被审计单位对实物资产拥有所有权，而且对于实物资产的质量情况有时也难以判断。因此，对于取得实物证据的账面资产，还应就其所有权归属及其价值情况另行审计。

业务提示：现金盘点表、存货监盘记录、新增固定资产账实核对相关记录等，都属于实物证据。

(2) 书面证据。

书面证据是指以书面文件形式存在的一类证据。书面证据是审计证据的主要组成部分，也被称为基本证据。书面证据包括与审计相关的各种原始凭证、会计记录、会议记录、各种合同、报告函件等。

提示

书面证据的来源比较广泛，有由被审计单位以外的单位所提供，且直接送交注册会计师的书面证据，如询证函；有由被审计单位以外的单位提供，但为被审计单位所持有的书面证据，如购买发票、银行对账单等；有由被审计单位自行编制并持有的书面证据，如成本计算表、入库单等；有由相关专家提供的书面证据，如质量鉴定表等；有由注册会计师自行完成的审计证据，如会计分录调整表等。

（3）口头证据。

口头证据是指由被询问人员的口头回答所形成的一类证据。一般而言，口头证据本身并不足以证明事情的真相，但审计人员可以根据口头证据挖掘出一些重要线索，有利于进一步的调查。

提示

在审计过程中，注册会计师还应把各种重要的口头证据尽快做成记录，并注明是何人、何时、在何种情况下所做的口头陈述，必要时还应获得被询问者的签名确认。

（4）环境证据。

环境证据是指那些对被审计单位产生影响的各种环境事件，主要包括被审计单位的内部控制情况、被审计单位管理人员的素质、各种管理条件和管理水平等。例如，当注册会计师获知被审计单位有着良好的内部控制制度，并且管理水平较高时，就可以认为被审计单位现行的内部控制制度为会计报表项目的真实性提供了强有力的环境证据。

提示

环境证据一般不属于主要的审计证据，但它可帮助注册会计师了解被审计单位及其经济活动所处的环境，是注册会计师进一步审计必须掌握的资料。

【情景6-2】润亚会计师事务所项目小组对北京惠达家具厂进行审计时：

（1）与惠达家具厂相关人员座谈，了解惠达家具厂相关会计政策和管理情况。

（2）审阅惠达家具厂的会计凭证、账簿等财务资料。

（3）监盘存货，进行账实核对。

（4）对获取的数据重新计算，分析查证资金管理情况。

如果按审计证据的表现形式分类的话，通过上述审计行为能分别获取到哪类审计证据？

分析：

（1）口头证据和环境证据：因为这是通过座谈，口头回答形成的审计证据，并且该证据的内容与企业内部控制方面的情况有关。

（2）书面证据：因为财务资料是以书面文件形式存在的证据。

（3）实物证据：因为这是通过检查实物资产获取的证据。

（4）书面证据：因为审计人员编制的计算表是以书面文件形式存在的证据。

2. 按照审计证据的来源进行分类

审计证据按来源可以分为外部证据、内部证据和亲历证据。

（1）内部证据。

内部证据是指注册会计师从被审计单位内部取得的证据。它主要包括被审计单位的会计记录、被审计单位管理当局声明书，以及其他各种由被审计单位编制和提供的有关书面文件。

（2）外部证据。

外部证据是指注册会计师从被审计单位以外的有关单位取得的证据。外部证据主要包括：①由被审计单位以外的机构或人员编制，并由其直接递交给注册会计师的外部证据。例如，应收账款函证回函，保险公司、寄售公司、证券经纪人的证明等。此类证据不仅由完全独立于被审计单位的外界机构或人员提供，而且未经被审计单位有关职员之手，从而排除了伪造、更改凭证或业务记录的可能性，其证明力最强。②由被审计单位以外的机构或人员编制，但为被审计单位持有并提交给注册会计师的书面证据。例如，银行对账单、购货发票、应收票据、顾客订购单、相关的契约及合同等。由于此类证据已经过被审计单位有关职员之手，在评价其可靠性时，注册会计师应考虑被涂改或伪造的难易程度及其已被涂改的可能性。

（3）亲历证据。

亲历证据是注册会计师通过观察或亲自在被审计单位执行某些活动而取得的证据。例如，注册会计师监盘存货形成的监盘表，自己动手编制的各种计算表、分析表等。这类证据的可信程度取决于注册会计师观察误差的风险大小。

一般来说，亲历证据最可靠，证明力最强，而外部证据比内部证据更加可靠、证明力更强。

3. 按照审计证据与审计事项的相关程度进行分类

按照审计证据与审计事项的相关程度分类，审计证据分为直接证据和间接证据。

（1）直接证据。

直接证据是指对审计事项具有直接证明力，能单独、直接地证明审计事项真相的资料和事实。

比如，通过函证方式验证应收账款余额，所获取的证据可以证明应收账款余额是否正确，该证据就属于直接证据。注册会计师亲自监督实物和现金盘点情况下的盘点实物和现金的记录，就是证明实物和现金实存数的直接证据。

（2）间接证据。

间接证据，是指对审计事项只起间接证明作用，需要与其他证据结合起来，经过分析、判断、核实才能证明审计事项真相的资料和事实。比如，环境证据就是间接证据，无法直接说明某一报表项目是否正确；各种原始凭证和记账凭证也属于间接证据，它们无法直接说明某一报表项目是否正确。

提示

直接证据和间接证据是相对的，比如，凭证对于财务报表是间接证据，但对于会计账簿则是直接证据。在审计工作中，单凭直接证据就能直接影响注册会计师的意见和结论的情况并不多见。一般情况下，在直接证据以外，往往需要一系列的间接证据才能对审计事项做出完整的结论。

6.1.3 审计证据的收集

审计的主要工作是通过实质性测试来收集和整理审计证据，以此作为注册会计师对被审计单位财务报表发表审计意见的基础。因此，获取审计证据是审计工作的主要内容。审计准则明确规定，获取审计证据的程序包括七项：检查、观察、询问、函证、重新计算、重新执行和分析程序。

1. 检查

检查是指注册会计师对被审计单位内部或外部生成的，以纸质、电子或其他介质形式存在的记录和文件进行审查，或对资产进行实物审查。可知，检查的内容包括两方面：一是对记录和文件进行的检查，例如，被审计单位通常对每一笔销售交易都保留一份顾客订单、一张发货单和一份销售发票副本，这些凭证对于审计人员验证被审计单位记录的销售交易的正确性是有用的证据；

二是对有形资产进行检查，对有形资产的检查通常采用监盘的方法。

2. 观察

观察是指注册会计师察看被审计人员正在从事的活动或执行的程序。常用于对生产经营管理、财产物资保管、内部控制系统的遵守执行、资源的利用、劳动效率和工作纪律等情况的观察。

提示

注册会计师通过观察可以获得较为可信的审计证据，但是也应注意，观察获取的审计证据仅限于观察发生的时点，而且被观察人员的行为可能因被观察而受到影响，这也会使观察获取的审计证据受到限制。

3. 询问

询问是指注册会计师以书面或口头方式，从被审计单位内部或外部的知情人员处获取财务信息和非财务信息，并对答复进行评价的过程。口头询问时，注册会计师应作书面记录，并要求被询问人员签字作证。

> **提示**
>
> 询问本身不足以发现认定层次的重大错报，也不足以测试内部控制运行的有效性，审计人员还应当实施其他审计程序以获取充分、适当的审计证据。

4. 函证

函证是指注册会计师直接从第三方（被询证者）获取书面答复以作为审计证据的过程，书面答复可以采用纸质、电子或其他介质等形式。例如，对应收账款或银行存款进行函证，了解应收账款和银行存款的余额以及交易情况。

函证方式分为积极的函证方式和消极的函证方式。

（1）积极式函证，又称肯定式函证，就是向债务人发出询证函，要求其证实所函证的欠款是否正确。无论所函证的款项是否相符，都要求复函。

积极式询证函（应收账款）参考格式如下：

企业询证函

_____（公司）：　　　　　　　　　　　　　　编号：

　　本公司聘请的××会计师事务所正在对本公司××年度财务报表进行审计，按照中国注册会计师审计准则的要求，应当询证本公司与贵公司的往来账项等事项。下列数据出自本公司账簿记录，如与贵公司记录相符，请在本函下端"信息证明无误"处签章证明；如有不符，请在"信息不符"处列明不符金额。回函请直接寄至××会计师事务所。

回函地址：
邮编：　　　　　　电话：　　　　　　传真：　　　　　　联系人：

1. 本公司与贵公司的往来账项

截止日期	贵公司欠	欠贵公司	备注

2. 其他事项
本函仅为复核账目之用，并非催款结算。若款项在上述日期之后已经付清，仍请及时复函为盼。

　　　　　　　　　　　　　　　　　　　　　　　　　　（公司盖章）
　　　　　　　　　　　　　　　　　　　　　　　　　　年　　月　　日

结论：（1）信息证明无误。

　　　　　　　　　　　　　　　　　　　　　　　　　　（公司盖章）
　　　　　　　　　　　　　　　　　　　　　　　　　　年　　月　　日
　　　　　　　　　　　　　　　　　　　　　　　　　　经办人：

　　　（2）信息不符，请列明不符的详细情况：

　　　　　　　　　　　　　　　　　　　　　　　　　　（公司盖章）
　　　　　　　　　　　　　　　　　　　　　　　　　　年　　月　　日
　　　　　　　　　　　　　　　　　　　　　　　　　　经办人：

（2）消极式函证，又称否定式函证，是指向债务人发出询证函，如果函证的款项相符，则不必复函，只有在所函证的款项不符时才要求债务人向审计人员复函。

消极式询证函（应收账款）参考格式如下：

企业询证函

_____（公司）：　　　　　　　　　　　　　　　　　　　　　　　　编号：

　　本公司聘请的××会计师事务所正在对本公司××年度财务报表进行审计，按照中国注册会计师审计准则的要求，应当询证本公司与贵公司的往来账项等事项。下列数据出自本公司账簿记录，如与贵公司记录相符，则无须回复；如有不符，请直接通知会计师事务所，并请在空白处列明贵公司认为是正确的信息。回函请直接寄至××会计师事务所。

回函地址：
邮编：　　　　　电话：　　　　　传真：　　　　　联系人：

1. 本公司与贵公司的往来账项

截止日期	贵公司欠	欠贵公司	备注

2. 其他事项
本函仅为复核账目之用，并非催款结算。若款项在上述日期之后已经付清，仍请及时复函为盼。

　　　　　　　　　　　　　　　　　　　　　　　　　　　　（公司盖章）
　　　　　　　　　　　　　　　　　　　　　　　　　　　　年　　月　　日

××会计师事务所：
　　　上面信息不正确，差异如下：

　　　　　　　　　　　　　　　　　　　　　　　　　　　　（公司盖章）
　　　　　　　　　　　　　　　　　　　　　　　　　　　　年　　月　　日
　　　　　　　　　　　　　　　　　　　　　　　　　　　　经办人：

为充分发挥函证的作用，注册会计师通常选择资产负债表日接近的时间进行函证。

注册会计师应直接控制询证函的发送和回收，包括：将被询证者的名称、单位名称和地址与被审计单位的有关记录进行核对；将询证函中列示的账户余额或其他信息与被审计单位的有关资料进行核对；在询证函中指明直接向接受审计业务委托的会计师事务所回函，如果被询证者以传真、电子邮件等方式回函，注册会计师应当直接接收，并要求被询证者寄回询证函原件。询证函经被审计单位盖章后，由注册会计师直接发出，并将发出询证函和收到回函的情况形成审计工作记录。

提示

如果采用积极的函证方式实施函证而未能收到回函，注册会计师应发出第二封甚至第三封询证函，如果仍然得不到答复，应考虑采用必要的替代审计程序。

函证要求对方将书面答复签章后直接寄送给审计人员，可靠性较高。因此，函证是审计常用的一种重要程序。

5. 重新计算

重新计算是指审计人员对记录或文件中的数

据计算的准确性进行核对。重新计算可通过手工方式或电子方式进行。重新计算不仅包括对被审计的会计凭证、会计账簿和财务报表中有关数字的验算，而且包括对会计资料中有关项目的加总或其他运算。比如，计算销售发票和存货的总金额、加总日记账和明细账、检查折旧费用的计算、检查应纳税额的计算等。

6. 重新执行

重新执行是指注册会计师独立执行原本作为被审计单位内部控制组成部分的程序或控制。比如，注册会计师按照被审计单位相关内部控制制度的规定重新编制银行存款余额调节表，以验证相应内部控制是否有效运行。

7. 分析程序

分析程序是指注册会计师通过分析不同财务数据之间以及财务数据与非财务数据之间的内在关系，对财务信息作出评价。比如，将被审计单位的应收账款周转率与同行数据相比较，将工资总额与工人总数相比较，等等。

实施分析程序的目的包括：

（1）用作风险评估程序。

在实施风险评估程序时，注册会计师应当运用分析程序，以了解被审计单位及其环境。分析程序可以帮助注册会计师发现财务报表项目的异常变化或者预期发生而未发生的变化，以识别存在潜在重大错报风险的领域。

（2）用作实质性程序。

用作实质性程序的分析程序称为实质性分析程序。实质性分析程序的运用包括下列几个步骤：识别需要运用分析程序的账户余额或交易；确定期望值；确定可接受的差异额；识别需要进一步调查的差异；调查异常数据关系；评估分析程序的结果。

（3）用于总体复核。

在审计结束或临近结束时，注册会计师应当运用分析程序对财务报表进行总体复核，以确定财务报表整体是否与其对被审计单位的了解一致。如果识别出以前未识别的重大错报风险，注册会计师应当重新考虑全部或部分交易、账户余额、列报评估的风险，并在此基础上重新评价之前的审计程序是否充分，是否有必要追加审计程序。

> **提示**
>
> 分析程序主要适用于以下情形：
>
> （1）分析不同财务数据之间的内在关系，对财务信息作出评价；
>
> （2）分析财务数据与非财务数据之间的内在关系，对财务信息作出评价；
>
> （3）分析已识别出的、与其他相关信息不一致或与预期值差异重大的波动或关系，并进行调查。

6.1.4 审计证据的鉴定

注册会计师应当保持职业怀疑态度，运用职业判断，对审计证据的强弱作出鉴定。这里的职业怀疑态度是指注册会计师以质疑的思维方式评价所获取审计证据的有效性，并对相互矛盾的审计证据以及能够引起对文件记录或管理层和治理层提供的信息的可靠性产生怀疑的审计证据保持警觉。

审计证据的鉴定贯穿审计工作的始终。从制定审计计划开始，到发表审计意见、提出审计报告涉及审计证据的鉴定问题。审计证据的强弱主要取决于审计证据证明力的强弱。判断审计证据的证明力，主要通过以下几方面的鉴定来进行：

1. 审计证据的真实性

审计证据的真实性，主要是指审计证据所反映的内容应为对客观存在的经济活动及其变化的真实描述。

2. 审计证据的重要性

审计证据的重要性与该审计证据影响审计结论的程度有关，重要的审计证据能影响注册会计师作出审计结论，不重要的审计证据不能影响审计人员作出审计结论，因此它是注册会计师决定审计证据取舍的标准。区分审计证据的重要性程度时往往以金额的大小作为评价的依据，但这不是唯一依据，还应考虑审计证据本身的质量问题。

3. 审计证据的可信性

审计证据的可信性与证据的来源有关。审计证据的可信性通常包括两方面内容：一是审计证据的来源必须可靠；二是审计证据本身是确定可靠的。

4. 审计证据的充分性

审计证据的充分性是对审计证据数量的衡量。究竟需要多少审计证据才足够作为作出审计结论的依据，在很大程度上取决于注册会计师的主观判断和准备承担的审计风险。

5. 审计证据的适当性

审计证据的适当性是对审计证据质量的衡量，即审计证据在支持各类交易、账户余额、列报与披露的相关认定，或发现其中存在重大错报方面具有相关性和可靠性。

除了通过对审计证据的真实性、重要性、可信性、充分性和适当性进行综合分析鉴定，判断审计证据的证明力的强弱之外，还应该考虑到审计证据的经济性。从理论上讲，为了支持审计结论，审计人员应该取得足够具有说服力的审计证据，但从另一方面讲，注册会计师不得不考虑审计证据的效用与收集、鉴定这些审计证据的成本之间的关系。有时往往由于考虑到收集和鉴定某些审计证据所需成本过高，注册会计师不得不放弃"理想的审计证据"，而代之以不很理想但仍可使用的证据。

任务 6.2 审计工作底稿

6.2.1 审计工作底稿的含义和作用

审计工作底稿是审计过程和结果的书面证明，也是审计证据的汇集和编写审计报告的依据。

1. 审计工作底稿的含义

审计工作底稿包括注册会计师在审计过程中形成的审计工作记录和获取的资料，是注册会计师对制订的审计计划、实施的审计程序、获取的相关审计证据，以及得出的审计结论做出的记录。

因此，审计工作底稿应当包括注册会计师认为恰当实施审计和为审计报告提供依据所必需的全部信息。

2. 审计工作底稿的作用

审计工作底稿在计划和执行审计工作中发挥着重要的作用，主要表现在以下几个方面：

（1）提供充分、适当的记录，作为审计报告的基础。

（2）提供证据，证明注册会计师按照审计准则的规定执行了审计工作。

（3）有助于审计项目组计划和执行审计工作，以及说明执行审计工作的情况。

（4）便于审计机构实施质量控制复核与检查，便于监管机构对审计机构实施执业质量检查。

6.2.2 审计工作底稿的格式

审计工作底稿可以以纸质、电子或其他介质形式存在。审计工作底稿通常包括总体审计策略、具体审计计划、分析表、问题备忘录、重大事项概要、询证函回函、管理层声明书、核对表、有关重大事项的往来信件（包括电子邮件），以及对被审计单位文件记录的摘要或复印件等。

审计工作底稿通常具有一定的格式，一般包括下列内容：

1. 被审计单位名称

注册会计师应当在审计工作底稿上注明被审计单位的名称全称，并且该名称应当是审计期间被审计单位对外公开使用的名称，如公章上的名称。比如，北京惠达厂全称为"北京惠达家具厂"，则对其进行审计形成的审计工作底稿注明的被审计单位名称应为"北京惠达家具厂"。若财务报表编报单位为某一集团的下属公司，则应同时写明下属公司的名称。

2. 审计项目名称

审计项目名称是指某一财务报表项目名称或某一审计程序及实施对象的名称。若具体审计项目是某一明细科目，则应同时写明该明细科目。

> **提示**
> 每一张审计工作底稿都应该将具体的审计项目名称写清楚（例如，是审查销售收入还是对固定资产实施审计）。

3. 审计项目时点或期间

审计工作底稿上应该记录审计工作的时间：对于资产负债表项目，应注明发生的时点；而对于利润表项目，则应该注明发生的期间。

4. 审计过程记录

在记录审计过程时，应当特别注意以下几个方面：

（1）具体项目或事项的识别特征。在记录实施审计程序的性质、时间安排和范围时，注册会计师应当记录测试的具体项目或事项的识别特征。识别特征是指被测试的项目或事项表现出的征象或标志。如在对被审计单位生成的订购单进行测试时，以订购单的日期或编号作为测试订购单的识别特征；询问被审计单位特定人员时，以询问的时间、被询问人的姓名及职务作为识别特征；在观察程序中，注册会计师可以以观察的对象或观察过程、相关被观察人员及其各自的责任、观察的地点和时间作为识别特征。

（2）重大事项。注册会计师应当根据具体情况判断某一事项是否属于重大事项。重大事项通常包括：引起特别风险的事项；实施审计程序的结果，该结果表明财务信息可能存在重大错报，或需要修正以前对重大错报风险的评估和针对这些风险拟采取的应对措施；导致注册会计师难以实施必要审计程序的情形；导致出具非标准审计报告的事项。

（3）针对重大事项，如何处理不一致的情况。如果识别出的信息与针对某重大事项得出的最终结论不一致，注册会计师应当记录如何处理不一致的情况。

5. 审计结论

审计工作的每一部分都应包含与已实施审计程序的结果及其是否实现既定审计目标相关的结论，还应包括审计程序识别出的例外情况和重大事项如何得到解决的结论。

> **提示**
> 注册会计师需要根据所实施的审计程序及获取的审计证据得出结论，并以此作为对财务报表发表审计意见的基础。

6. 审计标识及其说明

审计标识是注册会计师在审计工作底稿上用

以表达各种不同审计含义的审计符号。审计工作底稿中可使用各种审计标识，但应说明其含义，并保持前后一致。以下是审计人员在审计工作底稿中列明标识并说明其含义的例子，供参考：

∧　　纵加核对
＜　　横加核对
B　　与上年结转数核对一致
T　　与原始凭证核对一致
G　　与总分类账核对一致
S　　与明细账核对一致
T/B　与试算平衡表核对一致
C　　已发询证函
C\　已收回询证函

在实务中，审计人员也可以依据实际情况，运用更多的审计标识。

7. 索引号及页次

审计工作底稿需要注明索引号及顺序编号，相关审计工作底稿之间需要保持清晰的勾稽关系。通常，注册会计师可以按照所记录的审计工作的内容层次进行编号。例如，固定资产汇总表的编号为C1。按类别列示的固定资产明细表的编号为C1-1，房屋建筑物的编号为C1-1-1，机器设备的编号为C1-1-2，运输工具的编号为C1-1-3，其他设备的编号为C1-1-4。相互引用时，需要在审计工作底稿中交叉注明索引号。

8. 编制人员及复核人员的姓名及编制日期

为了明确审计责任和便于查阅有关事项，审计工作底稿上应该写明编制人员的姓名以及编制工作底稿的日期。另外，由于审计工作底稿需要复核，因此复核人员也应该签名，并且写明复核日期。如果是多级复核，应该分别签名。

9. 其他应说明事项

其他应说明事项是指注册会计师认为应在审计工作底稿中予以记录的其他相关事项。

【情景6-3】审计工作底稿示例。

货币资金审计程序表

被审计单位名称：_____　　索引号：I-000　　页次：_____
审计项目名称：货币资金　　执行人：_____　　日期：_____
会计报表截止日期：_____　　复核人：_____　　日期：_____
是否属于评估的重大错报风险相关科目：是（√）否（　）

审计程序	适用与否	工作底稿索引号
1. 审计目标		
（1）确定货币资金是否存在		
（2）确定货币资金的收支记录是否完整		
（3）确定库存现金、银行存款以及其他货币资金的余额是否正确		
（4）确定货币资金的披露是否恰当		
2. 审计程序		
（1）分析程序		
①根据被审计单位融资政策等复核现金和银行存款余额		
……		
（2）细节测试		
①核对现金日记账、银行存款日记账与总账的余额是否相符		
……		

6.2.3 审计工作底稿的编制要求

在我国，编制审计工作底稿的文字应当使用中文，少数民族自治地区可以同时使用少数民族文字。

1. 总体要求

注册会计师编制的审计工作底稿，应当使得未曾接触该项审计工作的有经验的专业人士清楚了解审计程序、审计证据与审计结论三个方面的内容。具体地说，包括：

（1）按照审计准则和相关法律法规的规定实施的审计程序的性质、时间安排和范围。

（2）实施审计程序的结果和获取的审计证据。

（3）审计中遇到的重大事项和得出的结论，以及在得出结论时作出的重大职业判断。

2. 具体要求

审计工作底稿作为注册会计师在整个审计过程中形成的审计工作记录资料，在编制上应满足以下几方面的要求：

（1）资料翔实。即记录在审计工作底稿上的各类资料来源要真实可靠，内容完整。

（2）重点突出。即审计工作底稿应力求反映对审计结论有重大影响的内容。

（3）繁简得当。即审计工作底稿应当根据记录内容的不同，对重要内容详细记录，对一般内容简单记录。

（4）结论明确。即按审计程序对审计项目实施审计后，审计人员应在审计工作底稿中对该审计项目明确表达其最终的专业判断意见。

（5）要素齐全。即构成审计工作底稿的基本内容应全部包括在内。

（6）格式规范。即审计工作底稿所采用的格式应规范、简洁。

（7）标识一致。即审计符号的含义应前后一致，并明确反映在审计工作底稿上。

（8）记录清晰。即审计工作底稿上记录的内容要连贯，文字要端正，计算要准确。

6.2.4 审计工作底稿的复核与保管

1. 审计工作底稿的复核

审计工作底稿编制完成后需要进行复核，因为复核可以减少或消除人为的审计误差，以降低审计风险，提高审计质量；并且可以及时发现和解决问题，保证审计计划顺利执行。

对审计工作底稿的复核遵循三级复核制度。所谓的三级复核制度，是指应由项目经理、部门经理和审计机构的主任会计师或专职的复核机构或复核人员对审计工作底稿进行逐级复核的一种制度。

第一级复核是项目经理（或者项目负责人）的复核，称为详细复核。它要求项目经理对下属审计助理人员形成的审计工作底稿逐张复核，发现问题及时指出，并督促审计人员及时修改完善。

第二级复核是部门经理（或者是签字注册会计师）的复核，称为一般复核。它是在项目经理完成了详细复核之后，再对审计工作底稿中重要会计账项的审计、重要审计程序的执行，以及审计调整事项等进行复核。部门经理复核是对项目经理复核的一种再监督，也是对重要审计事项的重点把握。

第三级复核是主任会计师（或者合伙人）的复核，是最后一级复核，又称为重点复核。它是对审计过程中的重大会计师审计问题、重大审计调整事项及其重要的审计工作底稿进行的复核。主任会计师复核既是对前面两级复核的再监督，也是对整个审计工作的计划、进度和质量的重点把握。

一般说来，复核时应做好下面几项工作：

（1）做好复核记录，对审计工作底稿中存在的问题和疑点要明确指出，并以文字记录于审计工作底稿中。

（2）复核人签名和签署日期，这样有利于划清审计责任，也有利于上级复核人对下级复核人的监督。

（3）书面表示复核意见。

（4）督促编制人员及时修改、完善审计工作底稿。

2. 审计工作底稿的保管

（1）审计档案的分类。

通常情况下，会计师事务所应将审计档案分为永久性档案和当期档案。永久性档案是指那些记录内容相对稳定，具有长期使用价值，并对以后审计工作具有重要影响和直接作用的审计档案。例如，被审计单位的组织结构、批准证书、营业执照、章程、重要资产的所有权或使用权的证明文件复印件等。当期档案是指那些记录内容经常变化，仅供当期审计使用和下期审计参考的审计档案。例如，总体审计策略和具体审计计划、应收账款询证函的回函等。

目前，一些大型国际会计师事务所不再区分永久性档案和当期档案，主要以电子形式保留审计工作底稿，但大部分事务所仍然既保留电子版又保留纸质的审计档案。

（2）审计工作底稿归档的期限。

审计工作底稿形成后，可以按照审计循环或会计报表项目，以及审计工作底稿的使用期限长短先行分类，再标上相应的标识号和页次后，分别存档。

审计工作底稿的归档期限为审计报告日后60天内。如果审计人员未能完成审计业务，审计工作底稿的归档期限为审计业务中止后的60天内。

（3）审计档案的所有权和保存期限。

审计档案的所有权属于接受委托进行审计的会计师事务所。

会计师事务所应当自审计报告日起，对审计工作底稿至少保存10年。如果注册会计师未能完成审计业务，会计师事务所应当自审计业务中止日起，对审计工作底稿至少保存10年。对于保管期限届满的审计档案，审计组织可以将其销毁。销毁时，应履行必要的手续。

提示

归档期限和保存期限要注意区分，但是归档期限和保存期限都是以审计报告日（或审计业务中止日）为起点算起。

项目小结

本项目解释了审计证据和审计工作底稿的含义、特征和作用；介绍了审计证据的分类和审计工作底稿的基本格式；阐述了审计证据的获取途径和审计工作底稿的编制要求，并且提及了审计工作底稿在复核和保管的过程中应注意的事项。

思考与练习

一、单项选择题

1. 下列各项中，可以适当减少所需审计证据数量的情况是（   ）。
   A. 内部控制不强
   B. 被审计单位财务状况不佳
   C. 审计人员从事审计工作的时间不长
   D. 审计项目不太重要

2. 为了获取有关控制风险的证据，注册会计师通常选择的程序是（   ）。
   A. 分析程序   B. 函证
   C. 检查   D. 计算

3. 会计师事务所在归档期间对审计工作底稿作出的变动属于事务性的变动。在注册会计师实施的以下工作中，不恰当的是（   ）。
   A. 删除或废弃部分工作底稿
   B. 对审计工作底稿进行分类、整理和交叉索引
   C. 对审计档案规整工作的完成核对表签字认可
   D. 记录在审计报告日前获取的适当的审计证据

4. 审计工作底稿的归档期限为审计报告日后的（   ）。
   A. 30 天内   B. 60 天内
   C. 90 天内   D. 180 天内

5. 以下关于审计工作底稿的描述，正确的是（   ）。
   A. 审计工作底稿只能以纸质形式存在
   B. 审计工作底稿一经归档就不能修改
   C. 以电子形式存在的审计工作底稿不需要进行归档
   D. 审计工作底稿可以以纸质、电子和其他介质形式共存

二、多项选择题

1. 下列各项中，属于环境证据的有（   ）。
   A. 被审计单位的董事会文件
   B. 被审计单位建立的内部控制制度
   C. 被审计单位的管理条件
   D. 被审计单位管理人员的素质

2. 外部证据是指由被审计单位以外的组织机构或人士所编制的书面证据，包括（   ）。
   A. 应收账款函证的回函
   B. 收到的支票
   C. 购货发票
   D. 被审计单位管理层声明

3. 评价审计证据的适当性时，注册会计师一般会考虑（   ）。
   A. 审计证据的相关性
   B. 审计证据的充分性
   C. 审计证据的来源和及时性
   D. 审计证据的客观性

4. 下列关于审计工作底稿的归档期限，正确的有（   ）。
   A. 审计报告日后 60 天内
   B. 资产负债表日后 60 天内
   C. 审计业务中止后 60 天内
   D. 财务报表报出日后 60 天内

5. 下列关于审计风险与审计证据的说法中，恰当的有（   ）。
   A. 会计师事务所在对被审计单位进行审计时，面临的审计风险与审计证据之间是同向关系，面临的风险越高，所需的审计证据越多
   B. 会计师事务所在对被审计单位进行审计时，面临的审计风险与审计证据之间是反向关系，即

面临的风险越高，所需的审计证据越少

C. 会计师事务所在对被审计单位进行审计时，可接受的审计风险与审计证据之间是反向关系，即可接受的风险越低，所需的审计证据越多

D. 会计师事务所在对被审计单位进行审计时，可接受的审计风险与审计证据之间是同向关系，即可接受的风险越低，所需的审计证据越少

三、判断题

1. 注册会计师可以考虑获取审计证据的成本与所获取信息的有用性之间的关系。若获取审计证据很困难或成本很高，注册会计师可以以此为由减少不可替代的审计程序。（ ）

2. 检查有形资产可为其存在性提供可靠的审计证据，但不一定能够为权利和义务或计价认定提供可靠的审计证据。（ ）

3. 为了审计证据的严密性和完整性，注册会计师对所收集的审计证据，无论其是否与形成审计结论密切相关，都应当加以详细的记录。（ ）

4. 评估的某项认定的重大错报风险水平越高，针对该认定所需获取的审计证据的相关性和可靠性要求越高，注册会计师应当考虑将实质性程序集中于期末。（ ）

5. 如果注册会计师未能完成审计业务，会计师事务所应当自审计业务中止日起，对审计工作底稿至少保存10年。（ ）

四、简答题

1. 如何理解审计证据的充分性和适当性？
2. 简述搜集审计证据的主要方法。
3. 简述审计工作底稿的基本要素。

项目 7 购、销、存业务循环审计

知识目标

◎ 了解采购与付款循环与内部控制；
◎ 理解销售与收款循环与内部控制；
◎ 了解生产与存货循环与内部控制。

技能目标

◎ 掌握采购与付款循环、销售与收款循环、生产与存货循环控制测试与主要项目审计。

案例导入

胜达公司 2021 年度的存货周转率为 2.5，与 2020 年度相比有所下降。

（1）胜达公司主要产品在 2021 年度的市场需求稳定且盈利，但平均销售价格比 2020 年有所下降，且胜达公司预期销售价格将继续下降。

（2）由于主要原材料价格比 2020 年度下降了 12%，胜达公司从 2021 年 1 月开始将主要原材料的储备量增加了 20%。

（3）胜达公司在 2021 年第四季度接到了一笔巨额订单，订货数量相当于胜达公司月产能的 120%，交货日期为 2022 年 1 月 1 日。

案例思考

请分析：胜达公司对存货周转率变动趋势的解释是否合理。

本章导语

对购、销、存业务循环审计的学习，要从了解循环的主要活动内容和相关凭证记录开始，分析循环的内部控制及控制测试的方法，进而进行循环内相关项目的实质性测试程序。

通过本项目，可以学习：

（1）采购与付款循环涉及的主要业务活动和相关凭证记录；

（2）采购与付款循环的内部控制及控制测试；

（3）采购与付款循环主要项目的实质性测试程序；

（4）销售与收款循环涉及的主要业务活动和相关凭证记录；

（5）销售与收款循环的内部控制及控制测试；

（6）销售与收款循环主要项目的实质性测试程序；

（7）生产与存货循环涉及的主要业务活动和相关凭证记录；

（8）生产与存货循环的内部控制及控制测试；

（9）生产与存货循环主要项目的实质性测试程序。

任务 7.1 采购与付款循环审计

7.1.1 采购与付款循环简述

制造业的购、销、存业务，是指从原材料的采购（进）到入库（存）到领料加工到产品入库（存）到销售（销）的动态生产经营过程。从审计学的角度看，这一系统过程包括采购与付款循环、销售与收款循环、生产与存货循环。

企业的采购与付款循环包括购买商品和劳务，以及企业在经营活动中为获取收入而发生的直接或间接的支出。采购与付款业务主要的程序为"请购—订货—验收—付款"。对于内部控制比较健全的企业，对采购与付款循环的审计可以单独进行。但是，为了综合评价被审计单位的财务报表情况，还需要综合其他循环的审计结果。

7.1.2 采购与付款循环涉及的主要单据与会计记录

对于内部控制比较健全的企业，处理采购与付款循环通常需要使用很多单据与会计记录，主要包括以下几种：

1. 采购计划

企业以销售和生产计划为基础，制定采购计划，并经适当的管理层审批后执行。

2. 供应商清单

企业通过文件审核及实地考察等方式对合作的供应商进行认证，并进行维护与更新。

3. 请购单

请购单是由产品制造、资产使用等部门的有关人员填写，送交采购部门，申请购买商品、劳务或其他资产的书面凭证。

4. 订购单

订购单是由采购部门填写，向另一企业购买订购单上所指定的商品、劳务或其他资产的书面凭证。

5. 验收及入库单

验收单是收到商品、资产时所编制的凭证，列示从供应商处收到的商品、资产的种类和数量等内容。入库单是由仓库管理人员填写的验收合格品入库的凭证。

6. 卖方发票

卖方发票（供应商发票）是供应商开具的，交给买方以载明发运的货物或提供的劳务、应付款金额和付款条件等事项的凭证。

7. 付款凭单

付款凭单是采购方企业应付凭单部门编制的，载明已收到的商品、资产或接受的劳务、应付款金额和付款日期的凭证。付款凭单是采购方企业内部记录和支付负债的授权证明文件。

8. 支票

支票是指发票人签发的委托银行等金融机构于见票时支付一定金额给收款人或其他指定人的一种票据。被审计单位在实际支付款项时，签发支票是最常采用的方式。

9. 转账凭证

转账凭证是指记录转账交易的记账凭证，它是根据有关转账交易（即不涉及库存现金、银行存款收付的各项交易）的原始凭证编制的。

10. 付款凭证

付款凭证包括现金付款凭证和银行存款付款凭

证，是指用来记录库存现金和银行存款支出交易的记账凭证。

11. 应付账款明细账、库存现金日记账和银行存款日记账

企业通常应按供货单位设置应付账款明细账，用来记录企业向各供货单位的赊购金额、存款支付及应付账款余额等内容。货款的支付应及时登记库存现金日记账和银行存款日记账。

12. 供应商对账单

供应商对账单是由供应商编制的，用于核对与采购企业往来款项的凭证，通常标明期初余额、本期购买、本期支付给供应商的款项和期末余额等信息。

> **提示**
> 上述会计记录涉及的单据，可能因被审计单位的不同而名称不同。

7.1.3 采购与付款循环所涉及的主要业务活动

制造业被审计单位的采购与付款循环涉及的主要业务活动如下：

1. 制定采购计划

以企业的生产经营计划为基础，生产、仓库等部门定期编制采购计划，经部门负责人等适当的管理人员审批后提交采购部门，具体安排商品及服务采购。

2. 供应商认证及信息维护

企业通常会对合作的供应商事先进行资质等审核，将通过审核的供应商录入系统，形成完整的供应商清单，并及时对其信息变更进行更新。采购部门只能向通过审核的供应商进行采购。

3. 请购商品和劳务

仓库负责对需要购买的已列入存货清单的项目填写请购单，其他部门也可以对所需要购买的未列入存货清单的项目编制请购单。由于仓库部门、生产部门及其他需要采购物资的部门都可以填列请购单，故请购单不便事先编号。为加强控制，每张请购单必须经过对这类支出预算负责的主管人员签字批准。

> **提示**
> 请购单是有关采购交易的"发生"认定的凭据之一，也是采购交易轨迹的起点。

4. 编制订购单

采购部门在收到请购单后，只能对经过批准的请购单发出订购单。订购单应正确填写所需要的商品品名、数量、价格、厂商名称和地址等，预先连续编号并经过被授权的采购人员签名。其正联应送交供应商，副联送至企业内部的验收部门、应付凭单部门和编制请购单的部门。

> **提示**
> 检查订购单与采购交易的"完整性"和"发生"认定有关。

5. 验收商品

验收部门首先应比较所收商品与订购单上的要求是否相符，然后再盘点商品并检查商品有无损坏。验收后，验收部门应对已收货的每张订购单编制一式多联、预先按顺序编号的验收单，作为验收和检验商品的依据。验收人员将商品送交仓库或其他请购部门时，应取得经过签字的收据，以确立他们所采购的资产应负的保管责任。验收人员还应将其中的一联验收单送交应付凭单部门。

> **提示**
> 验收单是资产以及与采购有关的负债的"存在或发生"认定的重要凭据。

> **提示**
> 定期独立检查验收单的顺序以确定每笔采购交易都已编制凭单，与采购交易的"完整性"认定有关。

6. 储存已验收的商品

储存部门的相关人员在验收单上签字后，对已验收商品进行入库保管。保管与采购的其他职责相分离，可减少未经授权的采购和盗用商品的风险。此外，存放商品的仓储区应限制无关人员接近。

> **提示**
> 储存已验收的商品相关控制与商品的"存在"认定有关。

7. 编制付款凭单

货物验收后，确定供应商发票的内容与相关的验收单、订购单的一致性，应付凭单部门编制有预先顺序编号的付款凭单。付款凭单需要由被授权人员签字，已批准的付款凭单需送达会计部门，据以编制有关记账凭证和登记有关账簿。

> **提示**
> 检查付款凭单与"存在""发生""完整性""权利和义务"和"计价和分摊"等认定有关。

8. 确认与记录负债

在收到供应商发票时，应付账款部门应将发票上所记载的品名、规格、价格、数量、条件及运费与订货单、验收单上的有关资料核对。核对相符后，准确、及时地记录负债。

在此项活动中，涉及的主要会计记录与凭证包括卖方发票、验收单、订货单、卖方对账单、转账凭证、应付账款明细账、应付凭单登记簿等。应付凭单登记簿，是应付账款部门确认负债时将应付凭单部门传递来的应付凭单按时间统一进行登记备查的簿籍。应付凭单登记簿示例如图7-1所示。

应付凭单登记簿

客户名称：　　　　　　　　　　　　　　　　　　　　　　　第　　页

年		验收单字号	统一发票号码	摘　要	借　方	贷　方	余　额
月	日						

图 7-1 应付凭单登记簿

9. 付款

通常由应付凭单部门负责确定未付凭单在到期日付款。企业在准备付款前，应核对付款条件，并检查资金是否充足。在签发支票的同时，还要登记支票簿和日记账，以便登记每一笔付款。已签发的支票连同有关发票、合同凭证应送交有关负责人审核签字，并将支票送交供应商。

10. 记录现金、银行存款支出

会计部门应根据已签发的支票编制付款记账凭证，并据以登记银行存款日记账及其他相关账簿。

制造业被审计单位的采购与付款循环通常包含的相关财务报表科目、涉及的主要业务活动及常见的主要单据及会计记录如表7-1所示。

表7-1 采购与付款循环主要活动与记录

交易类别	相关财务报表科目	主要业务活动	主要单据及会计记录
采购	存货、其他流动资产、销售费用、管理费用、应付账款、其他应付款、预付账款等	编制采购计划 维护供应商清单 请购商品和劳务 编制订购单 验收商品 储存已验收的商品 编制付款凭单 确认与记录负债	采购计划 供应商清单 请购单 订购单 验收单 卖方发票 付款凭单
付款	应付账款、其他应付款、应付票据、货币资金等	办理付款 记录现金、银行存款支出 与供应商定期对账	转账凭证/付款凭证 应付账款明细账 库存现金日记账和银行存款日记账 供应商对账单

7.1.4 采购与付款循环内部控制

采购与付循环的内部控制主要包括以下几个方面:

1. 有效的职责分离

企业应当建立采购与付款交易的岗位责任制,明确相关部门和岗位的职责、权限,确保办理采购与付款交易的不相容岗位相互分离、制约和监督。不得由同一个部门和同一个人负责采购及付款的全过程。

> **提示**
>
> 采购与付款循环涉及的不相容岗位至少包括:请购与审批;询价与确定供应商;采购合同的订立与审批;采购与验收;采购、验收与相关会计记录;付款审批与付款执行。

2. 合理的请购制度

企业应当建立采购申请制度,依据购置商品或劳务的类型,确定归口管理部门。对于请购部门提出的采购需求,应明确采购类别、质量等级、规格、数量、相关要求和标准、到货时间等,由相关权责主管在相应的权限范围内,根据预算合理地签发请购申请单。

3. 明确的订货内容

采购部门在收到请购单后,应先明确订购多少、向谁订购、何时购货等问题,然后再发出购货订单。

(1) 订购数量的控制。

采购部门首先应对每一份请购单审查其请购数量是否在控制限额的范围内,其次是检查使用物品和获得劳务的部门主管是否在请购单上签字同意。

(2) 选择供应商的控制。

采购部门在正式填制购货订单前,必须向不同的供应商(通常需两家以上)索取供应物品的价格、质量指标、折扣和付款条件以及交货时间等资料,比较不同供应商所提供的资料,选择最有利于企业生产和成本最低的供应商,与供应商签订合同。

(3) 订货时间的控制。

关于何时订货的问题,主要由存货管理部门运用经济批量法和分析最低存货点来进行,而不是由采购部门进行。当请购单提出后，购货部门应就这些请购单的处理结果及时告知仓储和生产部门。

采购部门确定好采购数量、供应商和采购时间后，应及时填制订货单。订货单应预先进行连续编号，填制完成后，应在向供应商发出前由专人检查该订货单是否得到授权人的签字；订货单的副本应递交给请购、保管与会计部门等，以备核对。

4. 严格的验收程序

验收的职能必须由独立于请购、采购、会计的部门人员来承担，根据企业规定的验收制度和经批准的订单、合同等采购文件，对所购物品或劳务等的品种、规格、数量、质量和其他相关内容进行验收，填制验收单，并将其及时报告请购、购货和会计部门。

提示

> 验收单的内容包括供应商名称、收货日期、货物名称、数量和质量以及运货人名称、原购货订单编号等。

5. 正确记录应付账款

应付账款的记录必须由独立于请购、采购、验收、付款的职员来进行；应付账款的入账必须在取得和审核各种必要的凭证以后才能进行；必须分别设置应付账款的总分类账和明细分类账；对于享有折扣的交易，应根据供应商发票金额减去折扣金额的净额登记应付账款；每月应将应付账款明细账与客户发来的对账单进行核对。

6. 谨慎的付款程序

准备用支票付款时，所有付款都应用事前编号的支票。付款前，应复核客户发票上的数量、价格和合计数以及折扣条件等，核对支票的金额，采购人和付款人应各自独立签名，对支票应采取函寄或其他安全方式送交。对已签发的支票，应在其原始凭证上加盖"已付款"印章，以避免重复付款；对于空白支票，应安全存放；对于作废的支票，应立即注销，等等。

提示

> 会计部门应及时记录付款业务，定期核对总账、分类账以及日记账，注意未付账款。

【情景7-1】北京惠达家具厂没有设置独立的验收部门，而是在采购部门里设置了一个验收岗位，并且在采购量大、品种多、验收人员忙不过来的情况下，可以由采购人员协助验收。这种安排是否符合恰当的内部控制要求？

分析：这种安排不符合恰当的内部控制要求。验收的职责应该与采购分离，应该设置独立的验收部门或者独立的验收岗位，安排独立于采购、会计记录和仓库的人员来完成验收，保证有效的职责分离。

7.1.5 采购与付款循环控制测试

注册会计师在进行采购与付款控制测试时，应结合业务控制环节进行。

1. 请购时内部控制的测试

注册会计师应抽取若干张请购单，检查摘要、数量和日期及相应文件的完整性，是否得到适当审批。

2. 订购时内部控制的测试

注册会计师应注意审查订购单的日期、摘要、数量、价格、规格、质量及运输要求等是否完整，是否按顺序连续编号，是否经恰当的授权批准，以及是否有相应的经过批准的请购单作为支持。

3. 商品验收时内部控制的测试

注册会计师应检查验收单的编号、内容填写是否完整，是否附有相应的请购单、订购单。并且通过观察，了解验收人员实际验收过程。

4. 编制付款凭单、确认与记录负债时内部控制的测试

注册会计师应检查与每张凭单相配合的订购单、验收单和采购发票，检查所载信息是否核对一致，发票上是否加盖了"相符"印戳。审计人员还应根据付款凭证记录的内容，分别追查应付账款和存货明细账与总账是否平行登记，金额是否一致。

5. 付款业务内部控制的测试

注册会计师应检查支票样本，审核付款是否经过批准，支票是否与应付凭单一致，付款后是否注销凭单，支票是否由经过授权批准的人员签发；检查支票登记簿的编号次序，与相应的应付账款明细账以及银行存款日记账核对，审查其金额是否一致；观察编制凭证和签发支票、签发支票与保管支票的职责是否符合岗位分离制度；检查付款支票样本，确定资金支付是否完整地记录在适当的会计期间。

在对被审计单位采购与付款循环的相关内部控制实施测试时，注册会计师需要注意以下几点：

（1）控制测试所使用的审计程序的类型主要包括询问、观察、检查和重新执行，其提供的保证程序依次递增。

（2）如果在期中实施了控制测试，注册会计师应当就控制在剩余期间的运行情况获取证据，以确定控制是否在整个被审计期间持续运行有效。

（3）控制测试的取决于注册会计师需要通过控制测试获取的保证程度。

（4）如果拟依赖的内部控制是由计算机执行的自动化控制，注册会计师除了测试自动化应用控制的运行有效性，还需要就相关的信息技术一般控制的运行有效性获取审计证据。

> **提示**
>
> 上述有关实施采购与付款循环的控制测试时的基本要求，就其原理而言，对其他业务循环的控制测试同样适用，因此，在后面讨论其他业务循环的控制测试时将不再重复。

【情景7-2】润亚会计师事务所委派注册会计师刘强和刘凤于2020年11月1日至7日对北京惠达家具厂的采购与付款循环的内部控制制度进行了解和测试，并在相关审计工作底稿中记录了了解和测试的事项，摘录如下：

（1）惠达厂的材料采购需要经授权批准后方可进行，采购部根据经批准的请购单发出订购单。货物运达后，根据订购单的要求验收货物，并编制一式多联的未连续编号的验收单。仓库根据验收单验收货物，在验收单上签字后，将货物移入仓库加以保管。验收单上有数量、品名、单价等要素。验收单共三联：一联交采购部登记采购明细账和编制付款凭单，付款凭单经批准后，月末交会计部；一联交会计部登记材料明细账；一联由仓库保留并登记材料明细账。会计部根据只附验收单的付款凭单登记有关账簿。采购合同规定：惠达厂收货后须在7天内付款，一旦逾期，每天支付货款5‰的违约金；逾期严重的，供货方停止供货。

（2）会计部审核付款凭单后，支付采购款项。惠达厂授权会计部的经理签署支票，经理将其授权给会计人员小王负责，但保留了支票印章。小王根据已适当批准的凭单，在确定支票收款人名称与凭单内容一致后签署支票，并在凭单上加盖"已支付"的印章。注册会计师刘强与刘凤对付款控制程序的穿行测试表明，未发现与公司规定有不一致之处。

分析惠达厂采购与付款循环内部控制方面有哪些缺陷？应提出哪些建议？

分析：

惠达厂采购与付款循环内部控制方面的缺陷有：

（1）验收单未连续编号，不能保证所有的采购都已记录或不被重复记录。建议惠达厂对验收单进行连续编号。

（2）付款凭单未附订购单及购货发票等，会计部门无法核对采购事项是否真实，登记有关账簿时，金额或数量可能会出现差错。建议惠达厂将订购单和发票等与付款凭单一起交会计部门。

（3）会计部门月末审核付款凭单后才付款，未能及时将材料采购和债务登记入账并按约定时间付款。建议惠达厂采购部门及时将付款凭单交会计部门，按约定时间付款。

7.1.6 采购与付款循环主要项目审计

注册会计师在进行采购与付款控制测试时，应结合业务控制环节进行。

采购与付款循环的项目包括应付账款、固定资产、投资性房地产、预付账款、工程物资、在建工程、固定资产清理、应付票据等。下面详细阐述采购与付款循环的主要项目。

1. 应付账款审计

应付账款是企业在正常经营过程中，因购买材料、商品和接受劳务供应等经营活动而应付给供应商的款项。注册会计师应结合赊购交易进行应付账款的审计。

（1）应付账款审计目标。

应付账款的审计目标一般包括：

①确定期末应付账款是否存在（存在性认定）；

②确定期末应付账款是否为被审计单位应履行的偿还义务（权利与义务认定）；

③确定应付账款的发生及偿还记录是否完整（完整性认定）；

④确定应付账款是否以恰当的金额包括在财务报表中，与之相关的计价调整是否已经记录（计价认定）；

⑤确定应付账款的披露是否恰当（与列报和披露有关的认定）。

（2）应付账款实质性程序。

应付账款实质性测试程序的内容通常包括以下几项：

①获取或编制应付账款明细表，并执行以下工作：复核加计是否正确，并与报表数、总账数和明细账合计数核对是否相符；

②分析出现借方余额的项目，查明原因，必要时建议被审计单位作重分类调整；

③检查非记账本位币应付账款的折算汇率及折算是否正确；

④结合预付账款、其他应付款等往来项目的明细余额，检查有无针对同一交易在应付账款和预付账款项同时记账的情况、异常余额或与购货无关的其他款项（如关联方账户或雇员账户）。

（3）实质性分析程序。

根据被审计单位实际情况，选择以下方法对应付账款执行实质性分析程序：

①将本期期末应付账款余额与上期期末余额进行比较，分析波动原因。

②分析长期挂账的应付账款，要求被审计单位作出解释，判断被审计单位是否缺乏偿债能力或利用应付账款隐瞒利润，并注意其是否可能无须支付。

③计算应付账款与存货的比率、应付账款与流动负债的比率，并与以前年度相关比率进行对比分析，评价应付账款整体的合理性。

④分析存货和营业成本等项目的增减变动，判断应付账款增减变动的合理性。

（4）函证应付账款。

获取适当的供应商清单，例如本期采购量清单、所有现存供应商名单或应付账款明细账。询问该清单是否完整并考虑该清单是否应包括预期负债等附加项目。选取样本进行测试并执行如下程序：

①向债权人发送询证函。注册会计师应对询证函保持控制，包括确定需要确认或填列的信息、选择适当的被询证者、设计询证函，正确填列被询证者的姓名和地址，以及被询证者直接向注册会计师回函的地址等信息。必要时，再次向被询证者寄发询证函。

②将询证函余额与已记录金额相比较，如存在差异，检查支持性文件。评价已记录金额是否适当。

③对于未作回复的函证实施替代程序，如检查至付款文件（如现金支出、电汇凭证和支票复印件）、相关的采购文件（如采购订单、验收单、发票和合同）或其他适当文件。

一般情况下，函证应付账款并非必需测试程序，这是因为函证不能保证查出未记录的应付账款。但如果控制风险较高、某应付账款明细账户金额较大，则需要进行应付账款的函证。

提示

对应付账款的函证，最好采用积极函证方式，并且选择较大金额的债权人以及那些在资产负债表日金额不大（甚至为零）但为被审计单位重要供应商的债权人作为函证对象。

【情景7-3】润亚会计师事务所的注册会计师孙一文对北京惠达家具厂的应付账款项目进行审计。根据需要，孙一文决定对惠达家具厂下列四个明细账户中的两个进行函证，如表7-2所示。

表7-2　函证表

	应付账款年末余额（万元）	本年度进货总额（万元）
A公司	250	480
B公司	0	2 300
C公司	450	550
D公司	130	2 500

请问孙一文应该选择哪两位供货商进行函证，为什么？

分析：孙一文应该选择B公司和D公司进行应付账款余额的函证。因为函证客户的应付账款的主要目的在于查实有无未入账的负债，应选择两类函证对象：①审计期内有大额购货交易或期末账面余额较大；②在资产负债表日余额不大（甚至为零）但为企业的重要供应商。本年度，惠达厂从B公司和D公司采购了大量商品，可知B公司和D公司都为重要供应商，但其对应的应付账款期末账面余额却很低（B公司甚至为零），存在漏记负债业务的可能性更大。

（5）查找未入账的应付账款。

注册会计师应检查被审计单位是否存在为了低估负债而故意漏记应付账款行为，通常会通过以下程序进行测试：

①检查被审计单位在资产负债表日未处理的不相符的购货发票（如抬头不符、与合同某项规定不符等）及是否存在有材料入库凭证单却未收到购货发票的经济业务。

②检查资产负债表日后收到的购货发票，关注购货发票的日期，确认其入账时间是否正确。

③检查资产负债表日后应付账款明细账贷方发生额的相应凭证，确认其入账时间是否正确。

④获取被审计单位与其供应商之间的对账单，并将对账单和被审计单位财务记录之间的差异进行调节（如在途款项、在途商品、付款折扣、未记录的负债等），查找有无未入账的应付账款，确定应付账款金额的准确性。

⑤结合存货监盘程序，检查被审计单位在资产负债表日前后的存货入库资料，检查是否有大额"货到单未到"的情况，确认相关负债是否记入了正确的会计期间。

（6）结合预付账款明细账余额，查明是否存在应付账款和预付账款同时挂账的项目；结合其他应付款明细账余额，查明有无不属于应付账款的其他应付款。如有，应作出记录；必要时，建议被审计单位做重分类调整或会计误差调整。

【情景7-4】2020年12月31日，北京惠达家具厂的资产负债表中的"应付账款"项目为480 000元，应付账款总账贷方余额480 000元。注册会计师刘风审计时发现：

（1）应付A公司明细账户借方余额400 000元，属于正常交易的预付款项。

（2）应付B公司明细账户贷方余额440 000元，为惠达家具厂临时借入款项，用于结算工程价款。

如果你是注册会计师刘风，你将给被审计单位提出什么建议呢？

分析：

（1）A公司账户借方余额400 000元，属于正常经济业务往来款项，金额较大，惠达家具厂应规范预付款项的管理，对此做重分类调整。因此，注册会计师刘风应建议被审单位作如下调整：

借：预付账款——A公司　　400 000
　　贷：应付账款——A公司　　400 000

（2）按规定，不属于购销原因引起的应付款项不应记入"应付账款"科目核算。B公司账户贷方余额440 000元，为惠达家具厂临时借入款项，用于结算工程价款。因此，注册会计师刘风应建议被审单位做如下调整：

借：应付账款——B公司　440 000
　　贷：其他应付款——B公司　440 000

调整后，惠达家具厂2020年12月31日的资产负债表中的"应付账款"项目余额应为440 000（480 000-440 000+400 000）元。

（7）检查长期挂账的应付账款的原因，作出记录。对确实无法支付的应付账款，看其是否按规定转入了营业外收入，相关依据和有关手续是否完备。

（8）如存在关联方的款项：
①了解交易的商业理由；
②检查证实交易的支持性文件（例如发票、合同、协议及入库和运输单据等相关文件）。
③检查被审计单位与关联方的对账记录或向关联方函证。

提示

应根据"应付账款"和"预付账款"科目所属明细科目的期末贷方余额的合计数填列资产负债表上的"应付账款"项目。

2. 固定资产审计

固定资产审计是指审计机构依法对被审计单位固定资产增减、使用的真实性、合法性和效益进行的审计监督。

（1）固定资产审计目标。

固定资产的审计目标通常包括以下几方面：
①确定固定资产是否存在（存在性认定）；
②确定固定资产是否归被审计单位所有（权利和义务认定）；
③确定固定资产及其累计折旧增减变动的记录是否完整（完整性认定）；
④确定固定资产的计价和折旧政策是否恰当，固定资产及其累计折旧的年末余额是否正确（认价和分摊认定）；
⑤确定固定资产及其累计折旧在会计报表上的披露是否恰当（与列报和披露相关的认定）。

（2）固定资产实质性测试程序。

固定资产审计的范围很广，其实质性测试程序主要包括以下内容：
①获取或编制固定资产和累计折旧分类汇总表。
②检查固定资产的分类是否正确并与总账数和明细账合计数核对是否相符，结合累计折旧、减值准备科目与报表数核对是否相符。如果不符，则应将明细分类账和有关的原始凭证进行核对，查出差异原因并予以调整。

固定资产及累计折旧分类汇总表示例如表7-3所示。

表7-3　固定资产及累计折旧分类汇总表

被审计单位：　　　　　　　　　　编制：　　　　　　　　　　日期：
报表日：　　　　　　　　　　　　复核：　　　　　　　　　　日期：

固定资产类别	固定资产				累计折旧					
	期初余额	本期增加	本期减少	期末余额	折旧方法	折旧率	期初余额	本期增加	本期减少	期末余额
1. 房屋建筑物 2. 机器设备 3. 运输工具 ……										
合计										

(3) 实施实质性分析程序。

根据被审计单位业务的性质，选择以下方法对固定资产实施分析程序：

① 分类计算本期计提折旧额与固定资产原值的比率，并与上期比较；

② 计算固定资产修理及维护费用占固定资产原值的比例，并进行本期各月、本期与以前各期的比较；

③ 计算累计折旧占固定资产原值的比例，与折旧率比较；

④ 计算当期计提折旧占固定资产原值的比例，与折旧率比较；

⑤ 计算固定资产减值准备占期末固定资产原值的比率，与期初该比率比较。

提示

审计人员应认真实施分析程序，深入分析相关差异，判断差异产生的原因是否合理。

(4) 对重要固定资产进行实地观察。

实施实地观察审计程序时，注册会计师可以以固定资产明细分类账为起点，进行实地追查，以证明会计记录中所列固定资产确实存在，并了解其目前的使用状况；也可以以实地为起点，追查至固定资产明细分类账，以获取实际存在的固定资产均已入账的证据。

提示

实施实地观察审计程序时，注册会计师实地观察的重点是本期新增加的重要固定资产（有时，观察范围也会扩展到以前期间增加的重要固定资产）。

提示

很多情况下，实地观察重要固定资产时，采取双向审查的方法，即以实地为起点追查和以明细账为起点追查同时进行。

(5) 验证固定资产的所有权或控制权。

注册会计师应获取、收集相关证据，以确定固定资产是否确归被审计单位所有；对外购的机器设备等固定资产，通常经审核采购发票、采购合同等予以确定；对于房地产类固定资产，需查阅有关的合同、产权证明、财产税单、抵押借款的还款凭据、保险单等书面文件；对融资租入的固定资产，应验证有关融资租赁合同；对汽车等运输设备，应验证有关运营证件等。

(6) 固定资产增加的审计。

审计固定资产的增加，是固定资产实质性程序中的重要内容。固定资产的增加有多种途径，审计中应注意：

① 询问被审计单位管理层当年固定资产的增加情况，并与获取或编制的固定资产明细表进行核对；确定增加的数量。

② 检查本年度增加固定资产的计价是否正确，手续是否齐备，会计处理是否正确。要关注不同来源固定资产的计价方法。

(7) 审计本期固定资产的减少。

审计固定资产减少的主要目的就在于查明已减少的固定资产是否已做适当的会计处理。对各种固定资产的减少，审计重点是：审查减少固定资产的批准文件；审查减少固定资产是否进行技术检验或评估；审查减少固定资产的会计账务处理是否正确，累计折旧是否冲销；审查减少固定资产的净损益，验证其正确性与合法性，并与"银行存款""营业外收支""投资收益"等有关账户进行核对。

(8) 检查固定资产的后续支出。

检查固定资产的后续支出，最主要的是要确认后续支出属于资本后支出还是费用化支出，确定固定资产有关的后续支出是否满足资产确认条件；如不满足，该支出是否在该后续支出发生时计入当期损益。

(9) 调查闲置的固定资产。

获取暂时闲置固定资产的相关证明文件，并观察其实际状况，检查是否已按规定计提折旧，相关的会计处理是否正确。

（10）检查固定资产的抵押、担保情况。

结合对银行借款等的检查，了解固定资产是否存在抵押、担保情况。如存在，应取证、记录，并提请被审计单位作必要的披露。

（11）确定固定资产是否已按照企业会计准则的规定在财务报表中做出恰当披露。财务报表附注通常应说明：固定资产的标准、分类、计价方法和折扣方法；固定资产的预计使用寿命和预计净残值；固定资产在本期的增减变动情况；用作抵押、担保的固定资产的情况等。

【情景7-5】润亚会计师事务所的注册会计师刘强在审查北京惠达家具厂2020年固定资产折旧时，发现本年度1月初该厂新增已投入生产使用的设备一台，原价为800 000元，预计净残值为80 000元，预计使用年限为5年，使用年数总和法对该项固定资产进行折旧，其余各类固定资产均用年限平均法进行折旧。惠达家具厂对这一事项在财务报表附注中未作披露。

根据上述情况，注册会计师刘强应确定这一事项对惠达家具厂资产负债表和利润表的影响，并提请惠达家具厂在财务报表附注中做充分揭示。

分析：注册会计师刘强认为该公司的固定资产折旧方法本期出现不一致，且未充分揭示，这是违反现行企业会计准则的，由此计算的该事项对资产负债表和利润表的影响如下：

该设备用年数总和法计算的折旧额=（800 000-80 000）×5/15=240 000（元）

该设备用年限平均法计算的年折旧额=（800 000-80 000）/5=144 000（元）

由于折旧方法的改变，使得本年度多提折旧额96 000（240 000-144 000）元，致使资产负债表中的"累计折旧"项目增加96 000元，利润表中的"利润总额"减少96 000元。

对此，注册会计师刘强应要求惠达家具厂在财务报表附注中作这样的揭示："本公司由于对原值800 000元、预计净残值80 000元、预计使用年限5年的设备采用年数总和法进行折旧，与采用年限平均法相比，使本年度的折旧额增加96 000元，利用总额减少96 000元。"

3. 累计折旧审计

累计折旧审计就是对固定资产折旧的核对和审查。

（1）累计折旧审计目标。

累计折旧是指在固定资产使用寿命内，按照确定的方法对应计折旧额进行系统分摊。累计折旧的审计目标主要包括以下几方面：

①确定折旧政策和方法是否符合国家有关的财务会计制度，是否一贯遵循；

②确定累计折旧增减变动的记录是否完整；

③确定折旧费用的计算、分摊是否正确、合理和一贯；

④确定累计折旧的期末余额是否正确；

⑤确定累计折旧的披露是否恰当。

（2）累计折旧实质性测试程序。

累计折旧的实质性测试程序主要包括以下几方面的内容：

①获取或编制固定资产及累计折旧分类汇总表，复核加计正确，并与报表数、总账数和明细账合计数核对相符。

②检查被审计单位制定的折旧政策和方法是否符合国家有关财务会计制度的规定，确定其所采用的折旧方法能否在固定资产使用年限内合理分摊其成本，前后期是否一致。

③分析程序：

Ⅰ．对折旧计提的总体合理性进行复核，方法是用应计提折旧的固定资产乘本期的折旧率；

Ⅱ．计算本期计提折旧额占固定资产原值的比率，并与上期比较，分析本期折旧计提额的合理性和准确性；

Ⅲ．计算累计折旧占固定资产原值的比率，评估固定资产的老化率，并估计因闲置、报废等原因可能发生的固定资产损失。

④审查折旧的计提和分配。

在审查折旧的计提和分配时，应注意有关折旧的会计处理是否符合规定，通过更新改造而增加的固定资产是否重新计算折旧费用。

⑤将"累计折旧"账户贷方的本期计提折旧

额与相应的成本费用中的折旧费用明细账户的借方相比较，以查明所计提折旧金额是否已全部摊入本期产品成本或费用。

⑥结合固定资产审计，确定其折旧的计提是否正确无误，并追查至固定资产登记卡。特别应注意有无已提足折旧的固定资产继续超提折旧的情况和在用固定资产不提或少提折旧的情况。

⑦对于因资产评估调整累计折旧的，取得有关资产评估报告，检查其会计处理是否正确。

⑧验明累计折旧的披露是否恰当。

任务 7.2 销售与收款循环审计

7.2.1 销售与收款循环简述

销售与收款循环的审计，通常可以相对独立于其他业务循环而单独进行。但是，注册会计师在审计时需要综合考虑财务报表各项目的性质及相互关系，综合考虑审计发现的各业务循环的错报对财务报表产生的影响。

> **提示**
>
> 在单独执行销售与收款循环审计时，注册会计师应将该循环与其他循环的审计情况结合起来加以考虑。

7.2.2 销售与收款循环涉及的主要单据与会计记录

对于内部控制比较健全的企业，处理销售与收款业务通常需要使用很多单据与会计记录。典型的销售与收款循环所涉及的主要单据与会计记录有以下几种（不同被审计单位的单据名称可能不同）。

1. 客户订购单

客户订购单即客户提出的书面购货要求。企业可以通过销售人员或其他途径，如采用电话、信函和向现有的及潜在的客户发送订购单等方式接受订货，取得客户订购单。

2. 销售单

销售单是列示客户所订商品的名称、规格、数量以及其他客户订购单有关信息的凭证，作为销售方内部处理客户订购单的凭证。

3. 发运凭证

发运凭证是在发运货物时编制的，用以反映发出商品的规格、数量和其他有关内容的凭据。发运凭证的一联寄送给客户（留给客户），其余联由企业保留，通常其中有一联由客户在收到商品时签署并返还给销售方，用作销售方确认收入及向客户收取货款的依据。

4. 销售发票

销售发票是一种用来表明已销售商品的名称、规格、数量、价格、销售金额、运费和保险费、开票日期、付款条件等内容的凭证。销售发票的一联寄送给客户，其余联由企业保留，是在会计账簿中登记销售交易的基本凭证之一。

5. 商品价目表

商品价目表是列示已经授权批准的、可供销售的各种商品的价格清单。

6. 贷项通知单

贷项通知单是一种用来表示由于销售退回或经批准的折让而引起的应收销货款减少的凭证。贷项通知单是减少应收账款的凭证，这种凭证的格式通常与销售发票的格式相同，只不过它是用来证明应收账款的减少。

7. 应收账款账龄分析表

应收账款账龄分析表是反映月末应收账款总额账龄区间的单据，通常按月编制，详细反映每个客户应收账款金额和账龄。应收账款账龄分析表也是常见的计提应收账款坏账准备的重要依据之一。

8. 应收账款明细账和主营业务收入明细账

应收账款明细账是用来记录每个客户各项赊销、还款、销售退回及折让交易的明细账。主营业务收入明细账是一种用来记录销售交易的明细账。它通常记载和反映不同类别商品或服务的营业收入的明细发生情况和总额。

9. 折扣与折让明细账

折扣与折让明细账是一种用来核算企业销售商品时，按销售合同规定为了及早收回货款而给予客户的销售折扣和因商品品种、质量等原因而给予客户的销售折让情况的明细账。企业也可以将这类业务直接记入主营业务收入明细账，而不设置折扣与折让明细账。

10. 汇款通知书

汇款通知书是一种与销售发票一起寄给顾客，由顾客在付款时再寄回销货单位的凭证。这种凭证注明顾客的姓名、销售发票号码、销货单位开户银行账号及金额等内容。如果顾客没有将汇款通知书随货款一并寄回，一般应由收受邮件的人员在拆邮件时再代编一份汇款通知书，如图7-2所示。

汇款通知书

北京市阳光公司：

2021年8月26日，我公司销售给贵公司XC型硒鼓1 000件，合计金额168 000元，货已经发出，发票已开具。以下是我公司汇款账号，请按此账号将款项汇入我公司，谢谢合作！

汇入银行：中国建设银行北京分行朝阳支行

汇入银行账号：000000000000000

抬头请写：湖北省大风有限责任公司

如有特殊情况，请及时与我公司王丽联系，联系电话：13600000000，027-00000000

湖北省大风有限责任公司（章）
2021年8月30日

图 7-2 汇款通知书

---

11. 现金日记账和银行存款日记账

现金日记账和银行存款日记账是用来记录应收账款的收回或现销收入以及其他各种现金、银行存款收入和支出的日记账。

12. 坏账核销审批表

坏账核销审批表是一种用来批准将无法收回的应收款项作为坏账予以核销的单据。

13. 客户对账单

客户对账单是一种定期寄送给客户的用于购销双方核对账目的文件。客户对账单上通常注明应收账款的期初余额、本期销售交易的金额、本期已收到的货款、贷项通知单的金额以及期末余额等内容。对账单可能是月度、季度或年度的，取决于企业的经营管理需要。

14. 转账凭证

转账凭证是指记录转账业务的记账凭证。它是根据有关转账业务（即不涉及现金、银行存款收付的各项业务）的原始凭证编制的。企业记录赊销交易的会计凭证即一种转账凭证。

15. 现金和银行凭证

现金和银行凭证是指分别用来记录现金和银行存款收入业务和支付业务的记账凭证。

> **提示**
> 上述会计记录涉及的单据可能因被审计单位的不同而名称不同。

7.2.3 销售与收款循环的主要业务活动

典型的销售与收款循环所涉及的主要业务活动有以下几项：

1. 接受客户订购单

接受客户订购单是整个销售与收款循环的起点。企业在批准了客户订购单之后，下一步就应编制一式多联的销售单。

> **提示**
> 销售单是此笔销售的交易轨迹的起点之一。

2. 批准赊销信用

赊销业务的批准由信用管理部门根据管理层的赊销政策在每个客户的已授权的信用额度内进行。无论是否批准赊销，都要求被授权的信用管理部门人员在销售单上签署意见，然后再将已签署意见的销售单送回销售单管理部门。

3. 按销售单供货并发运

企业管理层通常要求商品仓库只有在收到经过批准的销售单时才能供货。设立这项控制程序的目的是防止仓库在未经授权的情况下擅自发货。因此，已批准销售单的一联应送达仓库，作为仓库按销售单供货和发货给装运部门的授权依据。

> **提示**
> 装运部门职员在装运之前，必须进行独立验证，以确定从仓库提取的商品都附有经批准的销售单，并且所提取商品的内容应与销售单一致。

4. 向客户开具账单

向顾客开具账单包括编制和向顾客寄送事先连续编号的销售发票。

5. 记录销售

记录销售的过程是按销售发票编制转账凭证（赊销）或现金、银行存款收款凭证（现销），再据以登记销售明细账和应收账款明细账或现金、银行存款日记账。

6. 办理和记录账款的收取

这项活动涉及有关货款收回，现金、银行存款的记录以及应收账款减少等。处理货币资金收入时最重要的是保证全货币资金如数、及时地记入现金、银行存款日记账或应收账款明细账，并如数、及时地将现金存入银行。在这方面，汇款通知单发挥着十分重要的作用。

7. 办理和记录销售退回、销售折扣与折让

客户如果对商品不满意，销售企业一般都会

同意接受退货,或给予一定的销售折让;客户如果提前支付货款,销售企业则可能会给予一定的销售折扣。发生此类事项时,必须经授权批准,并应确保与办理此事有关的部门和职员各司其职,分别控制实物流和会计处理。

8. 注销坏账

销售企业若认为某项货款再也无法收回,就必须注销这笔货款。对这些坏账,正确的处理方法应该是获取货款无法收回的确凿证据,经适当审批后及时做会计调整。

9. 提取坏账准备

坏账准备提取的数额必须能够抵补企业以后无法收回的销货款。

销售与收款循环活动与相关记录如表 7-4 所示。

表 7-4 销售与收款循环的主要凭证和会计记录一览表

主要业务活动	涉及的相关凭证及会计记录	相关部门
接受客户订单	客户订购单、销售单	销售管理
审批商业信用	销售单	销售管理
供货与发运	销售单、发运凭证	仓库与发货管理
向客户开具账单	销售单、发运凭证、商品价目表、销售发票	销售管理
记录销售	销售发票及附件、转账凭证、收款凭证、销售明细账、应收账款明细账、库存现金和银行存款日记账、营业收入明细账	财务
办理账款的收取	汇款通知单、收款凭证、库存现金和银行存款日记账、月末客户对账单	财务
办理和记录销货退回、销售折扣与折让	贷项通知单、折扣与折让明细账	销售管理、财务、仓库与发货管理
注销坏账	坏账审批表	销售管理、财务
提取坏账准备	—	财务

7.2.4 销售与收款循环的内部控制

销售与收款循环的内部控制主要包括以下方面:

1. 职责分离控制

适当的职责分离有助于防止各种有意或无意的错误。一个企业销售与收款业务相关职责适当分离的基本要求通常包括:

(1)办理销售、发货、收款三项业务的部门(或岗位)分别设立。

(2)赊销批准职能与销售职能必须分离。

(3)企业在销售合同订立前,应当指定专门人员就销售价格、信用政策、发货及收款方式等具体事项与客户进行谈判,谈判人员至少应有两人以上,并与订立合同的人员相分离。

(4)销售人员应当避免接触销货现款及开具销售发票。

(5)坏账准备的计提与批准要相互分离,坏账的核销与批准要相互分离,等等。

2. 授权审批控制

销售发票和发货单须经企业有关负责部门和人员审批;顾客的内销要经过授权审计;销售价格、付款条件、运费和销售退回、折让与折扣等的确定要经过适当的授权批准;对确实无法收回的应收账款,按规定程序批准后,方可作为坏账处理。另外,对于超过企业既定销售政策和信用政策规定范围的特殊销售交易,需要经过适当的授权。

> **提示**
>
> 需要注意的是，注册会计师应当根据销售与收款授权批准制度的规定，在授权范围内进行审批，不得超越审批权限。

3. 会计记录控制

为实现各项控制目标，需要具备充分的记账手续、会计凭证和记录。例如，企业在收到客户订购单后，就立即编制一份预先编号的一式多联的销售单，分别用于批准赊销、审批发货、记录发货数量以及向客户开具账单和销售发票等，在这种情况下，只要定期清点销售单和销售发票，就基本上可以防止漏开账单的情形。又如，财务人员在记录销售交易之前，对相关的销售单、发运凭证和销售发票上的信息进行核对，以确保入账的营业收入是真实发生的、准确的。同时，对于应收账款总账、明细账以及营业收入的总账、明细账等，应定期进行核对，并定期检查确定账龄较长的欠款。

为了降低开具账单过程中出现遗漏、重复、错误计价或其他差错的风险，应设立以下控制程序：

（1）开具账单部门职员在开具每张销售发票之前，独立检查是否存在装运凭证和相应的经批准的销售单。

（2）依据已授权批准的商品价目表编制销售发票。

（3）独立检查销售发票计价和计算的正确性。

（4）将装运凭证上的商品总数与相对应的销售发票上的商品总数进行比较。

4. 凭证编号控制

对凭证应该进行预先连续编号，以防止销售以后遗漏向客户开具账单或登记入账，也可防止重复开具账单或重复记账。由收款员对每笔销售开具账单后，将发运凭证按顺序归档，而由另一位职员定期检查全部凭证的编号，并调查凭证缺号的原因。

5. 按月对账控制

由不负责现金出纳和销售及应收账款记账的人员按月向客户寄发对账单，能促使客户在发现应付账款余额不正确后及时反馈有关信息。

> **提示**
>
> 为了使这项控制更加有效，最好将账户余额中出现的所有核对不符的账项，指定一位不负责货币资金也不记载营业收入和应收账款项目的主管人员处理，然后由独立人员按月编制对账情况汇总报告，并交管理层审阅。

6. 内部核查控制

内部核查是指由内部审计人员或其他独立人员核查销售交易的处理和记录，是实现内部控制目标不可缺少的一项控制措施。销售与收款内部控制检查的主要内容包括：

（1）销售与收款交易相关岗位及人员的设置情况，重点检查是否存在销售与收款交易不相容职务混岗的现象。

（2）销售与收款交易授权批准制度的执行情况，重点检查授权批准手续是否健全，是否存在越权审批行为。

（3）销售的管理情况，重点检查信用政策、销售政策的执行是否符合规定。

（4）收款的管理情况，重点检查销售收入是否及时入账，应收账款的催收是否有效，坏账核销和应收票据的管理是否符合规定。

（5）销售退回的管理情况，重点检查销售退回手续是否齐全，退回货物是否及时入库。

【情景7-6】润亚会计师事务所对北京惠达家具厂进行审计时，注册会计师孙一文对惠达家具厂的销售与收款循环内部控制进行了解后得知：惠达家具厂发出产成品时，由销售部填制一式四联的出库单；仓库发出产成品后，将第一联出库单留存登记产成品卡片，第二联交销售部留存，第三、第四联交会计部会计人员张强登记产成品总账和明细账。分析上述情况有无不妥之处。

分析：会计人员张强同时登记产成品总账和明细账，不相容职务未进行分离，此情况不妥，建议该厂由不同的会计人员登记产成品总账和明细账。

7.2.5 销售与收款循环的控制测试

在对销售与收款循环的内部控制进行控制测试时，要首先了解每项业务活动的关键控制点。关键控制点是指未加控制就会产生错弊的关键环节，销售与收款循环涉及的业务活动中的关键控制点、防范的错报与控制测试如表 7-5 所示。

表 7-5　销售与收款循环的关键控制点与控制测试

主要业务活动	关键控制点	防范的错报	可能的控制测试
1. 接受顾客订单	（1）确定顾客在已批准的顾客清单上； （2）每次销售都有已批准的销售单	可能将商品销售给了未经授权的顾客	审查已批准的顾客清单和销售单
2. 批准信用	（1）信用部门须对所有新顾客做信用调查； （2）在销售前，检查顾客的信用额度； （3）要求被授权的信用部门人员在销售单上签署意见	承担了不适当的信用风险	（1）询问对新顾客做信用调查的程序； （2）核对信用额度与销售情况； （3）审查赊销信用是否经适当的授权批准
3. 按销售单发货、装运货	（1）发货、装运货都需有已批准的销售单； （2）按销售单发货和装运的职责相分离； （3）每次装运都编制装运凭证	（1）所发出、装运的货物可能和被订购的货物不符； （2）可能有未经授权的发出、装运货物	（1）观察发运、装运货物的职责分工情况； （2）审查装运凭证及独立稽核的证据
4. 开单给顾客	（1）每张发票须有与之相配合的装运凭证和已批准的销售单； （2）每张装运凭证须有与之相配合的销售发票； （3）由独立人员对销售发票的编制做内部核查	（1）可能对虚构的交易开单或重复开单； （2）有些装运凭证可能没有开账单； （3）销售发票可能计价错误	（1）将发票核对至装运凭证和已批准的销售单； （2）追查装运凭证至销售发票； （3）检查和计算发票的计价
5. 记录销售	（1）销售发票与销售账和顾客账的金额一致； （2）每月定期给顾客寄送对账单	（1）发票可能未入销售账和顾客账户； （2）发票可能过到错误的顾客账户	（1）复核独立检查证据； （2）观察月末对账单情况
6. 办理和记录现金、银行存款收入	（1）采用汇款通知单； （2）独立检查入账、过账的金额与每日现金汇总表的一致性； （3）定期编制银行存款余额调节表	（1）货币资金失窃； （2）收款记录错误	（1）核对发运凭证与相关的销售发票和主营业务收入明细账及应收账款中的分录； （2）审查银行存款余额调节表

（1）抽取一定数量的销售发票，作如下检查：

①检查发票是否连续编号，作废发票的处理是否正确。

②核对销售发票与销售订单、出库单所载明的品名、规格、数量、价格是否一致。

③检查销售发票中所列的数量、单价和金额是否正确。

④从销售发票追查至有关的记账凭证、明细账，确定被审计单位是否正确、及时地登记有关凭证和账簿。

（2）抽取一定数量的出库单，并与相关的销售发票进行核对，检查已发出的商品是否均已向顾客开出发票。

（3）抽取一定数量的销售调整业务的会计凭证，检查销售退回、折让、折扣和核准与会计核算。

①确定销售退回、折让与现金折扣是否经过

适当的授权，授权人与收款人的职责是否分离。

②检查销售退回与折让是否附有贷项通知单。

③检查退回的商品是否有验收报告，并将验收报告中的数量、金额与贷项通知单等进行核对。

（4）抽取一定期间的对账单与相应的应收账款明细账的余额进行核对，确定被审计单位是否定期与顾客对账。

（5）观察员工获得或接触资产、凭证和记录的途径，观察员工在执行授权、发货、开票等职责时的表现，确定被审计单位是否存在必要的职责分离、内部控制在执行过程中是否存弊端。

【情景7-7】润亚会计师事务所的注册会计师孙依和刘楠于2020年12月1—7日对北京惠达家具厂的销售和收款循环的内部控制进行了解和测试，并在相关审计工作底稿中记录了了解和测试的事项，其中一项为：会计人员王俐负责开具销售发票。在开具销售发票之前，王俐先取得仓库的发货记录和销售商品价目表，然后填写销售发票的数量、单价和金额。分析上述情况有无不妥之处。

分析：会计人员王俐开具销售发票不能只依据发货单和价目表，因为实际销售的数量和结算价格可能会与发货单上的数量以及价目表上的价格不一致。惠达家具厂会计人员王俐应先核对装运凭证和相应的经批准的销售单，并根据已授权批准的商品价格填写销售发票的价格，根据装运凭证上的数量填写销售发票的数量，再根据数量和价格计算出金额。

7.2.6 销售与收款循环主要项目审计

在完成控制测试之后，注册会计师基于控制测试的结果（即控制运行是否有效），确定从控制测试中已获得的审计证据及其保证程度，确定是否需要对具体审计计划中设计的实质性程序的性质、时间安排和范围作出适当调整。

销售与收款循环包括的项目有：营业收入、应收账款、坏账准备、应收票据、预收账款、应交税费、其他应交款项、营业税金及附加、销售费用等。下面对销售与收款循环中主要的项目审计进行详细阐述。

1. 营业收入审计

营业收入是企业在销售商品或者提供劳务等经营业务中实现的收入，包括基本业务收入和其他业务收入。营业收入审计是指对企业营业收入的真实性、合法性和正确性所进行的审查。

（1）营业收入审计目标。

营业收入项目核算企业在销售商品、提供劳务及让渡资产使用权等日常活动中所产生的收入。营业收入的审计目标主要包括：

①确定利润表中记录的营业收入是否已经发生，且与被审计单位有关（发生认定）；

②确定所有应当记录的营业收入是否均已记录（完整性认定）；

③确定与营业收入有关的金额及其他数据是否已经恰当记录，包括对销售退回、销售折扣与折让的处理是否适当（准确性认定）；

④确定营业收入是否已记录于正确的会计期间（截止认定）；

⑤确定营业收入是否已经按照会计准则的规定在财务报表中作出恰当的列报（与列报和披露相关的认定）。

（2）主营业务收入的一般实质性程序。

主营业务收入实质性程序通常包括以下几方面主要内容：

①获取或编制主营业务收入项目明细表，复核加计是否正确，并与报表数、总账数和明细账合计数核对是否相符。

②检查主营业务收入的确认条件、方法是否符合企业会计准则，前后期是否一致；关注周期性、偶然性的收入是否符合既定的收入确认原则、方法。

被审计单位确认销售的时点根据采取的销售方式而定。

Ⅰ. 采用交款提货销售方式，通常应于货款已收到或取得收取货款权利且已将发票账单和提货单交给购货单位时确认收入的实现。对此，注册会计师应着重检查被审计单位是否收到货款或取得收取货款的权利，发票账单和提货单是否已交付购货单位。应注意有无扣压结算凭证，将当期收入转入下期入账的现象，或者虚记收入、开具假发票、虚列购货单位，将当期未实现的收入虚转为收入记账，在下期予以冲销的现象。

【情景7-8】润亚会计师事务所负责审计北京惠达家具厂2020年的财务报表。注册会计师孙依监盘存货时，发现甲产品账面数量大于实际库存数量100吨，询问相关人员后得知该产品已开发票，且发票账单和提货单均已交给购货单位，双方约定15天后付款。对这些产品，惠达家具厂既没有保留继续管理权，也未对其实施控制。惠达家具厂以未收到货款为由，没有做任何会计处理。该产品销售单价为1 000元，单位成本为550元。请指出上述账务处理中存在的问题，并作出审计调整分录。

分析：根据《企业会计准则》的规定，采用交款提货销售方式，应于货款已收到或取得收取货款权利且已将发票账单和提货单交给购货单位时确认收入的实现。因此，该交易符合收入确认条件，应确认为当期销售。注册会计师孙依应提请惠达家具厂调整报表。审计调整分录为：

借：应收账款　　　　　　　　　117 000
　　贷：营业收入（主营业务收入）100 000
　　　　应交税费——应交增值税
　　　　　（销项税额）　　　　　17 000
借：营业成本（主营业务成本）　55 000
　　贷：存货（库存商品）　　　　55 000

Ⅱ．采用预收账款销售方式，在商品已经发出时，确认收入的实现。对此，注册会计师应重点检查被审计单位是否收到了货款，商品是否已经发出。应注意是否存在对已收货款并已将商品发出的交易不入账、转为下期收入，或开具虚假出库凭证、虚增收入等现象。

【情景7-9】润亚会计师事务所负责审计北京惠达家具厂2020年的财务报表。注册会计师王婷审计时发现，有一笔预收大风公司117 000元的货款，产品已发出，成本为45 000元，但惠达家具厂没有做任何账务处理。请指出上述账务处理中存在的问题，并作出审计调整分录。

分析：根据《企业会计准则》的规定，采用预收账款销售方式，应于商品已经发出时确认收入的实现。由于该笔交易货物已经发出，相关的风险和报酬已经转移，符合收入的确认条件，应当确认销售收入实现。注册会计师王婷应提请惠达家具厂调整报表。审计调整分录为：

借：预收款项（预收账款）　　　117 000
　　贷：营业收入（主营业务收入）100 000
　　　　应交税费——应交增值税
　　　　　（销项税额）　　　　　17 000
借：营业成本（主营业务成本）　45 000
　　贷：存货（库存商品）　　　　45 000

Ⅲ．采用托收承付结算方式，通常应于商品已经发出、劳务已经提供，并已将发票账单提交银行、办妥收款手续时确认收入的实现。对此，注册会计师应重点检查被审计单位是否发货，托收手续是否办妥，货物发运凭证是否真实，托收承付结算回单是否正确。

Ⅳ．采用分期收款方式，按合同约定的收款日期分期确认收入。审计人员应审查本期是否收到货款，查明合同约定的本期应收款日期是否真实，是否存在已实现的收入不入账、少入账或缓入账的情况。

Ⅴ．采用委托其他单位代销方式，应在代销商品已经销售，并收到供销清单时确认收入实现。注册会计师应查明有无编制虚假代销清单、虚增本期收入的情况。

（3）实施实质性分析程序。

注册会计师应实施分析程序，检查主营业务收入是否有异常变动和重大波动，从而在总体上对主营业务收入的真实性作出初步判断。注册会计师通常按以下程序实施实质性分析：

第一步，针对已识别需要运用分析程序的有关项目，并基于对被审计单位及其环境的了解，进行以下比较：①将本期的主营业务收入与上期的营业收入、销售预算或预测数等进行比较，分析营业收入及其构成的变动是否异常，并分析异常变动的原因；②计算本期重要产品的毛利率，与上期或预算或预测数据比较，检查是否存在异常，各期之间是否存在重大波动，查明原因；③比较本期各月各类营业收入的波动情况，分析其变动趋势是否正常，查明异常现象和重大波动的原因；④将本期重要产品的毛利率与同行业企业进行对比分析，检查是否存在异常；⑤根据增值税专用发票或普通发票估算全年收入，与实际收入金额比较。

第二步，确定可接受的差异额。

第三步，将实际的情况与期望值相比较，识别需要进一步调查的差异。

第四步，如果其差额超过可接受的差异额，调查并获取充分的解释和恰当的审计证据。

第五步，评估分析程序的测试结果。

（4）核对主营业务收入相关交易的原始凭证与会计分录。

以主营业务收入明细账中的会计分录为起点，检查相关原始凭证如订购单、销售单、发运凭证、发票等，以评价已入账的主营业务收入是否真实发生。检查订购单和销售单，用以确认存在真实的客户购买要求、销售交易已经过适当的授权批准。审计人员应该获取产品价格目录，从销售发票中选取样本，将其单价与经批准的产品价格目录进行比较，并分析价格的合理性，并注意销售给关联方或关系密切的重要客户的产品价格是否合理，有无以低价或高价结算的方法相互之间转移利润的现象。

> **提示**
>
> 注册会计师应将抽取的主营业务收入与应收账款明细账、现金或银行存款日记账、产成品明细账进行核对，以进一步确定发货日期、销售数量、品名、单价、金额等是否相符。

（5）实施销售的截止测试。

截止测试是实质性测试中常用的一种具体审计技术，广泛应用于货币资金、往来款项、存货、营业收入和期间费用等许多会计报表项目的审计中，尤其在主营业务收入项目中的运用更为典型。对营业收入实施截止测试，其目的主要在于确定被审计单位主营业务收入的会计记录归属期是否正确，应记入本期或下期的主营业务收入是否被推延至下期或提前至本期。

根据收入确认原则，注册会计师在审计中应该注意把握三个与主营业务收入确认有着密切关系的日期：一是发票开具日期或者收款日期；二是记账日期；三是发货日期（服务业则是提供劳务的日期）。主营业务收入截止测试的关键就是检查上述三个日期是否归属于同一适当会计期间。

在审计实务中，注册会计师可以考虑选择三条审计路径实施主营业务收入的截止测试。

一是以账簿记录为起点。从资产负债表日前后若干天的账簿记录查至记账凭证，检查发票存根与发运凭证，目的是证实已入账的收入是否在同一期间已开具发票并发货，有无多计收入。这种方法主要是审查是否多计收入。

二是以销售发票为起点。从资产负债表日前后若干天的发票存根查至发运凭证与账簿记录，确定已开具发票的货物是否已发货并于同一会计期间确认收入。这种方法主要是审查是否少计收入。

三是以发运凭证为起点。从资产负债表日前后若干天的发运凭证查至发票开具情况与账簿记录，确定营业收入是否已记入恰当的会计期间。这种方法主要是审查是否少计收入。

> **提示**
>
> 在审计实务中，根据实际情况，审计人员可以考虑综合选择三条审计路径实施营业收入的截止测试。

【情景7-10】润亚会计师事务所接受委托，对北京惠达家具厂2020年度的财务报表进行审计。惠达家具厂为增值税一般纳税人，增值税税率17%。为了确定惠达家具厂的销售业务是否记录于恰当的会计期间，注册会计师王坚决定对销售进行截止测试，如表7-6所示。

表 7-6 截止测试的简化工作底稿

销售发票号	销售收入	记入销售明细账日期	发运日	发票日	销售成本
7632	11 万元	2020 年 12 月 30 日	2020 年 12 月 28 日	2020 年 12 月 28 日	7 万元
7633	14 万元	2020 年 12 月 30 日	2020 年 1 月 3 日	2021 年 1 月 4 日	8 万元
7634	9 万元	2020 年 12 月 31 日	2021 年 1 月 4 日	2021 年 1 月 5 日	5.1 万元
7635	21 万元	2021 年 1 月 2 日	2020 年 12 月 31 日	2020 年 12 月 31 日	12.5 万元
7636	9 万元	2021 年 1 月 4 日	2021 年 1 月 3 日	2021 年 1 月 4 日	5 万元
7637	6 万元	2021 年 1 月 6 日	2021 年 1 月 5 日	2021 年 1 月 6 日	4.2 万元

要求：

（1）根据上述资料，指出注册会计师王坚所执行的截止测试的具体方法及其目的。

（2）根据上述资料，分析惠达家具厂是否存在提前入账的问题。如果有，请编制调整分录。

（3）根据上述资料，分析惠达家具厂是否存在推迟入账的问题，并简要说明理由。

分析：

（1）注册会计师王坚执行的截止测试的具体方法是从资产负债表日前后若干天的主营业务收入明细账记录追查至记账凭证，检查发票存根和发运凭证，目的是证实已经入账的收入是否在同一期间开具发票并发货，有无多计收入或漏计收入的情况。

（2）在惠达家具厂的主营业务收入明细账中，2020 年 12 月 30 日（发票号：7633）和 2020 年 12 月 31 日（发票号：7634）属于提前入账的销售业务。审计调整分录为：

借：营业收入（主营业务收入） 230 000
　　应交税费——应交增值税
　　　　（销项税额） 39 100
　贷：应收账款 269 100
借：存货（库存商品） 131 000
　贷：营业成本（主营业务成本） 131 000

（3）惠达家具厂不一定存在推迟入账的问题。尽管通过测试发现 2021 年 1 月 2 日入账的销售业务的发票存根和发运凭证上的日期均为 2020 年 12 月 31 日，但这并不能完全表明该项销售业务已经符合确认收入的条件。注册会计师王坚还应结合具体情况，确定是否应在 2020 年 12 月 31 日将这项业务确认为收入。如果在 2020 年未能确认为收入，则惠达家具厂存在推迟确认收入的问题；否则，就不存在推迟确认收入的问题。

（6）检查销售退回、折让与折扣。

注册会计师应注意检查销售退回、折让与折扣业务是否真实，内容是否完整，相关手续是否符合规定，折扣与折让的数额计算是否正确，会计处理是否恰当。对于销售退回，还应结合相关原始凭证检查其会计处理是否正确，结合存货项目审计关注其真实性。

（7）检查有无特殊的销售行为。

对于特殊的销售行为，如附有销售退回条件的商品销售、委托代销、售后回购、以旧换新、商品需要安装和检验的销售、分期收款销售、出口销售、售后租回等，应分别选择恰当的审计程序进行审核。

①附有销售退回条件的商品销售：如果对退货部分能做合理估计，应确定其是否按估计不会退货部分确认收入；如果对退货部分不能做合理估计，应确定其是否在退货期满时确认收入。

②售后回购：分析特定销售回购的实质，判断其属于真正的销售交易还是融资行为。

③以旧换新销售：确定销售的商品是否按照商品销售的方法确认收入，回收的商品是否作为购进商品处理。

④出口销售，根据交易的定价和成交方式，并结合合同中有关货物运输途中风险承担的条款，确定收入确认的时点和金额。

（8）确认营业收入在利润表上是否恰当披露。

注册会计师应审查利润表上的营业收入项目，数字是否与审定数相符，营业收入确认所采用的会计政策是否已在财务报表附注中披露。

2. 应收账款审计

应收账款是指企业因销售商品、产品或提供劳务而形成的债权，即由于企业销售商品、产品或提供劳务等原因应向购货客户或接受劳务的客户收取的款项或代垫的运杂费，这是企业在信誉活动中所形成的各种债权性资产。应收账款审计是企业财务审计中一项非常重要的内容。加强企业的应收账款审计，是做好资产、负债、损益审计工作的主要内容之一，这对于加速企业资金周转、减少资金占用、提高资金利用率、促进资产保值增值都具有重要意义。

> **提示**
> 企业的应收账款是在销售交易或提供劳务过程中产生的。因此，应收账款的审计应结合销售交易来进行。一方面，收入的"发生"认定直接影响应收账款的"存在"认定；另一方面，由于应收账款代表了尚未收回货款的收入，通过审计应收账款获取的审计证据也能够为收入提供审计证据。

（1）应收账款审计目标。

应收账款的审计目标一般包括以下几方面：

①确定资产负债表中记录的应收账款是否存在（存在认定）。

②确定所有应当记录的应收账款是否均已记录（完整性认定）。

③确定记录的应收账款是否被审计单位拥有或控制（权利和义务认定）。

④确定应收账款是否可收回，坏账准备的计提方法和比例是否恰当，计提是否充分（计价和分摊认定）。

⑤确定应收账款及其坏账准备是否已按照《企业会计准则》的规定在财务报表中作出恰当列报（与列报和披露相关的认定）。

（2）应收账款实质性测试程序。

应收账款实质性测试程序的内容通常包括以下几方面：

①取得或编制应收账款明细表。

②复核加计正确，并与总账数和明细账合计数核对是否相符。

> **提示**
> 在取得或编制应收账款表时应当注意：应收账款报表数是应收账款的净额。因此，与报表数核对时，应结合坏账准备科目。

（3）分析相关财务指标。

①复核应收账款借方累计发生额与营业收入关系是否合理，并将当期应收账款借方发生额占销售收入净额的百分比与管理层考核指标和被审计单位相关赊销政策比较；如存在异常，应查明原因。

②计算应收账款周转率、应收账款周转天数等指标，并与被审计单位相关赊销政策、被审计单位以前年度指标、同行业同期相关指标进行对比分析，检查是否存在重大异常。

（4）分析应收账款的账龄。

应收账款的账龄是指资产负债表中的应收账款从销售实现、产生应收账款之日起，至资产负债表日止所经历的时间。注册会计师可以通过获取或编制应收账款账龄分析表来分析应收账款的账龄，以便了解应收账款的可收回性。编制应收账款账龄分析表时，可以考虑选择重要的客户及其余额列示，而将不重要的或余额较小的汇总列示。应收账款账龄分析表的合计数减去已计提的相应坏账准备后的净额，应该等于资产负债表中的应收账款项目余额。

（5）向债务人函证应收账款。

函证是指注册会计师直接从第三方（被询证者）获取书面答复作为审计证据的过程。

函证应收账款的目的在于证实应收账款账户余额的真实性、正确性，防止或发现被审计单位及其有关人员在销售交易中发生的错误或舞弊行为。通过函证应收账款，可以比较有效地证明被询证者（即债务人）的存在和被审计单位记录的可靠性。

提示

除非有充分证据表明应收账款对被审计单位的财务报表而言是不重要的或者函证很可能是无效的，否则，注册会计师应当对应收账款进行函证。

提示

如果采用积极的函证方式实施函证而未能收到回函，审计人员应发出第二封甚至第三封询证函，如果仍然得不到答复，应考虑采用必要的替代审计程序。

①函证的对象。

一般情况下，注册会计师应选择以下项目作为函证对象：大额或账龄较长的项目；与债务人发生纠纷的项目；关联方项目；主要客户（包括关系密切的客户）项目；交易频繁但期末余额较小甚至余额为零的项目；可能产生重大错报或舞弊的非正常的项目。

②总结和评价函证结果。

注册会计师应将函证的过程和情况记录在工作底稿中，并据以总结和评价应收账款情况。

如果函证结果表明没有审计差异，则注册会计师可以合理地推论全部应收账款总体上是正确的。

如果函证结果表明存在审计差异，注册会计师则应当估算应收账款总额中可能出现的累计差错是多少，估算未被选中进行函证的应收账款的累计差错是多少，同时还要寻找产生差异的原因，并要求被审计单位作适当调整。通常，产生差异的原因主要有三方面：一是双方登记入账的时间不同；二是其中一方或双方记账错误；三是虚列应收账款。

③函证的控制。

注册会计师应当将询证函回函作为审计证据，纳入审计工作底稿管理，询证函回函的所有权归属其所在会计师事务所。

【情景7-11】 润亚会计师事务所接受委托，审计北京惠达家具厂2020年度的财务报表。注册会计师孙净了解和测试了与应收账款相关的内部控制，并将控制风险评估为高水平。孙净取得2020年12月31日的应收账款明细表后，于2021年1月13日采用肯定式函证方式向所有重要客户寄发了询证函。孙净将与函证结果相关的重要异常情况汇总如表7-7所示。

表7-7 与函证结果相关的重要异常情况汇总

异常情况	函证编号	客户名称	金额（元）	回函日期	回函内容
1	10	甲	150 000	2021年1月22日	购买阳光公司150 000元货物属实，但款已于2020年12月28日用支票支付
2	26	乙	400 000	2021年1月23日	因产品质量不符合要求，根据合同，于2020年12月30日将货物退回
3	48	丙	450 000	地址错误，被邮局退回	

对于上述异常情况，孙净应分别相应实施哪些重要审计程序？

分析：对于甲客户的应收账款，应查找惠达家具厂2020年12月28日银行存款到账通知单，核对银行存款日记账，确认应收账款是否收回。

对于乙客户的应收账款，应检查惠达家具厂2020年12月30日的货物验收入库单，并向乙公司索要退回货物的发运凭证。同时，应核对库存商品日记账。

对于丙客户的应收账款，应再次核对惠达家具厂关于丙客户的应收账款情况和其他相关资料，再次发函询证；若仍然被退回，则检查销售业务确认的原始凭证和相关会计资料。

（6）检查未函证应收账款。

对于未函证的应收账款，或者未收到被询证方的回函，注册会计师应当实施替代审计程序，例如：

①检查资产负债表日后收回的货款。需要注意的是，注册会计师不能仅查看应收账款的贷方发生额，还要查看相关的收款单据，以证实付款方确为该客户，且确与资产负债表日的应收账款相关。

②检查相关的销售合同、销售单、发运凭证等文件。注册会计师需要根据被审计单位的收入确认条件和时点，确定能够证明收入发生的凭证。

③检查被审计单位与客户之间的往来邮件，如有关发货、对账、催款等事宜的邮件。

（7）检查坏账的确认和处理。

首先，注册会计师应检查有无债务人破产或者死亡的，以及破产或以遗产清偿后仍无法收回的，或者债务人长期未履行清偿义务的应收账款。其次，应检查被审计单位坏账的处理是否经授权批准，有关会计处理是否正确。

（8）抽查有无不属于结算业务的债权。

不属于结算业务的债权，不应在应收账款中进行核算。不属于结算业务的债权是指与销售商品、提供劳务无关的债权，比如其他应收款、应收利息、应收股利、应收补贴款等都是不属于结算业务的债权。注册会计师应抽查应收账款明细账，并追查有关原始凭证，查证被审计单位有无不属于结算业务的债权。如有，应建议被审计单位作适当调整。

（9）确定已收回的应收账款金额。

请被审计单位协助，在应收账款账龄明细表中标出至审计时已收回的应收账款金额，对已回金额较大的款项进行常规检查。

提示

对已收回金额较大的款项进行常规检查，通常包括核对收款凭证、银行对账单、销货发票，同时注意凭证发生日期的合理性，分析收款时间是否与合同相关要素一致。

（10）分析应收账款明细账余额。

应收账款明细账的余额一般在借方。在分析应收账款明细账余额时，注册会计师如果发现应收账款出现贷方明细余额的情形，应查明原因，必要时建议作重分类调整。比如，如果被审计单位没有设置"预收账款"账户，则收到的预收款项会在"应收账款"贷方核算，此种情况下可能出现"应收账款"贷方余额。如果被审计单位单独设置"预收账款"账户，那么"应收账款"贷方出现余额就是不正常的，因此需要查明原因。如果是非正常情况，则需要建议被审计单位调整账户。

（11）确定应收账款的列报是否恰当。

财务报表附注通常应披露期初、期末余额的账龄分析，期末欠款金额较大的单位账款等情况。

3. 坏账准备的实质性程序

坏账准备实质性程序的主要内容通常包括以下几方面：

（1）取得或编制坏账准备明细表，复核加计是否正确，与坏账准备总账数、明细账合计数核对是否相符。

（2）将应收账款坏账准备本期计提数与资产减值损失相应明细项目的发生额核对是否相符。

（3）检查应收账款坏账准备计提和核销的批准程序，取得书面报告等证明文件，评价计提坏账准备所依据的资料、假设及方法。

（4）实际发生坏账损失的，检查转销依据是否符合有关规定、会计处理是否正确。

（5）已经确认并转销的坏账重新收回的，检查其会计处理是否正确。

（6）检查函证结果。对债务人回函中反映的例外事项及存在争议的余额，审计人员应查明原因并做记录。必要时，应建议被审计单位作相应的调整。

（7）实施分析程序。通过比较前期坏账准备计提数和实际发生数，以及检查期后事项，评价应收账款坏账准备计提的合理性。

（8）确定应收账款坏账准备的披露是否恰当。企业应当在财务报表附注中清晰地说明坏账的确认标准、坏账准备的计提方法和计提比例。

任务 7.3 生产与存货循环审计

7.3.1 生产与存货循环简述

原材料的采购入库在采购与付款循环中涉及，产成品的出库销售在销售与收款循环中涉及，生产与存货循环侧重于原材料入库后至产成品发出之间的业务活动。因此，生产与存货循环涉及的内容主要是存货的管理及费用归集和生产成本的计算等。该循环所涉及的资产负债表项目主要是存货、应付职工薪酬等，所涉及的利润表项目主要是营业成本等。

7.3.2 生产与存货循环涉及的主要凭证和会计记录

在内部控制比较健全的企业，处理生产和存货业务通常需要使用很多单据与会计记录。典型的生产与存货循环所涉及的主要单据与会计记录有以下几种：

1. 生产通知单

生产通知单也称为"生产任务通知单"，即生产指令，是企业下达制造产品等生产任务的书面文件，用以通知供应部门组织材料发放，生产车间组织产品制造，会计部门组织成本计算。

2. 领发料凭证

领发料凭证是企业为控制材料发出所采用的各种凭证，如材料发出汇总表、领料单、限额领料单、领料登记簿、退料单等。材料发出汇总表、领料单、限额领料单、领料登记簿、退料单等都属于领发料凭证，是企业为控制材料发出所采用的各种凭证。

3. 产量和工时记录

产量和工时记录是登记工人或生产班组在出勤时间内完成产品数量、质量和生产这些产品所耗工时数量的原始记录。常见的产量和工时记录主要有工作通知单、工序进程单、工作班产量报告、产量通知单、产量明细表、废品通知单等。

4. 工薪汇总表及工薪费用分配表

工薪汇总表及工薪费用分配表是企业进行工薪费用分配的依据。工薪汇总表是为了反映企业全部工薪的结算情况，并据以进行工薪总分类核算和汇总整个企业工薪费用而编制的。工薪费用分配表反映了各生产车间各产品应负担的生产工人工薪及福利费。

5. 材料费用分配表及制造费用分配汇总表

材料费用分配表是用来记录多种产品之间分配共耗材料费用的分配标准、分配率及分配金额的原始凭证。制造费用分配汇总表是用来汇总记录生产车间各受益对象应负担制造费用金额的原始凭证。

6. 成本计算单

成本计算单是用来归集某一成本计算对象所应承担的生产费用、计算成本计算对象的总成本和单位成本的记录。

7. 产成品、半成品出入库凭据

产成品、半成品出入库凭据主要包括半成品入库单、半成品转移单、半成品出库单、产成品验收单、产成品入库单、产成品出库单等。半成品入库单是指经过一定生产过程并已检验合格但

尚未制造完工成为产成品，仍需进一步加工的中间产品，交付半成品仓库保管时填制的原始凭证。半成品转移单是指上一生产步骤完工的半成品直接转入下一生产步骤继续加工过程中填制的原始凭证证明上一生产部门和下一生产部门之间存在移交半成品的行为。半成品出库单，是指为加工产成品而领用已经入库的半成品时填制的原始凭证。产成品验收单是验收完工产品时所编制的凭证，列示加工合格的产品的种类和数量等内容。产成品入库单是产品生产完成并经检验合格后从生产部门转入仓库的凭证。产成品出库单是根据经批准的销售单发出产成品的凭证。

8. 存货明细账

存货明细账是用来反映各种存货增减变动情况和期末库存数量及相关成本信息的会计记录。

9. 存货盘点凭据

存货盘点凭据主要包括存货盘点指令、盘点表和盘点标签。存货盘点指令通常是企业管理人员编制的，对存货盘点的时间、人员、流程及后续处理等方面做出安排的书面文件。存货盘点表是在盘点过程中记录盘点结果的书面文件。存货盘点标签是对已盘点存货及数量作出的标识。

> **提示**
> 上述会计记录涉及的单据，可能因被审计单位的不同而存在不同的名称。

7.3.3 生产与存货循环的主要业务活动

生产与存货循环由原材料转化产成品的有关活动组成，所涉及的主要业务活动包括：

1. 计划和安排生产

生产计划部门根据顾客订购单或者对销售预测和产品需求的分析决定是否进行生产授权。如果决定授权生产，需签发生产通知单。生产通知单应预先连续编号并加以记录控制。

> **提示**
> 在计划和安排生产时，还需要编制一份材料需求报告，列示所需要的材料和零件及其库存。

2. 发出原材料

仓库部门根据从生产部门收到的领料单发出原材料。领料单上必须列示所需的材料数量和种类，以及领料部门的名称。领料单可以一料一单，也可以多料一单，通常需一式三联，一联交给领料部门，一联留在仓库登记材料明细账，一联交会计部门进行材料收发核算和成本核算。

3. 生产产品

生产部门在收到生产通知单并领取原材料后，将生产任务分解到每一个生产工人，并将所领取的原材料交给生产工人执行生产任务。完成生产任务后，生产工人将完成的产品交生产部门查点，然后转交检验员验收并办理入库手续，或是将所完成的产品移交下一个部门作进一步加工。

4. 核算产品成本

生产过程中的各种记录、生产通知单、领料单、计工单、入库单等文件资料都要汇集到会计部门，由会计部门对其进行核算和控制。根据企业实际情况，成本会计制度可以很简单，只在期末记录存货余额；成本会计制度也可以很完善，持续记录所有材料处理、在产品和产成品，并形成对成本差异的分析报告。

提示

如果是完善的标准成本会计制度，应该提供原材料转为在产品、在产品转为产成品，以及按成本中心、分批次生产任务通知单或生产周期消耗的材料、人工和间接费用的分配与归集的详细资料。

5. 入库及储存产成品

经过验收部门验收后的产成品入库，须由仓库部门先行点验和检查，然后签收。签收后，将实际入库数量通知会计部门。据此，仓库部门确立了应承担的责任，并验证了验收部门的工作。仓库部门应根据产成品的品质特征对其进行分类存放，并填制标签。

6. 发出产成品

产成品的发出须由独立的发运部门进行。装运产成品时必须持有经核准的发运通知单，并据此编制出库单。出库单一般一式四联，一联交仓库部门，一联由发运部门留存，一联送交顾客，一联作为给顾客开发票的依据。

7. 盘点存货

管理人员编制盘点指令，安排适当人员对所有类别的存货实物进行定期盘点，将盘点结果与存货账面数量进行核对，调查差异并进行适当调整。

8. 计提存货跌价准备

企业财务部门应根据存货货龄分析表信息及相关部门提供的有关存货状况的信息，结合存货盘点过程中对存货状况的检查结果，对出现损毁、滞销、跌价等降低存货价值的情况进行分析计算，计提存货跌价准备。

生产与存货循环主要业务活动及会计记录如表 7-8 所示。

表 7-8　生产与存货循环主要业务活动及会计记录表

主要业务活动	对应的凭证与会计记录	相关主要部门
1. 计划和安排生产	生产通知单	生产计划部门
2. 发出原材料	材料发出汇总表、领料单、限额领料单、领料登记簿、退料单	仓库部门
3. 生产产品	生产通知单、生产加工指令单、产量和工时记录	生产部门
4. 核算产品成本	生产通知单、领料单、记工单、入库单、成本计算单、工薪汇总表及工薪费用分配表、材料费用分配表、制造费用分配总表、存货明细账	会计部门
5. 储存产成品	半成品入库单、半成品转移单、半成品出库单、产品验收单、产品入库单	仓库部门
6. 发出产成品	发运通知单、出库单	发运部门
7. 盘点存货	存货盘点指令、盘点表、盘点标签	仓库部门 生产部门
8. 计提存货跌价准备	存货可变现净值计算表、存货明细账	会计部门

7.3.4　生产与存货循环的内部控制

对于大部分被审计单位而言，生产与存货循环的内部控制主要包括以下内容：

（1）应根据经审批的月度生产计划书，由生产计划经理签发预先按顺序编号的生产通知单。

（2）领料单应当经生产主管批准，仓库管理员凭经批准的领料单发料；领料单一式三联，分别为生产部门存根联、仓库联和财务联。仓库管理员应及时进行记录，把领料单编号、领用数量、规格等信息输入计算机系统，经仓储经理复核并以电子签名的方式确认后，系统自动更新材料明细台账。

（3）生产部门记录生产各环节所耗用工时数，包括人工工时数和机器工时数，并将工时信息输入生产记录日报表。生产成本记账员应根据原材料领料单（财务联），编制原材料领用日报表，与计算机系统自动生成的生产记录日报表核对材料耗用和流转信息；由会计主管审核无误后，生成记账凭证并过账至生产成本及原材料明细账和总分类账。每月末，由生产车间与仓库核对原材料和产成品的转出和转入记录；如有差异，仓库管理员应编制差异分析报告，经仓储经理和生产经理签字确认后，交会计部门进行调整。每月末，由计算机系统进行生产成本的各种分配，并生成产品成本计算表和生产成本分配表；由生产成本记账员编制成生产成本结转凭证，经会计主管审核批准后进行账务处理。

（4）产成品入库时，质量检验员应检查并签发预先按顺序编号的产成品验收单，由生产小组将产成品送交仓库，仓库管理员应检查产成品验收单，并清点产成品数量，填写预先顺序编号的产成品入库单，经质检经理、生产经理和仓储经理签字确认后，由仓库管理员将产成品入库单信息输入计算机系统，计算机系统自动更新产成品明细台账并与采购订购单编号核对。

> **提示**
>
> 存货应存放在安全的环境中，未经授权的工作人员不得接触及处理存货。

（5）产成品出库时，由仓库管理员填写预先顺序编号的出库单，并将产成品出库单信息输入计算机系统，经仓储经理复核并以电子签名的方式确认后，计算机系统自动更新产成品明细台账并与发运通知单编号核对。产成品装运发出前，由运输经理独立检查出库单、销售订购单和发运通知单，确定从仓库提取的商品附有经批准的销售订购单，并且所提取商品的内容与销售订购单一致。每月末，生产成本记账员根据计算机系统内状态为"已处理"的订购单数量编制销售成本结转凭证，结转相应的销售成本，经会计主管审核批准后进行账务处理。

（6）在进行存货盘点时，不能由负责保管存货的人员单独负责盘点存货，并要安排不同的工作人员分别负责初盘和复盘。盘点表和盘点标签事先连续编号，发放给盘点人员时登记领用人员；盘点结束后回收并清点所有已使用和未使用的盘点表和盘点标签。汇总盘点结果时，应与存货账面数量进行比较，调查分析差异原因，并对认定的盘盈和盘亏提出账务调整，经仓储经理、生产经理、财务经理和总经理复核批准后入账。

（7）生产部门和仓储部门应每月上报"残、冷、背、次"存货明细，采购部门和销售部门每月上报原材料和产成品最新价格信息，财务部门据此分析存货跌价风险，并定期计算存货可变现净值，进而计算存货跌价准备，由财务经理和总经理复核批准入账。

【情景7-12】北京惠达家具厂关于原料的购入、验收、储存、发出等程序的内部控制制度摘录如下：

（1）原料存放于加锁的仓库内，库房人员包括一名主管和四名保管人员。生产车间以口头通知的形式从仓库领取材料。

（2）公司未建立永续盘存制度，因此仓库保管人员未记录原料的发出，而是每月通过实地盘点存货的方式来倒算本期的发出存货，存货盘点的程序比较完善。

（3）实地盘点结束后，仓库主管将盘点数量与预先确定的再订货点进行比较。如果某一原料数量低于再订货点，主管就将这种原料编号写在请购单上，然后送交采购部门，由采购部门负责材料的选购。

（4）在采购的原料运到公司时，由仓库保管员进行验收、清点，并与送货单上注明的数量、品种、规格进行核对。

要求：指出北京惠达家具厂上述内部控制制度中存在的缺陷。

分析：

（1）从仓库领取材料，必须以书面通知为准，不能以口头通知代替。

（2）对于存货管理，必须建立永续盘存制度，详细记录材料的收发存情况，否则容易出现存货被偷被盗、监守自盗、责任不清的情况。

（3）由于只在月末进行盘点，因此，在确定再订货时点时很可能不恰当，从而造成缺货而影响生产的正常进行。应当在建立永续盘存记录的基础上，将存货的账存数量与再订货点进行比较，以此来确定再订货的时点及其数量。

（4）物资在验收入库之前，应当由质量检验部门进行检验。只有验收合格的物资才能办理入库手续。

7.3.5 生产与存货循环的控制测试

测试生产与存货循环内部控制是在了解与描述的基础上，对其在实际业务中的执行与实施情况和过程进行检查和观察，以确定制定的内部控制与实际执行的是否相符与一致。审计人员对生产与费用循环进行控制测试的程序主要有：

（1）检查凭证中的生产指令、领料单、工薪等是否经过授权；检查存货入库是否有严格的验收手续，是否与合同和原始单证进行详细核对；检查存货的发出是否按规定办理，有无不按规定发出存货的情况。

（2）检查有关成本的记账凭证是否附有生产通知单、领发料凭证、产量和工时记录、工薪费用分配表、材料费用分配表、制造费用分配表等，原始凭证的顺序编号是否完整。

（3）询问和观察存货与记录的接触控制以及相应的批准程序。

（4）询问和观察存货盘点程序。

（5）询问和观察存货的保管程序，观察是否只有经过授权批准的人员才能接近存货。

（6）检查已经发生的存货购进、领用、发出的业务是否全部入账，有无没有入账的原始凭证。

（7）检查各种费用的归集和分配以及成本的计算是否正确，是否按照规定的成本核算流程进行核算和账务处理。

（8）检查是否所有已发生的料、工、费的耗费均已及时准确地计入生产成本，有无未入账的原始凭证。

（9）检查记录的工薪是否实际发生。检查当期实际发生的工薪支出是否全部计入成本；工资分配表、工资汇总表是否完整反映实际已发生的工薪支出。

（10）询问和观察人事、考勤、工薪发放、记录等职务是否相互分离，以及各项职责的执行情况。

【情景7-13】北京惠达家具厂是瑞实会计师事务所的常年审计客户，注册会计师孙依是惠达家具厂2020年度财务报表审计业务的项目合伙人。注册会计师孙依将了解到的惠达家具厂的内部控制情况记录在审计工作底稿中，部分内容摘录如下：

（1）根据经理审批的月度生产计划书，由生产经理签发预先按顺序编号的生产通知单。

（2）由质量控制人员检查每一生产阶段完工的存货，以确保其在送达产成品仓库前符合质量标准。

（3）会计部门的成本会计人员根据收到的生产通知单、领料单、计工单、入库单等文件资料，在月末编制原材料、人工与制造费用的分配表，以及完工产品与在产品成本分配表，并据以核算成本和登记相关账簿。

（4）由独立的装运部门装运货物，装运部门收到发运通知后，装运产成品出库。

（5）会计部门的人员在收到出库单、销售发票等后，编制结转成本的会计分录，登记相应明细账。

（6）产成品仓库分别于每月、每季和年度终了，对产成品存货进行盘点，由会计部门对盘点结果进行复盘。仓库管理员编写产成品存货盘点明细表，发现差异及时处理，经仓储经理和生产经理复核后调整入账。

针对所述的内部控制，阐述注册会计师孙依应当实施的控制测试程序。

分析：

（1）抽取并检查生产通知单是否经过授权，编号是否连续。

（2）检查接收完工产品到产成品仓库的证据。

（3）抽取记录生产成本的凭证，测试各种费用的归集和分配以及成本的计算，测试是否按照规定的成本核算流程和账务处理流程进行核算和账务处理。

（4）选取出库单，看是否有相应的发运通知单，询问和观察发运是否由独立的发运部门负责。

（5）抽取销售成本结转凭证，检查与支持性文件是否一致并适当复核。

（6）抽取产成品存货盘点报告并检查是否经适当层次复核，有关差异是否得到处理。

7.3.6 生产与存货循环主要项目审计

生产与存货循环包括的项目主要有：存货、应付职工薪酬、物资采购、原材料、周转材料、库存商品、材料成本差异、存货跌价准备、管理费用等。下面对存货项目和应付职工薪酬项目的审计进行详细阐述。

1. 存货审计

存货审计是指对存货增减变动及结存情况的真实性、合法性和正确性进行的审计。存货审计直接影响着财务状况的客观反映，对于揭示存货业务中的差错弊端、保护存货的安全完整、降低产品成本和费用、提高企业经济效益等，都具有十分重要的意义。

（1）存货审计目标。

存货项目的审计目标主要包括：

①确定账面余额对应的存货是否真实存在（存在认定）。

②确定存货是否属于被审计单位（权利和义务认定）。

③确定属于被审计单位的存货是否均已入账（完整性认定）。

④确定存货的计价方法和期末余额是否恰当、正确；存货的账面价值是否可以实现（计价和分摊认定）。

⑤确定存货在财务报表上的披露是否恰当（与列报和披露相关的认定）。

（2）存货的实质性测试程序。

存货的实质性测试程序通常包含以下几方面的内容：

①获取或编制存货明细表。

获取或编制存货明细表，复核加计是否正确，并与报表数、总账数和明细账合计数核对是否相符；同时抽查各存货明细账与仓库台账、卡片记录，检查是否相符。

②对存货执行分析程序。

注册会计师主要从以下方面对存货实施分析程序：

Ⅰ．比较前后各期及本年度各月份存货余额及其构成、存货成本差异率、生产成本、直接材料成本、工资费用的发生额、制造费用、营业成本总额以及单位销售成本等，评价其总体合理性。

Ⅱ．将存货余额与现有的订单、资产负债表日后各期的销售额和下一年度的预测销售额进行比较，以评估存货滞销和跌价的可能性。

Ⅲ．将存货跌价准备与本年度存货处理损失的金额进行比较，判断本身及单位计提足额的跌价准备是否合理。

Ⅳ．计算本期的存货周转率和毛利率，并与以前期间进行比较。存货周转率是衡量销售能力和存货是否积压的指标，存货周转率异常波动可能意味着被审计单位存在有意或无意地减少存货储备、存货管理或控制程序发生变动等情况。毛利率通常用以衡量成本控制及销售价格的变化。毛利率的异常变动可能意味着被审计单位存在销售产品总体结构、单位产品成本发生变动等情况。

2. 存货监盘

存货监盘是指注册会计师现场观察被审计单位存货的盘点，并对已盘点的存货进行适当检查。如果存货对财务报表是重要的，注册会计师应当实施下列审计程序，对存货的存在和状况获取充分、适当的审计证据：①在存货盘点现场实施监盘（除非不可行）；②对期末存货记录实施审计程序，以确定其是否准确反映实际的存货盘点结果。

（1）现场监盘。

在存货盘点现场实施监盘时，注册会计师应当实施下列审计程序：

①评价管理层用以记录和控制存货盘点结果的指令和程序。

②观察管理层制订的盘点程序的执行情况。

③检查存货。

④执行抽盘。

存货监盘的目的在于获取有关存货数量和状况的审计证据，以确证被审计单位记录的所有存货确实存在，已经反映了被审计单位拥有的全部存货，并属于被审计单位的合法财产。存货监盘程序是存货审计实质性程序中的一项核心内容。

在实施存货监盘之前，注册会计师应参与被审计单位存货盘点的事前规划，或向被审计单位索取存货盘点计划。一般来说，监盘的时间以会计期末前为优，如果被审计单位的盘点在会计期末以后进行，就必须编制从盘点日到期末的存货余额调节表。即使被审计单位的盘点在会计期末以后进行，也应尽量靠近会计期末。对于监盘的存货样本，应选取重要项目或典型存货项目，同时对可能过时或损坏的项目要仔细查询，并与被审计单位管理人员就疑虑问题交换意见。

如果存货盘点在财务报表日以外的其他日期进行，注册会计师还应当实施其他审计程序，以获取审计证据，确定存货盘点日与财务报表日之间的存货变动是否已得到恰当的记录。

在被审计单位盘点存货前，注册会计师应当观察盘点现场，确定应纳入盘点范围的存货是否已经适当整理和排列，并附有盘点标识，防止遗漏或重复盘点。

提示

对未纳入盘点范围的存货，注册会计师应当查明未被纳入的原因。对于被审计单位存放或寄销在外地的存货，应纳入盘点的范围。对所有权不属于被审计单位的存货，注册会计师应当取得其规格、数量等有关资料，确定是否已单独存放、标明，且未被纳入盘点范围。在存货监盘过程中，注册会计师应当根据取得的所有权不属于被审计单位的存货的有关资料观察这些存货的实际存放情况，确保其未被纳入盘点范围。

注册会计师应认真做好监盘的准备工作。为防止审计单位弄虚作假，有必要对其实行封存，封存可以采取贴封条、上锁、请人看守、请人代为保管等方式。注册会计师应了解有关财产物资的内部控制和管理制度，对各项制度的遵循情况进行评价，对于发现的薄弱环节，应明确盘点的重点。做好盘点的人员准备，通过召开盘点预备会议，将盘点计划或指令贯彻到每一个参与人员。通知被查部门，并要求其将有关物资盘点日的账面数轧出，将已经发现的错误数剔除，并做好盘点的器具和表格文具的准备。

在监盘过程中，注册会计师不得离开盘点现场，对有关人员所实施的盘点清查要实行全过程监控，既要看最终结果，也要认真观察其盘点过程。注册会计师要特别注意一些重要的盘点环节，必要时可要求放慢速度或重复操作，演示其过程或者要求解释盘点的结果，也可以对有关盘点结果进行复核和清点。

注册会计师对盘点的结果要如实记录，执行有关手续，填写相关表格，写明盘点的实际数额，并签字。

如果由于不可预见的情况，无法在存货盘点现场实施监盘，注册会计师应当另择日期实施监盘，并对间隔期内发生的交易实施审计程序。

在盘点全部结束之后，注册会计师应当进行适当抽查，抽查范围通常包括所有盘点工作小组的盘点内容以及难以盘点或隐蔽性较强的存货。审计人员可以从存货盘点记录中选取项目追查至存货实物，以及从存货实物中选取项目追查至盘点记录，以获取有关盘点记录准确性和完整性的审计证据。

在存货监盘结束前，注册会计师应当再次观察盘点现场，以确定所有应纳入盘点范围的存货是否均已盘点；取得并检查已填用、作废及未使用盘点表单的号码记录，确定其是否连续编号，查明已发放的表单是否均已收回，并与存货盘点的汇总记录进行核对。在盘点表格的手续办理完毕之后，还应将盘点的结果与有关账簿记录进行核对，确定是否账实相符。对于账实不符的情形，注册会计师应结合其他审计环节，进行进一步的调查研究。

（2）非现场监盘。

如果在存货盘点现场实施存货监盘不可行，注册会计师应当实施替代审计程序，以获取有关存货的存在和状况的充分、适当的审计证据。

如果不能实施替代审计程序，注册会计师应当按照《中国注册会计师审计准则第1502号——在审计报告中发表非无保留意见》的规定，在审计报告中发表非无保留意见。

如果由第三方保管或控制的存货对财务报表是重要的，注册会计师应当实施下列一项或两项审计程序，以获取有关该存货存在和状况的充分、适当的审计证据：

①向持有被审计单位存货的第三方函证存货的数量和状况；

②实施检查或其他适合具体情况的审计程序。

提示

存货监盘的步骤可以归纳为：制定监盘计划；确定盘点范围；实施监盘；实施抽盘；汇总监盘结果。

3. 存货计价测试

为验证财务报表上存货余额的真实性，需要对存货的计价进行审计，存货计价测试的主要目的是检查被审计单位所使用的存货单位成本是否正确。

提示

存货监盘程序主要是对存货数量和状态的审计，存货计价测试主要是对存货价值的审计。

存货计价测试的主要内容包括：

（1）样本的选择。计价审计的样本，应从存货数量已经盘点、单价和总金额已经记入存货汇总表的结存存货中选择。选择样本时应着重选择结存余额较大且价格变化比较频繁的项目，同时考虑所选样本的代表性。

（2）计价方法的确认。注册会计师需要结合企业会计准则的基本要求和企业实际情况，审查被审计单位选择的计价方法是否适合。除此以外，注册会计师还应对这种计价方法的合理性与一贯性予以关注，没有足够理由，计价方法在同一会计年度内不得变动。

（3）计价测试。进行计价测试时，注册会计师首先应对存货价格的组成内容予以审核，然后按照所了解的计价方法对所选择的存货样本进行计价测试。注册会计师应进行独立测试，以排除被审计单位已有计算程序和结果的影响。

提示

注册会计师应将计价测试的结果与被审计单位账面记录进行对比，编制对比分析表，分析形成差异的原因。如果差异过大，应扩大测试范围，并根据审计结果考虑是否应提出审计调整建议。

4. 存货截止测试

所谓存货截止测试，就是检查截止到12月31日所购入并已包括在12月31日的存货盘点范围内的存货。存货正确截止的关键在于存货实物被纳入盘点范围的时间与存货引起的借贷双方会计科目的入账时间都处于同一会计期间。

例如，如果当年12月31日购入的货物已包括在当年12月31日的实物盘点范围内，而购货发票于次年1月2日才收到，并已记入次年1月账内，当年的12月账上并无进货和对应的负债记录，这就少计了存货和应付账款；如果当年12月31日收到一张购货发票，并记入当年12月账内，而这张发票所对应的存货实物却在次年1月3日才收到，未包括在当年年底的盘点范围内，这就可能虚减本年的利润。

存货截止测试的主要内容通常包括以下两方面：

（1）抽查存货盘点日期前后的购货发票与验收报告或入库单，如果企业拥有对该存货的所有权，则档案中的每张发票均应附有验收记录。12月底入账的发票如果附有12月31日或之前的验收报告，则货物肯定已经入库，并包括在本年的实地盘点存货范围内；如果验收报告日期为1月份或之后的日期，则货物不会列入年底实地盘点存货范围内。反之，如果仅有验收报告而并无购货发票，则应认真审核每一张验收报告单上面是否加盖了暂估入库印章，并以暂估价记入当年存货账内，待次年年初以红字冲销。

（2）审阅验收部门的业务记录，凡是接近年底（包括次年年初）购入的货物，必须查明其对应的购货发票是否在同期入账；对于未收到购货发票的入库存货，是否将入库单分开存放并暂估入账。

5. 应付职工薪酬审计

应付职工薪酬是企业根据有关规定应付给职工的各种薪酬，包括"工资、奖金、津贴、补贴""职工福利""社会保险费""住房公积金""工会经费""职工教育经费""解除职工劳动关系补偿""非货币性福利"以及其他与获得职工提供的服务相关的支出等内容。通常情况下，职工薪酬是构成企业成本费用的重要项目，所以应付职工薪酬项目的审计十分重要。

（1）应付职工薪酬审计目标。

应付职工薪酬审计是对涉及应付职工薪酬项目进行的审计。应付职工薪酬的审计目标主要包括：

①确定资产负债表中记录的应付职工薪酬是否存在（存在性认定）；

②所有应当记录的应付职工薪酬是否均已记录（完整性认定）；

③确定记录的应付职工薪酬是否为被审计单位应当履行的现时义务（权利与义务认定）；

④确定应付职工薪酬是否以恰当的金额包括在财务报表中，与之相关的计价调整是否已恰当记录（计价与分摊认定）；

⑤确定应付职工薪酬是否已按照企业会计准则的规定在财务报表中作出恰当列报（与列报和披露相关的认定）。

（2）应付职工薪酬的实质性测试程序。

对于应付职工薪酬的实质性测试程序，通常包含的内容有以下几方面：

①获取或编制应付职工薪酬明细表，复核加计正确，并与报表数、总账数和明细账合计数核对相符。

②对本期应付职工薪酬实行分析程序，主要分析的项目有：检查各月职工薪酬的发生额是否存在异常波动，若有，应查明波动原因并做出记录；将本期职工薪酬总额与上期进行比较，检查是否存在大幅增减变动的情况，若有，应要求被审计单位解释；了解被审计单位本期平均职工人数，计算人均薪酬水平，与上期或同行业水平进行比较。

③检查应付职工薪酬的核算内容是否完整，计算是否正确，分配方法是否合理，是否与上期一致。

④检查应付职工薪酬的范围和标准是否符合规定。

⑤审阅应付职工薪酬明细账，抽查应付职工薪酬各明细项目的支付和使用情况，检查其是否符合有关规定、是否履行了审批程序。

⑥检查被审计单位实行的工薪制度是否合法、合理。

⑦检查应付职工薪酬期末余额中是否存在拖欠性质的职工薪酬，若有，应了解拖欠的原因。

⑧确定应付职工薪酬在资产负债表中的披露是否恰当。

项目小结

本项目介绍了采购与付款循环、销售与收款循环、生产与存货循环的业务活动以及涉及的主要会计凭证和记录;阐述了采购与付款循环、销售与收款循环、生产与存货循环的内部控制设计和内部控制的基本测试方法;介绍了采购与付款循环、销售与收款循环、生产与存货循环所包含的主要财务报表项目的实质性测试方法。

思考与练习

一、单项选择题

1. 销售与收款循环业务的起点是（ ）。
  A. 顾客提出订货要求
  B. 向顾客提供商品或劳务
  C. 商品或劳务转化为应收账款
  D. 收到货币资金

2. 下列不属于销售与收款循环中的业务活动的是（ ）。
  A. 处理顾客订单
  B. 向顾客开具账单
  C. 注销坏账
  D. 确认与记录负债

3. 由采购部门填写，向另一企业购买订购单上所指定商品、劳务或其他资产的书面凭证称为（ ）。
  A. 验收单　　　B. 订购单
  C. 付款凭证　　D. 转账凭证

4. 如果将与存货相关的内部控制评估为高风险，那么注册会计师可能采取的措施是（ ）。
  A. 减少与存货相关的内部控制测试范围
  B. 要求公司在期末实施存货盘点
  C. 在期末前实施存货监盘程序，不再测试盘点日至期末发生的存货
  D. 检查购货、生产、销售的记录和凭证，以确定期末存货的余额

5. 应收账款询证函的发出和收回应由（ ）控制。
  A. 被审计单位
  B. 被审计单位和注册会计师
  C. 注册会计师
  D. 被审计单位或注册会计师

二、多项选择题

1. 在注册会计师实施的下列程序中，有助于证实采购交易记录的完整性认定的有（ ）。
  A. 从有效的订购单追查到验收单
  B. 从验收单追查到采购明细账
  C. 从付款凭证追查到购货发票
  D. 从购货发票追查到采购明细账

2. 常见的产量和工时记录主要有（ ）。
A. 工序进程单　　B. 产量通知单
C. 产量明细表　　D. 废品通知单
3. 在生产与仓储循环的有关内部控制中，不相容的职务有（ ）。
A. 生产的授权审批和生产过程的记录职务
B. 生产过程的记录和生产的执行职务
C. 存货的保管和记录职务
D. 工资的授权批准和记录职务
4. 下列关于在采购与付款循环中的主要凭证的说法中正确的有（ ）。
A. 请购单由产品制造、资产使用等部门的有关人员填写，送交采购部门
B. 请购单需要进行连续编号
C. 订购单由采购部门填写
D. 验收单是收到商品、资产时所编制的凭证
5. 在审计实务中，审计人员实施销售截止测试的路线有（ ）。
A. 以报表为起点
B. 以账簿记录为起点
C. 以销售发票为起点
D. 以发运凭证为起点

三、判断题

1. 生产与存货循环审计所涉及的主要项目是存货、存货跌价准备、资产减值损失、生产成本、管理费用等。（ ）
2. 对于坏账准备的实质性程序，可以运用分析程序的方法，发现有重要问题的领域。（ ）
3. 函证应收账款的时间，最好选择与资产负债表日最接近的时间，同时也要考虑对方复函的时间。（ ）
4. 应收账款在资产总额中的重要性越高，所需函证数量越大。（ ）
5. 如果函证的应收账款无差异，则表明全部应收账款余额正确。（ ）

四、简答题

1. 如何进行存货计价测试？
2. 什么是业务循环？

项目 8　投资与筹资循环审计和货币资金审计

知识目标

◎ 了解投资与筹资循环与主要项目审计；

◎ 理解货币资金与其他业务循环的关系。

技能目标

◎ 掌握投资与筹资循环业务活动；

◎ 掌握投资与筹资循环的内部控制及控制测试；

◎ 掌握货币资金的内部控制测试及项目审计。

案例导入

甲公司所得税税率为 25%，法定盈余公积计提比例为 10%，注册会计师于 2021 年 1 月 20 日对该公司 2020 年度"长期借款"明细账和借款合同进行审阅时，发现该公司 2020 年 10 月 1 日因购买设备向银行借入资金 100 万元，借款期限为 5 年，年利率 6%，每年付息一次，到期一次性还本。该公司 11 月 1 日用银行存款和自筹资金一次性向供货单位支付 1 200 万元的设备价款、运输费、安装费等，该设备于 2021 年 12 月 31 日达到预定可使用状态。注册会计师检查该笔借款 2020 年应计利息费用的记账凭证时，发现其会计分录为：

借：财务费用　　　　　　　　　150 000

　　贷：应付利息　　　　　　　　150 000

案例思考

分析存在的问题，提出处理意见，并编制审计调整分录。

本章导语

对投资与筹资循环和货币资金审计的学习，要从了解主要活动内容和相关凭证记录开始，分析循环的内部控制及控制测试的方法，进而进行循环内相关项目的实质性测试程序。

通过本项目，可以学习：

（1）投资与筹资循环涉及的主要业务活动和相关凭证记录；

（2）投资与筹资循环的内部控制及控制测试；

（3）投资与筹资循环主要项目的实质性测试程序；

（4）货币资金涉及的主要业务活动和相关凭证记录；

（5）货币资金的内部控制及控制测试；

（6）货币资金主要项目的实质性测试程序。

任务 8.1 投资与筹资循环审计

8.1.1 投资与筹资循环简述

投资与筹资循环由投资活动和筹资活动的交易事项构成。投资活动是指企业为享有被投资单位分配的利润，或为谋求其他利益，将资产让渡给其他单位而获得另一项资产的活动。筹资活动是指企业为满足生存和发展的需要，通过改变企业资本及债务规模和构成而筹集资金的活动。

相对于其他循环，投资与筹资循环有以下特征：

其一，审计年度内的交易数量较少，而每笔交易的金额通常较大。

其二，必须遵守国家法律、法规和相关契约的规定。

其三，漏记或不恰当地对一笔业务进行会计处理，将会导致重大错误，从而对企业财务报表的公允反映产生较大的影响。

8.1.2 投资与筹资循环业务活动

1. 投资活动涉及的会计记录与凭证

（1）股票或债券。

股票是公司签发的证明股东所持股份的凭证。债券是公司依据法定程序发行、约定在一定期间内还本付息的有价证券。

（2）股票或债券登记簿。

股票或债券登记簿是投资方对股票或债券发行人的各项情况进行详细记录的簿籍，是对会计账簿的有效补充。通过查阅股票或债券登记簿或向接受投资者函证，可证明企业投资的真实性。

（3）经纪人通知单。

当投资是通过经纪人代理进行时，经纪人通知投资方投资情况的书面文件。

（4）债券合同。

债券合同是一张明确债券持有人与发行企业双方所拥有的权利与义务的法律性文件。

（5）投资协议。

投资协议指的是股东一方决定入股某公司时，双方签订的载明各自权利义务的协议书。

（6）与投资有关的记账凭证、会计明细账和总账。

2. 投资活动的主要业务

（1）授权审批。投资业务一般应由企业董事会进行审批，重大的投资业务须经股东会或股东大会批准。

（2）收取和保存有价证券。投资经办人按照指令进行投资，取得股权、股票、债券或房产等投资项目，办理相关的交割或过户手续。

（3）登记入账。取得投资后，相关合同、过户手续和资金支出凭据传递到财务部门，据以登记入账。

（4）取得投资收益。按照投资协议的规定，定期或到期收到投资收益，并按持有目的、持有股份的不同，选择相应的账务处理方法登记入账。

（5）转让证券或收回其他投资。根据授权或批准文件，经办人员签订合同处置投资项目，收回投资。企业可以通过转让证券实现投资的收回。其他投资一经投出，一般不得抽回投资。

3. 筹资活动涉及的会计记录与凭证

（1）债券、股票、股本凭证。

债券是指公司依据法定程序发行、约定在一定期限内还本付息的有价证券。股票是指股份公司发行的所有权凭证，是股份公司为筹集资金而发行给各个股东作为持股凭证并借以取得股息和红利的一种有价证券；股本凭证指公司签发的证明股东所持股份的凭证。

（2）债券契约、股东名册。

债券契约是指载明债券持有人与发行企业双方所拥有的权利与义务的法律性文件。股东名册是指记载股东的凭证，内容包括股东的姓名或者名称及住所股份数、股票编号、取得日期。

（3）公司债券存根簿。

公司债券存根簿指记载债券持有人的凭证，内容包括：债券持有人的名称及住所；取得日期及编号；债券总额、利率、还本付息的期限和方式；发行日期等。

（4）承销或包销协议。

公司向社会公开发行股票或债券时，应由依法设立的证券公司承销或包销，公司应与证券公司签订承销或包销协议。承销或包销协议是指筹资公司与证券公司之间签订的，载明承销方式还是包销方式，以及一切相关具体事宜的书面文件。

（5）与筹资有关的记账凭证、会计明细账和总账。

4. 筹资活动的主要业务

（1）授权与批准。

企业通过借款筹集资金需经管理层的审批，企业发行股票必须依据国家相关法规或企业章程的规定，报经企业最高权力机构及国家有关管理部门批准。

（2）签订合同或协议。

向银行或其他金融机构融资须签订借款合同；发行债券须签订债券契约和债券承销或包销合同；发行股票须公告招股说明书，制作认股书，签订承销或包销协议。

（3）取得资金。

企业实际取得银行或金融机构划入的款项或债券、股票的融入资金。

（4）计算利息或股利。

企业应按有关合同或协议的规定，及时计算利息或股利。

（5）偿还本息或发放股利。

银行借款或发行债券应按有关合同或协议的规定偿还本息，对融入的股本根据股东大会的决定发放股利。

8.1.3 投资与筹资循环的内部控制及控制测试

1. 投资活动的内部控制

（1）投资计划的审批授权控制。按照公司章程的规定，投资计划应由董事会或者股东会决议通过。

（2）投资业务的职责分离控制。

投资业务的职责分离制度，是指在投资业务中的授权、执行、会计记录以及投资资产的保管等方面都有明确的分工，不得由一人同时负责上述任何两项工作。比如：投资计划的编制人员与投资的审批人员相分离；投资业务的操作人员与会计人员相分离；有价证券的保管人员与会计记账人员相分离；参与投资交易活动的人员不能同时负责有价证券的盘点工作；等等。

（3）投资资产的安全保护控制。

企业自行保管有价证券实物时，应当规定必须存放在银行保险箱或专门的保管库内，只有经过授权的人员才能接触证券；证券保管人员必须设置证券登记簿，对于任何证券的存入或取出，都要根据经过复核和批准的原始凭证记录详细情况，并由所有经手人员签名，证券登记簿应与会计部门的投资明细账定期由专人核对；企业自行保管有价证券实物，要由与投资业务无关的人员定期对证券进行核对或实地盘点，盘点工作必须由两名以上人员共同进行。企业也可以委托独立的专门机构保管，比如银行、证券公司、投资公司等。

（4）投资业务的会计记录控制。

企业应按货币资金的管理要求对有价证券进行管理；实行账证分管，即由会计部门管账、出纳部门管证；当业务人员提取有价证券时，出纳人员应按正规手续办理。

（5）投资收益控制。

企业应关注投资收益发放公告；及时核对并记录投资收益；应安排专人对投资收益记录进行审核。

2. 投资活动的控制测试

（1）投资项目是否经授权批准，投资金额是否及时入账。可通过查阅有关计划资料、文件或直接向管理层询问进行审查。

（2）是否与被投资单位签订投资合同、协议，是否获得被投资单位出具的投资证明。有价证券的买卖是否经恰当授权。

提示

注册会计师可以通过查阅相关资料文件的方式进行测试，比如查阅董事会的会议纪要、证券投资的各类权益证明文书、联营投资中的投资协议、合同和章程等。

（3）各项资产的保管措施是否有效；是否定期盘点各项资产并与会计记录核对。

提示

注册会计师应采取审阅内部人员对有价证券进行定期盘点的报告的方式进行测试。

（4）投资的核算方法是否符合有关财务会计制度的规定，相关的投资收益会计处理是否正确、手续是否齐全。

提示

注册会计师可从各类投资业务的明细账中抽取部分会计分录，按"原始凭证—明细账—总账"顺序核对有关数据的情况，判断其会计处理过程是否合规完整。

（5）投资项目的授权、执行、保管和记录是否有严格分工。

提示

对于职务分离的测试，注册会计师可以采取实地调查、跟踪业务的方法进行。

3. 筹资活动的内部控制

（1）职责分离控制。

职责分工、明确责任是筹资循环内部控制的重要手段，筹资业务中的不相容岗位至少包括：筹资方案的拟订与决策；筹资合同或协议的审批与订立；与筹资有关的各种款项偿付的审批与执行；筹资业务的执行与相关会计记录。

（2）授权审批控制。

企业应当对筹资业务建立严格的授权批准制度，明确授权批准方式、程序和相关控制措施，规定审批人的权限、责任以及经办人的职责范围和工作要求。

（3）筹资收入款项控制。

为防止可能发生的以筹资业务为名的不正当活动，企业最好委托独立的代理机构进行筹资。

（4）还未付息、支付股利等付出款项的控制。

企业可开出单张支票，委托有关代理机构代发，从而减少支票签发次数，降低舞弊可能。股利发放要以股东会或股东大会有关发放股利的决议文件为依据。

(5) 实物保管控制。

对于债券和股票，都应设立相应的登记簿，详细登记已核准发行的债券和股票的有关事项。

(6) 会计记录的控制。

企业应及时按正确的金额，采用合理的方法，在适当的账户和合理的会计期间对筹资业务予以正确记录。

4. 筹资活动的控制测试

(1) 筹资活动是否经过授权批准。

索取借款的授权批准文件，检查借款合同或协议，检查审批手续是否齐全。检查债务偿还和股利支付的董事会决议，检查债券的偿还和回购以及股利支付是否由董事会授权。比如，对于长期借款，审查被审计单位管理层是否制定借款政策及审批程序，是否审慎作出借款决策，是否制定合理的借还款计划，并按规定程序报经审批。

(2) 筹资活动是否职务分离，是否有严格的实物保管制度。

对于职务分离控制的测试，可以采取询问和跟踪业务的方法调查情况；对实物保管控制的测试，可以采取实地调查的方法。

(3) 收入资金和偿还款项是否符合规定。

该部分测试可以结合货币资金业务的内部控制测试进行。

(4) 筹资活动是否建立了严密的账簿体系和记录制度，并定期检查。

> **提示**
>
> 进行此项测试，应采取账务追索收集证据的方法。比如，对于长期借款的取得、使用和偿还情况，要检查会计记录是否能够及时、完整地反映，会计人员是否对明细账和总账进行了全面登记，并定期检查和核对其是否相符。

8.1.4 投资与筹资循环主要项目审计

投资与筹资循环的项目包括长期股权投资、交易性金融资产、短期借款、长期借款、实收资本、资本公积、盈余公积、应付股利、财务费用、其他应收款、其他应付款、无形资产、营业外收支、公允价值变动损益和递延所得税资产、递延所得税负债等，下面就交易性金融资产、长期股权投资和银行借款项目进行详细阐述。

1. 交易性金融资产审计

交易性金融资产是指企业为了近期出售而持有的金融资产。

(1) 交易性金融资产的审计目标。

①确定交易性金融资产是否存在且归被审计单位所有（存在性认定、权利与义务认定）。

②确定交易性金融资产的计价是否正确，期末余额是否正确（计价与分摊认定）。

③确定交易性金融资产的增减变动及其损益的记录是否完整（完整性认定）。

④确定交易性金融资产的列报与披露是否恰当（与列报和披露相关的认定）。

(2) 交易性金融资产的实质性测试程序。

注册会计师对交易性金融资产实施的实质性测试程序，通常包括以下几个方面：

①获取或编制交易性金融资产明细表，复核加计正确，并与报表数、总账数和明细账合计数核对相符。核对期初余额与上期审定期末余额是否相符。

②获取股票、债券及基金、期货（如有）账户对账单，与明细账余额核对；需要时，向证券公司等发函询证，注意期末资金账户余额会计处理是否正确。

③监盘库存有价证券并与相关账户余额进行核对，如有差异，应查明原因，做出记录或进行适当调整。对在外保管的有价证券，查阅有关保管的证明文件，需要时，向保管人函证。

④检查被审计单位对交易性金融资产的分类

是否正确，是否符合企业会计准则的相关要求。

⑤查阅有关交易性金融资产的协议、合同、董事会决议及有关出资的凭证和记录，检查交易性金融资产购入、借出或兑现的原始凭证是否完整。取得证券交易账户流水单，对照账面记录是否完整，检查购入证券是否有本企业控股公司的股票。

⑥检查交易性金融资产持有期间收到被投资单位宣告发放的股利或债券利息会计处理是否正确；检查资产负债表日，交易性金融资产公允价值与其账面余额差额的会计处理是否正确。

⑦抽取交易性金融资产增加及减少项目的记账凭证，检查其原始凭证是否完整合法，会计处理是否正确。

⑧验明交易性金融资产的列报和披露是否恰当。

2. 长期股权投资审计

长期股权投资是指企业持有的采用权益法或成本法核算的长期股权投资。

（1）长期股权投资的审计目标。

长期股权投资的审计目标主要包括以下几方面：

①确定资产负债表中列示的长期股权投资是否存在（存在性认定）；

②确定所有应当列示的长期股权投资是否均已列示（完整性认定）；

③确定列示的长期股权投资是否由被审计单位拥有或控制（权利与义务认定）；

④确定长期股权投资是否以恰当的金额包括在财务报表中，与之相关的计价调整是否已恰当记录（计价与分摊认定）；

⑤确定长期股权投资是否已按照企业会计准则的规定在财务报表中作出恰当列报（与披露和列报相关的认定）。

（2）长期股权投资的实质性测试程序。

长期股权投资的实质性测试程序通常包括以下几方面内容：

①获取或编制长期股权投资明细表，复核加计正确，并与总账数和明细账合计数核对相符；结合长期股权投资减值准备科目与报表数核对相符。

②根据有关合同和文件，确认股权投资的股权比例和持有时间，检查股权投资核算方法是否正确。

③对于重大的投资，向被投资单位函证被审计单位的投资额、持股比例及被投资单位发放股利等情况。

④对于应采用权益法核算的长期股权投资，获取被投资单位已经注册会计师审计的年度财务报表，如果未经审计，则应考虑对被投资单位的财务报表实施以下审计或审阅程序：

Ⅰ. 复核投资收益时，应以取得投资时被投资单位各项可辨认资产等的公允价值为基础，对被投资单位的净利润进行调整后加以确认；被投资单位采用的会计政策及会计期间与被审计单位不一致的，应当按照被审计单位的会计政策及会计期间对被投资单位的财务报表进行调整，据以确认投资损益。

Ⅱ. 将重新计算的投资收益与被审计单位所计算的投资收益相核对，如有重大差异，则查明原因，并提出适当的审计调整建议。

Ⅲ. 检查被审计单位按权益法核算的长期股权投资，包括确认应分担被投资单位发生的净亏损。审计时，应检查被审计单位会计处理是否正确。

Ⅳ. 检查除净损益以外被投资单位所有者权益的其他变动，是否调整计入所有者权益。

⑤对于采用成本法核算的长期股权投资，检查股利分配的原始凭证及分配决议等资料，确定会计处理是否正确；对被审计单位实施控制而采用成本法核算的长期股权投资，比照权益法编制变动明细表，以备合并报表使用。

⑥对于成本法和权益法相互转换的，检查其投资成本的确定是否正确。

⑦确定长期股权投资的增减变动的记录是否完整。检查本期增加的长期股权投资，追查至原始凭证及相关的文件或决议及被投资单位验资报告或财务资料等，确认长期股权投资是否符合投资合同、协议的规定，并已确实投资，会计处理是否正确；检查本期减少的长期股权投资，追查至原始凭证，确认长期股权投资的收回有合理的理由及授权批准手续，并已确实收回投资，会计处理是否正确。

⑧期末对长期股权投资进行逐项检查,以确定长期股权投资是否已经发生减值。

⑨结合银行借款等的检查,了解长期股权投资是否存在质押、担保情况。如有,则应详细记录,并提请被审计单位进行充分披露。

⑩确定长期股权投资在资产负债表中已恰当列报。

【情景8-1】润亚会计师事务所的注册会计师刘风在审计北京惠达家具股份有限公司2020年度财务报表时,发现惠达公司于2020年2月15日通过发行5 000万股公司普通股(每股面值1元)取得大岗公司25%的股权,该5 000万股股份的公允价值为8 400万元。为发行股份,惠达公司向证券公司支付了280万元的佣金和手续费。假定惠达公司取得该部分股权后,能够对大岗公司的生产经营决策施加重大影响。惠达公司对此业务活动确定了长期股权投资8 680(8 400+280)万元,所以惠达公司的账务处理是:

借:长期股权投资　　　　　86 800 000
　　贷:股本　　　　　　　　86 800 000

分析:注册会计师刘风认为上述账务处理是错误的,发行权益性证券过程中的佣金和手续费不应计入长期股权投资的成本,而应直接冲减发行收入,因此惠达公司的这项账务处理虚增了长期股权投资的成本。正确的账务处理应该是:

借:长期股权投资　　　　　84 000 000
　　贷:股本　　　　　　　　50 000 000
　　　　资本公积——股本溢价　34 000 000

同时:

借:资本公积——股本溢价　　2 800 000
　　贷:银行存款　　　　　　2 800 000

因此,注册会计师刘风应建议惠达公司调整该笔账务,并作如下调整分录:

借:股权　　　　　　　　　36 800 000
　　贷:资本公积——股本溢价　34 000 000
　　　　银行存款　　　　　　2 800 000

3. 借款审计

借款是企业承担的一项经济义务,是企业的负债项目。在一般情况下,被审计单位不会高估负债,因为这样于自身不利,且难以与债权人的会计记录相互印证;除少数情况外,负债的金额都是真实的。注册会计师对于负债项目的审计,主要是防止企业低估负债。低估负债经常伴随着低估成本,从而导致高估利润。因此,注册会计师在执行借款业务审计时,应将被审计单位是否低估负债作为一个关注的重点。

(1)借款的审计目标。

借款的审计目标通常包括:

①确定被审计单位在特定期间内发生的借款业务是否均已记录完毕;

②确定被审计单位所记录的借款在特定期间是否确实存在,是否为被审计单位所承担;

③确定被审计单位所有借款的会计处理是否正确;

④确定被审计单位各项借款的发生是否符合有关法律的规定,被审计单位是否遵守了有关债务合同的规定;

⑤确定被审计单位借款余额在有关财务报表中的反映是否恰当。

(2)短期借款的实质性测试程序。

对于短期借款的实质性测试程序,主要包括以下几方面的内容:

①获取或编制短期借款明细表,复核加计正确,并与报表数、总账数和明细账合计数核对是否相符,核对期初余额与上期审定期末余额是否相符;检查短期借款分类是否正确。

②短期借款执行分析程序:计算借款平均实际利率并同以前年度及市场平均利率相比较;根据借款平均余额、平均借款利率测算当期利息费用和利息,并与账面记录进行比较;比较当年度与以前年度的借款总额、利息支出费用、利息支出占借款余额的比例、借款平均实际利率,如有异常情况,需查明原因。

③函证短期借款的实有数。注册会计师应在期末短期借款余额较大或认为必要时向银行或其他债权人函证短期借款。比如，注册会计师在执行各项审计程序时，最能够证实短期借款完整性的一项程序就是向被审计单位所有的银行发函询证，因为被审计单位只要向银行借款就会在银行有开户，通过函证可以有效地发现漏记的短期借款。

④检查短期借款的增减。对年度内增加的借款，注册会计师应检查借款合同和授权批准手续，了解借款数额、借款条件、借款日期、还款期限、借款利率，并与相关会计记录相核对。对年度内减少的短期借款，注册会计师应检查相关记录和原始凭证，核实还款数额；注册会计师应检查相关记录和原始凭证，检查被审计单位有无到期未偿还的借款：如果有，是否已办理了续借或延期手续？若未办理，是否有抵押？此外，以及应关注是否有贷款人起诉以及抵押物的处理情况等。

⑤复核短期借款利息。注册会计师应根据短期借款的利率和期限，复核被审计单位短期借款的利息计算是否正确。

⑥检查短期借款的列报与披露是否恰当充分。

【情景8-2】注册会计师孙一文在对北京惠达家具厂的负债业务进行审查时，发现该厂于2020年4月1日向某银行取得流动资金借款200 000元，期限是3个月，借款月利率为5.5‰，该公司的会计处理为：

（1）取得借款时：

借：银行存款　　　　　　　　　200 000
　　贷：短期借款　　　　　　　　　200 000

（2）4月、5月、6月底预提利息时：

借：营业外支出　　　　　　　　　1 100
　　贷：短期借款　　　　　　　　　1 100

（3）6月底归还借款时：

借：短期借款　　　　　　　　　203 300
　　贷：银行存款　　　　　　　　　203 300

要求：指出该厂会计处理的不当之处。分析该厂对这项业务的不当处理是否会影响年度的损益状况，并进行相应的账项调整。

分析：

（1）该厂对预提借款利息每月1 100元的会计处理不当。

账项调整：

借：财务费用　　　　　　　　　3 300
　　贷：营业外支出　　　　　　　　3 300

（2）因为无论把利息费用记入"营业外支出"，还是"财务费用"科目，其数额都在该年度损益中抵减。因此，尽管该厂的会计分录中使用的科目不对，但不会影响该企业该年度的损益。

（3）长期借款的实质性测试程序。

长期借款的实质性测试程序主要包括以下几方面的内容：

① 获取或编制长期借款明细表，复核其加计数是否正确，并与明细账和总账核对相符；

②对年度内增加的长期借款，应检查借款合同和授权批准手续，了解借款数额、借款条件、借款日期、还款期限、借款利率，并与相关会计记录相核对；

③审查长期借款的使用是否符合借款合同的规定，重点审查长期借款使用的合理性；

④向银行或其他债权人函证重大的长期借款；

⑤对年度内减少的长期借款，注册会计师应检查相关记录和原始凭证，核实还款数额；

⑥检查一年内到期的长期借款是否已转列为流动负债；

⑦计算长期借款的各个月份的平均余额，选取适用的利率匡算利息支出总额，并与基建成本、财务费用的相关记录核对，判断被审计单位是否高估或低估利息支出，必要时进行适当调整；

⑧审查企业抵押期借款的抵押资产的所有权是否属于企业，其价值和现实状况是否与抵押契约中的规定相一致；

⑨检查借款费用的会计处理是否正确；

⑩检查长期借款是否已在资产负债表中作了充分披露。

4. 所有者权益审计

（1）所有者权益的审计目标。

所有者权益是指企业投资人对企业净资产的所有权。企业净资产等于企业全部资产减去全部负债后的余额,其中包括投资者对企业的最初投入,以及资本公积、盈余公积和未分配利润(对股份制企业而言,即股东权益)。所有者权益的审计目标主要包括以下几方面:

①确定被审计单位有关所有者权益内部控制是否存在、有效且一贯遵守,包括对投资的有关协议、合同和企业章程条款,利润分配的决议、分配方案,会计处理程序等方面的检查,并为被审计单位改善内部控制提供意见或建议。

②确定投入资本、资本公积的形成、增减及其他有关经济业务会计记录的合法性与真实性,为投资者及其他有关方面研究企业的财务结构、进行投资决策提供依据。

③确定盈余公积和未分配利润的形成和增减变动的合法性、真实性,为投资者及其他有关方面了解企业的增值、积累情况等提供资料。

④检查所有者权益是否已在资产负债表中作了恰当披露。

(2)实收资本(股本)的实质性测试程序。

股本是股份有限公司按照公司章程、合同和投资协议的规定向股东募集的资本,代表股东对公司净资产的所有权。通常而言,股本不发生变化,只有在股份有限公司设立、增资扩股和减资时发生变化。股份有限公司以外的组织形式的企业,其投入资本在"实收资本"科目中核算。实收资本与股本的实质性测试程序基本相同,通常包括以下主要内容:

①索取或编制股本明细表,此表作为永久档案存档,可供本年度和以后年度检查股本时使用;

②审阅公司章程、实施细则和股东大会、董事会会议记录;

③检查股东的出资额、出资方式,出资比例是否符合公司章程、合同、协议规定;

④检查与股票发行、收回有关的原始凭证(通常包括发行股票登记簿、收回的股票、募股清单、银行对账单等)和会计记录(通常包括银行存款日记账、总账、股本明细账、总账等),以验证股票发行、收回是否确实存在;

⑤函证发行在外的股票,以检查已发行的股票数量是否真实,是否均已收到股款或资产;

⑥检查股票发行费用的会计处理是否正确;

⑦检查股本是否已在资产负债表上恰当披露。

任务 8.2 货币资金审计

8.2.1 货币资金与其他业务循环的关系

货币资金是流动性最强的资产,是企业进行生产经营必不可少的物质条件。货币资金审计是企业资产负债表审计的一个重要组成部分,主要包括库存现金、银行存款和其他货币资金的审计。

严格来讲,货币资金不能独立形成一个业务循环,但货币资金与其他业务循环中的业务活动都存在着密切的联系,如图8-1所示。

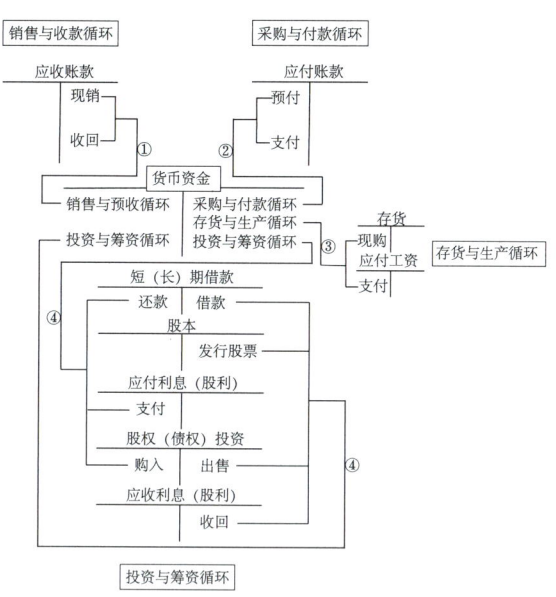

图 8-1 货币资金与其他业务循环的联系

8.2.2 货币资金涉及的凭证和会计记录

货币资金涉及的凭证和会计记录主要有：

（1）库存现金盘点表。

库存现金盘点表是指企业在盘点库存现金时填制的，载明实存现金的面值、金额、调整事项等详细情况的书面资料。

（2）银行对账单。

银行对账单是指银行客观记录企业资金流转情况的记录单。银行把记录的企业在银行发生的每笔资金流转情况定期打印出来，即银行对账单，企业可以此为依据和其银行存款日记账进行核对。

（3）银行存款余额调节表。

银行存款余额调节表，是在银行对账单余额与企业银行存款日记账账面余额的基础上，各自加上对方已收、本单位未收账项数额，减去对方已付、本单位未付账项数额，以调整双方余额，核对结果是否一致的表格式的书面资料。

提示

银行存款余额调节表只是一种对账记录的工具，并不是凭证。

（4）相关科目的记账凭证（现金收款凭证、现金付款凭证、银行收款凭证、银行付款凭证等）和会计账簿（如现金日记账、银行存款日记账等）。

8.2.3 货币资金的内部控制

货币资金内部控制主要包括以下内容：

（1）岗位分工及授权批准制度。

①建立货币资金业务的岗位责任制，明确相关部门和岗位的职责权限，确保办理货币资金业务的不相容岗位相互分离、制约和监督。实行钱账分管，出纳人员不得兼任稽核、会计档案保管

以及收入、支出、费用、债权债务账目的登记工作。

> **提示**
> 企业不得由一人办理货币资金业务的全过程。

②对货币资金业务建立严格的授权批准制度。企业收付资金的业务须经有关经济业务负责人批准。审批人应当根据货币资金授权批准制度的规定，在授权范围内进行审批，不得超越审批权限；经办人应当在职责范围内，按照审批人的批准意见办理货币资金业务。

> **提示**
> 未经授权的机构或人员一律不得办理货币资金业务或直接接触货币资金。例如，出差人员预借差旅费时，须经有关负责人签字方可支用。

（2）收付款凭证的应用及账簿的登记制度。

会计人员应及时根据已完成的现金收付业务及已编号并加盖现金收付戳记的记账凭证登记有关账簿。会计人员应当进行账账核对、账表核对和账实核对，即要求日记账与总账、总账与财务报表、日记账和日报表与库存现金等定期核对，检查其是否相符，防止挪用现金。

（3）票据及有关印章的保管制度。

①企业应当加强与货币资金相关的票据的管理，明确各种票据的购买、保管、领用、背书转让、注销等环节的职责权限和程序，并专设登记簿进行记录，防止空白票据遗失和被盗用。

②企业应当加强银行预留印鉴的管理。财务专用章应由专人保管，个人名章必须由本人或其授权人员保管。

> **提示**
> 严禁由一人保管支付款项所需的全部印章。

（4）内部监督制度。

企业应当建立对货币资金业务的监督检查制度，明确监督检查机构或人员的职责权限，定期和不定期地进行检查。

注册会计师通常实施以下程序，以了解与货币资金相关的内部控制：

①询问参与货币资金业务活动的被审计单位人员，如销售部门、采购部门和财务部门的员工和管理人员。

②观察货币资金业务流程中特定控制的执行，例如观察被审计单位的出纳人员如何进行现金盘点。

③检查相关文件和报告，例如检查银行余额调节表是否恰当编制以及其中的调节项是否经会计主管的恰当复核等。

④实施穿行测试，即追踪货币资金业务在财务报告信息系统中的处理过程。穿行测试通常综合了询问、观察、检查、重新执行等多种程序。通过实施穿行测试，注册会计师通常能获取充分的信息，以评价控制的设计和执行。

【情景8-3】北京惠达食品厂制定的下列与现金相关的内部控制措施，哪项是不正确的？

（1）每日及时记录现金收入，并定期向顾客寄送对账单；

（2）担任登记现金日记账及总账职责的人员与担任现金出纳职责的人员分开；

（3）现金折扣需经过适当审批；

（4）每日盘点现金并与账面余额核对。

分析：第（2）项是不正确的。因为登记现金日记账与登记总账也属于不相容职务，应该分离。

8.2.4 货币资金的内部控制测试

货币资金的内部控制测试主要包括以下几方面的内容：

（1）抽取并检查一定数量的收款凭证，做如下检查：

①核对收款凭证与存入银行账户的日期和金额是否相符；

②核对银行存款日记账的收入金额是否正确；

③核对收款凭证与银行对账单是否相符；

④核对收款凭证与应收账款等明细账的有关记录是否相符；

⑤核对实收金额与销货发票等相关凭据是否一致。

（2）抽取并检查一定数量的付款凭证，做如下检查：

①检查付款的授权批准手续是否符合规定；

②核对银行存款日记账的付出金额是否正确；

③核对付款凭证与银行对账单是否相符；

④核对付款凭证与应付账款等相关明细账的记录是否一致；

⑤核对实付金额与购货发票等相关凭据是否相符。

（3）抽取一定期间的现金、银行存款日记账与总账核对。

（4）抽取一定期的银行存款余额调节表，查验其是否按月正确编制并经复核。

（5）通过观察、询问等方法了解被审计单位的货币资金内部控制是否建立并严格执行。

8.2.5 货币资金的项目审计

货币资金主要包括库存现金、银行存款、其他货币资金项目。下面对库存现金和银行存款项目的审计进行详细阐述。

1. 库存现金审计

现金账户通常被列为审计的重点。通常情况下，虽然现金占资产总额比例不高，却是最容易出问题的几个账户之一。

（1）库存现金的审计目标。

库存现金是指单位为了满足经营过程中零星支付需要而保留的现金。库存现金的审计目标通常包括：

①确定被审计单位资产负债表的货币资金项目中的库存现金在资产负债表日是否存在（存在性认定）。

②确定记录的库存现金是否为被审计单位所拥有或控制（权利与义务认定）。

③确定被审计单位所有应当记录的现金收支业务是否均已记录完毕，有无遗漏（完整性认定）。

④确定库存现金的期末余额是否正确（计价与分摊认定）。

⑤确定库存现金在财务报表中的列报是否恰当（与披露和列报相关的认定）。

（2）库存现金的实质性测试程序。

库存现金的实质性测试程序一般包括如下内容：

①核对库存现金日记账与总账的金额是否相符，如果不相符，应查明原因，必要时应建议做出适当调整。

②监盘库存现金。

监盘库存现金是证实资产负债表中货币资金项目所列库存现金是否存在的一项重要审计程序。盘点的库存现金包括已收到但未存入银行的现金、零用金、找换金等。盘点库存现金的时间和人员应视被审计单位的具体情况而定，参加盘点的人员包括被审计单位的现金出纳员和会计主管人员，同时，注册会计师进行现场监盘。监盘库存现金的步骤与方法如下：

第一，制定库存现金盘点程序，实施突击性的检查。盘点时间最好选择在上午上班前或下午下班后。在进行现金盘点前，应由出纳员将现金集中起来存入保险柜（必要时可加以封存），然后由出纳员把已办妥现金收付手续的收付款凭证登入库存现金日记账。如被审计单位库存现金存放部门有两处或两处以上的，应同时进行盘点。

第二，审阅库存现金日记账，同时与现金收付凭证相核对。检查库存现金日记账的记录与凭证的内容和金额是否相符，日期是否相符或接近。

第三，由出纳员根据库存现金日记账的加计数额和累计数额，结出库存现金的结余额。

第四，盘点保险柜内的现金实存数，由审计人员编制"库存现金监盘表"，分币种、面值列示盘点金额。出纳员、会计主管及注册会计师应在"库存现金监盘表"上共同签字，作为重要的审计工作底稿。

库存现金监盘表如表 8-1 所示。

表 8-1　库存现金监盘表

企业：　　　　　　　　　编制：　　　　　　　　　日期：
币种：　　　　　　　　　复核：　　　　　　　　　日期：

项目	金额	备注
实点库存现金金额		
加：		
减：		
库存现金实际占用额		
库存现金账面金额（　　年　　月　　日）		
银行核定库存现金金额		

第五，将盘点金额与库存现金日记账余额进行核对。如有差异，应查明原因，并作出记录或调整。

第六，若有冲抵库存现金的借条、未提现支票、未作报销的原始凭证，应在"库存现金监盘表"中注明，必要时应提请被审计单位做出调整。

第七，在资产负债表日后进行盘点时，通过调节法，调整至资产负债表日的金额调整公式为：

资产负债表日库存现金实存金额 = 盘点日库存现金实存金额 + 资产负债表日后至盘点日库存现金支出数 - 资产负债表日后至盘点日库存现金收入数

【情景8-4】注册会计师王汉对北京惠达家具厂进行货币资金审计时，因某种原因，于 2021 年 1 月 4 日实施监盘程序。经盘点，当日库存现金实存金额为 740 元。经查，2021 年 1 月 1 日至 4 日，库存现金收入 2 580 元，支出 2 560 元。若惠达家具厂 2020 年 12 月 31 日库存现金余额为 720 元，则惠达家具厂的库存现金是否账实相符？

分析：根据题中所述，惠达厂资产负债表日库存现金实存金额 =740+2 560-2 580=720（元），与惠达家具厂 2020 年 12 月 31 日库存现金余额一致，因此，该厂库存现金账实相符。

（3）抽查大额库存现金收支。注册会计师应检查大额现金收支的原始凭证是否齐全、内容是否完整，有无授权批准，记账凭证与原始凭证是否相符，账务处理是否正确。如有与被审计单位生产经营无关的收支事项，应查明原因并作适当的记录。

(4)审查库存现金收支的正确截止。注册会计师应抽查资产负债表日前后若干天、一定金额以上的现金收支凭证实施截止测试,验证库存现金收支截止日期的正确性,以确定是否存在跨期事项。

(5)检查库存现金是否在财务报表中做出恰当充分的列报。

2.银行存款审计

银行存款审计是指对银行存款及其收付业务的真实性、正确性和合法性进行的审查。银行存款的审计对揭示银行存款收支业务中存在的差错弊端、保护银行存款的安全完整、保证企业严格遵守国家结算纪律等方面有着重要的意义。银行存款审查的要点是:审查银行存款内部控制制度的健全性和有效性;审查银行存款余额的真实性和正确性;审查银行存款收支业务的合规性和合法性。

(1)银行存款的审计目标。

银行存款是指企业存放在银行的货币资金。按照国家现金管理和结算制度的规定,每个企业都要在银行开立账户,称为结算户存款,用来办理存款、取款和转账结算。银行存款的审计目标通常包括:

①确定被审计单位资产负债表的货币资金项目中的银行存款在资产负债表日是否确实存在(存在性认定)。

②确定记录的银行存款是否为被审计单位所拥有或控制(权利与义务认定)。

③确定被审计单位所有应当记录的银行存款收支业务是否均已记录完毕,有无遗漏(完整性认定)。

④确定银行存款的期末余额是否正确(计价与分摊认定)。

⑤确定银行存款在财务报表中的列报是否恰当(与披露与列报相关的认定)。

(2)银行存款的实质性测试程序。

银行存款的实质性测试程序一般包括:

①获取或编制银行存款余额明细表。

复核加计是否正确,并与总账数和日记账合计数核对是否相符。如果不相符,应查明原因,必要时应建议做出适当调整。

②执行实质性分析程序。

注册会计师应比较银行存款余额的本期实际数与预算数以及与上年度账户的差异变动;应计算银行存款累计余额应收利息收入,分析比较被审计单位银行存款应收利息收入与实际利息收入的差异是否恰当;检查银行存款中定期存款的比例,确定是否存在高息资金拆借。

③取得并检查银行存款余额对账单和银行存款余额调节表。

取得并检查银行存款余额对账单和银行存款余额调节表是证实资产负债表中所列银行存款是否存在的重要程序。注册会计师在取得或编制银行存款余额调节表后,首先应核实银行存款余额调节表数据计算的正确性,然后调查未达账项的真实性。

(3)函证银行存款余额。

函证银行存款余额是证实资产负债表所列货币资金中的银行存款是否存在的又一重要程序。注册会计师应当对银行存款(包括零余额账户和在本期内注销的账户)、借款及与金融机构往来的其他重要信息全部实施函证程序。

提示

对银行存款,应采用积极式函证。

银行询证函示例如下:

银行询证函

编号：

××银行：

　　本公司聘请××××会计师事务所正在对本公司的财务报表进行审计，按照中国注册会计师执业准则的要求，应当询证本公司与贵行的存款、借款往来等事项。下列数据出自本公司的账簿记录，如与贵行记录相符，请在本函下端"数据证明无误"处签章证明；如有不符，请在"数据不符"处列明不符金额。有关询证费用可直接从本公司账户中收款。回函请直接寄至××××会计师事务所。

通信地址：

邮编：　　　　　　电话：　　　　　　传真：

截至　　年　　月　　日，本公司银行存款、借款账户余额等列示如下：

1. 银行存款

账户名称	银行账号	币种	利率	余额	备注

2. 银行借款

银行账号	币种	余额	借款日期	还款日期	利率	借款条件	备注

3. 其他事项

（公司签章）

结论：（1）数据证明无误。

（银行签章）

（日期）

（2）数据不符。请列明不符金额：

（银行签章）

（日期）

（4）抽查大额银行存款收支。

　　注册会计师应抽查大额银行存款收支的原始凭证，检查原始凭证是否齐全、记账凭证与原始凭证是否相符、账务处理是否正确、是否记录于恰当的会计期间等内容。如有与被审计单位生产经营无关的收支事项，应查明原因并做相应的记录。

（5）检查银行存款收支的正确截止日期。

　　审计人员应选取资产负债表日前后若干张、一定金额以上的凭证实施截止测试，关注业务内容及对应项目，如有跨期收支事项，应考虑是否提请被审计单位进行调整。

> **提示**
>
> 为了确保银行存款收付的正确截止，注册会计师应当在清点支票及支票存根时，确定被审计单位在结束日签发的最后一张支票号码，并检查该号码之前的所有支票是否均已寄出并入账。在结账日开出的支票及其后开出的支票，均不得作为结账日的存款收付入账。

（6）检查银行存款是否在财务报表中做出恰当充分的列报。

项目小结

本项目主要介绍了投资与筹资循环的主要业务活动，以及投资与筹资循环和货币资金所涉及的主要会计记录与凭证，并提及了货币资金与其他循环的关系；阐述了投资与筹资循环和货币资金的内部控制的设计和内部控制测试的基本方法；介绍了投资与筹资循环和货币资金所包含的主要财务报表项目的实质性测试程序。

思考与练习

一、单项选择题

1. 下列情形中，不违反货币资金"不相容岗位相互分离"控制原则的是（　）。

A. 由出纳人员兼任固定资产明细账的登记工作

B. 由出纳人员兼任会计档案保管工作

C. 由出纳人员兼任收入总账和明细账的登记工作

D. 由出纳人员保管签发支票所需全部印章

2. 在下列各项措施中，最有可能防止员工挪用现金收入的内部控制是（　）。

A. 库存现金收取与应收账款过账之间职责分离

B. 坏账冲销直接由主管授权，不经过信用审批部门的批准

C. 监督每日库存现金汇总表与库存现金日记账之间的核对

D. 对库存现金日记账和每日库存现金汇总表实施独立的内部控制

3. 针对下列与库存现金相关的内部控制，注册会计师应提出改进建议的是（　）。

A. 每日记录库存现金收入并定期向客户寄送对账单

B. 登记库存现金日记账及总账的职责与现金出纳职责由一专人承担

C. 现金折扣需经过适当审批

D. 每日盘点库存现金并与账面金额核对

4. 在对银行存款进行审计时，如果某银行账户的银行对账单余额与银行存款日记账余额不符，最有效的审计程序是（ ）。

A. 重新测试相关的内部控制

B. 检查银行对账单中记录的资产负债表日前后的收付情况

C. 检查银行存款日记账中记录的资产负债表日前后的收付情况

D. 检查该银行账户的银行存款余额调节表

5. 在投资活动内部控制良好的前提下，对投资业务具有审批授权的是（ ）。

A. 股东大会

B. 证券投资部经理

C. 高层管理机构

D. 财务经理

二、多项选择题

1. 以下程序中，属于注册会计师张明对 ABC 公司执行的关于投资业务控制测试的有（ ）。

A. 从 ABC 公司各类投资业务的明细账中抽取部分会计分录，按原始凭证到明细账、总账的顺序核对有关数据和情况，判断其会计处理过程是否合规、完整

B. 检查投资的入账价值是否符合投资合同、协议的规定，会计处理是否正确；对于重大投资项目，应查阅董事会有关决议，并取证

C. 审阅内部审计人员或其他授权人员对投资资产进行定期盘点的报告

D. 对照有关投资方面的文件和凭据，分析企业的投资业务管理报告

2. 下列有关长期股权投资实质性程序的说法中，恰当的有（ ）。

A. 根据有关合同或文件，确认股权投资的股权比例和持有时间，检查股权投资核算方法是否正确

B. 对于应采用成本法核算的长期股权投资，应获取被投资单位已经经过注册会计师审计的年度财务报表

C. 索取董事会对投资的可行性研究报告和投资管理报告，判断长期投资业务的管理情况

D. 在期末对长期股权投资进行逐项检查，确定长期股权投资是否已经发生减值

3. 下列有关投资与筹资循环内部控制的相关表述中，正确的是（ ）。

A. 投资、筹资决策和执行相互独立，防止舞弊发生

B. 投资、筹资业务执行和记录相互独立，以相互牵制

C. 投资、筹资业务执行与财会部门监督相互独立，防止资金管理失控

D. 盈余公积金比较特殊，其核算与复核可以由一人完成

4. 以下审计程序中，与货币资金项目的权利和义务认定相关的有（ ）。

A. 函证银行存款余额

B. 关注是否存在质押、冻结等对变现有限制或存在境外的款项

C. 检查银行存款账户存款人是否为被审计单位，获取该账户户主和被审计单位的书面声明

D. 检查银行存款收支的截止是否正确

5. 银行询证函中通常应涵盖的被审计单位事项及相关信息有（ ）。

A. 银行借款

B. 未到期理财产品

C. 本期内已注销的账户

D. 重要关联方的开户情况

三、判断题

1. 库存现金的盘点一般不能在资产负债表日之后进行，因为盘点的目的是证实资产负债表日库存现金的实际库存数。（　）

2. 审计其他货币资金应当关注其是否有质押、冻结等对变现有限制，或存放在境外，或有潜在的回收风险。（　）

3. 向银行或者其他债权人函证短期借款，是审计人员在审查短期借款时的一项不可替代的程序。（　）

4. 企业为取得持有至到期投资发生的交易费用应记入"当期损益"账户，不应记入"初始确认金额"账户。（　）

5. 对于货币资金票据，应在购买、保管、领用、注销等环节加强授权批准和职责分工等控制程序，明确职责权限。（　）

四、简答题

1. 什么是货币资金审计？

2. 筹资与投资循环审计的目标各是什么？有何区别？

项目 9 审计报告

知识目标

◎ 了解审计报告的含义和作用；
◎ 掌握审计意见的类型；
◎ 掌握审计报告的分类标准；
◎ 理解审计报告的基本内容。

技能目标

◎ 理解关键审计事项；
◎ 掌握标准审计报告与非标准审计报告。

案例导入

奥汇会计师事务所接受委托，对天河股份有限公司（简称天河公司）2020 年度财务报表进行审计。注册会计师于 2021 年 3 月 18 日完成了审计工作，按审计业务约定书的要求，应于 2021 年 3 月 28 日提交审计报告。天河公司 2020 年度审计前的利润总额为 120 万元。注册会计师确定的财务报表层次的重要性水平为 10 万元。现假定存在以下几种情况：

（1）天河公司在 2020 年变更了发出存货的计价方法，并在财务报表附注中做了充分披露。注册会计师认为变更是合法的和合理的。

（2）在某诉讼案中，天河公司被起诉侵权，原告要求赔偿 75 万元，至 2020 年 12 月 31 日，胜负难以预料。诉讼案和可能的影响均已列示在财务报表附注中。

（3）天河公司 2020 年 7 月购买某公司发行的债券，确认为持有至到期投资，成本为 112 万元。2020 年 12 月 31 日，该笔债券的市价为 80 万元。天河公司仅在财务报表附注中揭示了该市价。

案例思考

（1）假定天河公司不接受注册会计师的调整意见，针对上述情况，说明注册会计师分别应当出具何种意见的审计报告，并简要说明理由。

（2）假定只存在第三种情况，且天河公司不接受注册会计师的调整意见，说明注册会计师应当出具何种意见的审计报告，简要说明理由，并代注册会计师编写审计报告。

本章导语

审计报告是审计过程的最后环节，具有鉴证、保护和证明三方面的作用。

通过本项目，可以学习：

（1）审计报告的种类；
（2）审计报告的编写。

任务 9.1 审计报告的含义、作用与基本内容

9.1.1 审计报告的含义

审计报告是指注册会计师根据中国注册会计师执业准则的要求，根据审计计划对被审计单位实施必要的审计程序后，就被审计事项作出审计结论，提出审计意见和审计建议的书面文件。

1. 审计报告的意义

编制审计报告是完成约定审计事项的一个非常重要的步骤，它是一项总结性的工作，其重要意义主要表现在以下几个方面：

（1）审计报告能够客观地反映被审计单位的财务状况和经营成果的合法性和公允性。

（2）审计报告是明确注册会计师的责任，发挥鉴证作用的重要条件。

（3）审计报告是具有公正性的证明文件，也是衡量审计工作质量的尺度。

（4）审计报告是注册会计师完成审计任务，表达审计意见的主要方式。

2. 审计报告的特征

审计报告是注册会计师在完成审计工作后向委托人提交的最终产品，具有以下特征：

（1）注册会计师应当按照审计准则的规定执行审计工作。

（2）注册会计师在实施审计工作的基础上，才能出具审计报告。

（3）注册会计师通过对财务报表发表意见，履行业务约定书约定的责任。

（4）注册会计师应当以书面形式出具审计报告。

审计报告是审计工作的最终结果，具有法定证明效力。注册会计师一旦在审计报告上签名盖章，就表明对其出具的审计报告负责。

9.1.2 审计报告的作用

注册会计师签发的审计报告，主要具有鉴证、保护和证明三方面的作用。

1. 鉴证作用

注册会计师签发的审计报告，是以超然独立的第三者身份，对被审计单位财务报表的合法性、公允性发表意见。这种意见具有鉴证作用，得到了政府、投资者和其他利益相关者的普遍认可。

2. 保护作用

注册会计师通过审计，可以对被审计单位财务报表出具不同类型审计意见的审计报告，以提高或降低财务报表使用者对财务报表的信赖程度，能够在一定程度上对被审计单位的债权人和股东以及其他利害关系人的利益起到保护作用。

3. 证明作用

审计报告是对注册会计师审计任务的完成情况及其结果所做的总结，它可以表明审计工作的质量，并明确注册会计师的审计责任。因此，审计报告可以对审计工作质量和注册会计师的审计责任起证明作用。

9.1.3 审计意见

审计意见是指注册会计师在完成审计工作后，对于鉴证对象是否符合鉴证标准而发表的意见。对于财务报表审计而言，则是对财务报表是否已按照适用的财务报告编制基础编制，以及财务报表是否在所有重大方面公允反映了被审计单位的财务状况、经营成果和现金流量发表意见。

审计意见一共包括5种类型，分别是无保留意见、带强调事项段和其他事项段的无保留意见、保留意见、否定意见和无法表示意见。注册会计师应当就财务报表是否在所有重大方面按照适用的财务报告编制基础编制并实现公允反映形成审计意见。

1. 无保留意见

如果认为财务报表在所有重大方面按照适用的财务报告编制基础的规定编制并实现合法、公允反映，注册会计师应当发表无保留意见。

2. 带强调事项段和其他事项段的无保留意见

如果认为财务报表在所有重大方面按照适用的财务报告编制基础的规定编制并实现合法、公允反映，但是存在需要说明的事项，如对持续经营能力产生重大疑虑及重大不确定事项等，注册会计师应当发表带强调事项段和其他事项段的无保留意见。

（1）强调事项段，是指审计报告中含有的一个段落，该段落提及已在被审计单位财务报表中恰当列报或披露的事项。根据注册会计师的职业判断，该事项对财务报表使用者理解财务报表至关重要。

（2）其他事项段，是指审计报告中含有的一个段落，该段落提及未在被审计单位财务报表中列报或披露的事项。根据注册会计师的职业判断，该事项与财务报表使用者理解审计工作、注册会计师的责任或审计报告相关。

3. 保留意见

保留意见是注册会计师对被审计单位的财务报表的反映有所保留的审计意见。如果认为被审计单位财务报表就其整体是公允的，但存在下列情形之一，应当发表保留意见：

（1）在获取充分、适当的审计证据后，注册会计师认为错报单独或累计起来对被审计单位财务报表影响重大，但不具有广泛性；

（2）注册会计师无法获取充分、适当的审计证据以作为形成审计意见的基础，但认为未发现的错报（如存在）对被审计单位的财务报表可能产生的影响重大，但不具有广泛性。

保留意见是在不能提出无保留意见的情况下出具的最不严厉的审计意见。

4. 否定意见

当注册会计师确信被审计单位的整个财务报表存在严重错报和歪曲，以致根本不能按照企业会计准则公允表达财务状况、经营成果和现金流量情况时，才发表否定意见。

在获取充分、适当的审计证据后，如果认为错报单独或累计起来对财务报表的影响重大且具有广泛性，注册会计师应发表否定意见。

5. 无法表示意见

注册会计师出具无法表示意见的审计报告，并不是不愿意发表意见，而是因为某些限制而未对某些重要事项取得证据，没有完成取证工作，使得注册会计师无法判断问题的归属。因此，如果无法获得充分、适当的审计证据以作为形成审计意见的基础，但认为未发现的错报（如存在）对财务报表可能产生的影响重大且具有广泛性，注册会计师应当发表无法表示意见。

9.1.4 审计报告的基本内容

审计报告应采用书面形式。对于标准审计报告来说，其基本内容包括以下部分：

1. 标题

审计报告的标题统一规范为"审计报告"。

2. 收件人

审计报告的收件人，应当按照审计业务约定的要求载明。

3. 审计意见

审计报告正文的第一部分应当为"审计意见"部分，并以"审计意见"作为标题。审计意见部分由两部分构成。

第一部分指出已审计财务报表，应当包括以下内容：

（1）指出被审计单位的名称；

（2）说明财务报表已经审计；

（3）指出构成整套财务报表的第一财务报表的名称；

（4）提及财务报表附注，包括重大会计政策和会计估计；

（5）指明构成整套财务报表的每一份财务报表的日期或涵盖的期间。

审计报告正文的第二部分应当说明注册会计师发表的审计意见。如果发表的是无保留意见，审计意见通常应当使用"我们认为，后附的财务报表在所有重大方面按照……的规定编制，公允反映了……"的措辞。

4. 形成审计意见的基础

审计报告正文的第二部分应当为"形成审计意见的基础"部分。该部分应包括以下内容：

（1）说明注册会计师按照审计准则的规定执行了审计工作。

（2）提及审计报告中用于描述审计准则规定的注册会计师责任的部分。

（3）声明注册会计师按照与审计相关的职业道德要求独立于被审计单位，并履行了职业道德方面的其他责任（声明中应当指明适用的职业道德要求）。

（4）说明注册会计师是否相信获取的审计证据是充分、适当的，并为发表审计意见提供了基础。

5. 管理层和治理层对财务报表的责任

审计报告正文应当包含"管理层和治理层对财务报表的责任"部分。该部分应当说明管理层和治理层负责下列方面：

（1）按照适用的财务报表编制基础的规定编制财务报表，使其实现公允反映，并设计、执行和维护必要的内部控制，以使财务报表不存在由于舞弊或错误导致的重大错报。

（2）评估被审计单位的持续经营能力以及使用持续经营假设是否适当，并披露与持续经营相关的事项（对管理层和治理层评估责任的说明应当包括描述在何种情况下使用持续经营假设是适当的）。

6. 注册会计师对财务报表审计的责任

审计报告正文应当包含"注册会计师对财务报表审计的责任"部分。该部分应当包括以下内容：

（1）说明注册会计师的目标是对财务报表整体是否不存在由于舞弊或错误导致的重大错报获取合理保证，并出具包含审计意见的审计报告。

（2）说明合理保证是高水平的保证，但并不能保证按照审计准则执行的审计在某一重大错报存在时总能发现。

（3）说明错报可能由于舞弊或错误导致。

注册会计师对财务报表的责任部分还应当包括说明在按照审计准则执行审计工作的过程中，注册会计师运用职业判断，并保持职业怀疑；通过说明注册会计师的责任，对审计工作进行描述。

7. 按照相关法律法规的要求报告的事项（如适用）

如果注册会计师在对财务报表出具的审计报告中，履行了审计准则规定的注册会计师责任外的其他报告责任，则审计报告正文应当包含"按照相关法律法规的要求报告的事项"部分。

8. 注册会计师的签名和盖章

审计报告应当由项目合伙人和另一名负责该项目的注册会计师签名和盖章。

9. 会计师事务所的名称、地址和盖章

审计报告应当载明会计师事务所的名称和地址，并加盖会计师事务所的公章。

10. 报告日期

审计报告日应在注册会计师获取充分、适当的审计证据之后。

9.1.5 关键审计事项

关键审计事项是指注册会计师根据职业判断认为对本期财务报表审计最为重要的事项。关键审计事项应从注册会计师与治理层沟通过的事项中选取。

注册会计师应当在审计报告中单设一部分，以"关键审计事项"为标题，并在该部分使用恰当的子标题逐项描述关键审计事项。如果是标准无保留意见的审计报告，则应在"关键审计事项"部分的引言段说明以下两点：

（1）关键审计事项是注册会计师根据职业判断，认为对本期财务报表审计最为重要的事项；

（2）关键审计事项的应对以对财务报表整体进行审计并形成审计意见为背景，注册会计师不对关键审计事项单独发表意见。

任务 9.2 审计报告的分类

9.2.1 审计报告的分类标准

审计报告可根据不同的分类标准进行分类。

（1）按照审计报告格式，分为标准审计报告和非标准审计报告。标准审计报告的格式和措辞基本统一，非标准审计报告的格式和措辞在标准审计报告格式的基础上进行相应调整。

（2）按照审计报告使用目的，分为公布目的审计报告和非公布目的审计报告。公布目的审计报告是指用于向被审计单位的所有者、投资者或债权人等非特定性质利害关系者公布的审计报告，这种审计报告必须附送会计报表。非公布目的审计报告是指用于向经营者、合并或业务转让的关系人、提供信用的金融机构等具有特定目的关系人分发的审计报告。

> **提示**
> 通常，标准审计报告是用于对外公布的审计报告。

> **提示**
> 非公布目的审计报告通常是应委托人具有特定目的要求而出具的，如会计报表某些特定项目、经营管理、合并或业务转让等目的的审计。

（3）按照审计报告的详略程度，可以分为简式审计报告和详式审计报告。简式审计报告，是内容和格式简明扼要的审计报告，包括注册会计师对会计报表审计后出具的各类审计意见的审计报告。根据《独立审计具体准则第7号——审计报告》的规定，简式审计报告应当包括下列基本内容：标题、收件人、范围段、说明段、意见段、签章和会计师事务所地址、报告日期。上市公司的年度会计报表审计报告就是典型的简式审计报告。

详式审计报告，是指注册会计师由于对所有重要的经济业务和情况都必须做详细、具体的分析和说明而出具的审计报告。详式审计报告一般不向社会公布，其格式和措辞也不做统一规定，但一般会包括以下内容：被审计单位基本情况、审计概况、审计结果、审计意见、审计建议、审计附件。

提示

简式审计报告记载的内容是法令或审计准则规定的，而且用以表述的文字是清楚易懂的，具有大体的标准格式。

详式审计报告内容丰富，不具有标准格式。比如对被审计单位经营管理和经济效益审计出具的报告，有的多达数万字、数十万字，加上附件资料，内容十分丰富。

9.2.2 标准审计报告

标准审计报告（auditor's standard report）是指不含有说明段、强调事项段、其他事项段或其他任何修饰性用语的无保留意见的审计报告。

标准审计报告格式和内容举例：

审计报告

北京惠达股份有限公司全体股东：

1. 对财务报表出具的审计报告

（1）审计意见

我们审计了北京惠达股份有限公司（以下简称"惠达公司"）财务报表，包括2020年12月31日的资产负债表，2020年度的利润表、现金流量表和股东权益变动表，以及财务报表附注（包括重大会计政策和会计估计）。

我们认为，惠达公司财务报表在所有重大方面按照企业会计准则和《企业会计制度》的规定编制，公允反映了惠达公司2020年12月31日的财务状况以及2020年度的经营成果和现金流量。

（2）形成审计意见的基础

我们按照中国注册会计师审计准则的规定执行了审计工作。审计报告的"注册会计师对财务报表审计的责任"部分进一步阐述了我们在这些准则下的责任。按照中国注册会计师职业道德守则，我们独立于惠达公司，并履行了职业道德方面的其他责任。我们相信，我们获取的审计证据是充分、适当的，为发表审计意见提供了基础。

（3）关键审计事项

关键审计事项是我们根据职业判断，认为对本期财务报表审计最为重要的事项。这些事项的应对以对财务报表整体进行审计并形成审计意见为背景，我们不对这些事项单独发表意见。

在公司良好业绩背后，是惠达公司与控股股东存在的巨额的关联交易。公司2020年向控股股东及其子公司关联方出售商品和提供劳务发生关联交易金额为750.36亿元，占总收入的78.8%。有些关联交易难以找到市场可比价格。

（4）其他信息

董事会对其他信息负责，其他信息包括惠达公司"十三五"规划报告中涵盖的信息，但不包括财务报表和我们的审计报告。

我们对财务报表的审计意见并不涵盖其他信息，我们也不对其他信息发表任何形式的鉴证结论。

结合我们对财务报表的审计，我们的责任是阅读其他信息，在此过程中，考虑其他信息是否与财务报表或我们在审计过程中了解的情况存在重大不一致或者似乎存在重大错报。

基于我们已经执行的工作，如果我们确定其他信息存在重大错报，我们应当报告该事实。本次审计，我们确定其他信息不存在重大错报。

（5）管理层和治理层对财务报表的责任

管理层负责按照企业会计准则的规定编制财务报表，使其实现公允反映，并设计、执行和维护必要的内部控制，以使财务报表不存在由于舞弊或错误而导致的重大错报。

在编制财务报表时，管理层负责评估惠达公司的持续经营能力，披露与持续经营相关的事项（如适用），并运用持续经营假设，除非管理层计划清算惠达公司、终止运营或另无其他现实的选择。

治理层负责监督惠达公司的财务报告过程。

（6）注册会计师对财务报表审计的责任

我们的目标是对财务报表整体是否不存在由于舞弊或错误导致的重大错报获取合理保证，并出具包含审计意见的审计报告。合理保证是高水平的保证，但按照审计准则执行的审计并不能保证一定会发现存在的重大错报。错报可能由于舞弊或错误导致，如果合理预期错报单独或汇总起来可能影响财务报表使用者依据财务报表作出的经济决策，则通常认为错报是重大的。

在按照审计准则执行审计工作的过程中，我们运用职业判断，并保持职业怀疑。同时，我们也执行以下工作：

①识别和评估由于舞弊或错误导致的财务报表重大错报风险，设计和实施审计程序以应对这些风险，并获取充分、适当的审计证据，作为发表审计意见的基础。由于舞弊涉及串通、伪造、故意遗漏、虚假陈述或凌驾于内部控制之上，未能发现由于舞弊导致的重大错报的风险高于未能发现由于错误导致的重大错报的风险。

②了解与审计相关的内部控制，以设计恰当的审计程序，但目的并非对内部控制的有效性发表意见。

③评价管理层选用会计政策的恰当性和作出会计估计及相关披露的合理性。

④对管理层使用持续经营假设的恰当性得出结论。同时，根据获取的审计证据，就可能导致对惠达公司持续经营能力产生重大疑虑的事项或情况是否存在重大不确定性得出结论。如果我们得出结论认为存在重大不确定性，审计准则要求我们在审计报告中提请报表使用者注意财务报表中的相关披露；如果披露不充分，我们应当发表非无保留意见。我们的结论基于截至审计报告日可获得的信息。然而，未来的事项或情况可能导致惠达公司不能持续经营。

⑤评价财务报表的总体列报、结构和内容（包括披露），并评价财务报表是否公允反映相关交易和事项。

我们与治理层就计划的审计范围、时间安排和重大审计发现等事项进行沟通，包括沟通我们在审计中识别出的值得关注的内部控制缺陷。

我们还就已遵守与独立性相关的职业道德要求向治理层提供声明，并与治理层沟通可能被合理认为影响我们独立性的所有关系和其他事项，以及相关的防范措施（如适用）。

从与治理层沟通的事项中，我们确定哪些事项对本期财务报表审计最为重要，因而构成关键审计事项。我们在审计报告中描述这些事项，除非法律法规禁止公开披露这些事项，或在极少数情形下，如果合理预期在审计报告中沟通某事项造成的负面后果超过在公众利益方面产生的益处，我们确定不应在审计报告中沟通该事项。

2. 按照相关法律法规的要求报告的事项

根据现行法律法规对其他报告责任性质的规定，我们没有发现惠达公司在所审计期间有需要报告的其他事项。

润亚会计师事务所　　　　　　　　　　中国注册会计师：刘明（项目合伙人）

　　　　　　　　　　　　　　　　　（签名并盖章）

　　　　　（盖章）

　　　　　　　　　　　　　　　　　中国注册会计师：王青（签名并盖章）

中国北京市　　　　　　　　　　　　二〇二一年二月十二日

9.2.3 非标准审计报告

非标准审计报告（nonstandard audit report）是指标准审计报告以外的其他审计报告，包括带强调事项段和其他事项段的无保留意见的审计报告和非无保留意见的审计报告。非无保留意见的审计报告包括保留意见的审计报告、否定意见的审计报告和无法表示意见的审计报告。

当存在下列情形之一时，注册会计师应当在审计报告中发表非无保留意见：①根据获取的审计证据，得出财务报表整体存在重大错报的结论；②无法获取充分、适当的审计证据，不能得出财务报表整体不存在重大错报的结论。

当出具非无保留意见的审计报告时，注册会计师应当在注册会计师的责任段之后、审计意见段之前增加说明段，说明导致发表非无保留意见的所有原因，并在可能的情况下，指出其对财务报表的影响程度。

（1）带强调事项段和其他事项段的无保留意见审计报告。

强调事项段和其他事项段通常安排在形成审计意见的基础段之后，关键审计事项段之前；如果一份审计报告中同时存在强调事项和其他事项，强调事项段通常在其他事项段之前。

①无保留意见中的强调事项段。

如果在审计报告中包含强调事项段，注册会计师应当将强调事项段作为单独的一部分置于审计报告中，并使用包含"强调事项"这一术语的适当标题；并且明确提及被强调事项及相关披露的位置，以能够在财务报表中找到对该事项的详细描述；同时，指出审计意见没有因该强调事项而改变。

带强调事项段的无保留意见审计报告格式举例：

审计报告

北京惠达股份有限公司全体股东：

1. 对财务报表出具的审计报告

（1）审计意见

我们审计了北京惠达股份有限公司（以下简称"惠达公司"）财务报表，包括2020年12月31日的资产负债表，2020年度的利润表、现金流量表和股东权益变动表，以及财务报表附注（包括重大会计政策和会计估计）。

我们认为，惠达公司财务报表在所有重大方面按照企业会计准则和《企业会计制度》的规定编制，公允反映了惠达公司2020年12月31日的财务状况以及2020年度的经营成果和现金流量。

（2）形成审计意见的基础

我们按照中国注册会计师审计准则的规定执行了审计工作。审计报告的"注册会计师对财务报表审计的责任"部分进一步阐述了我们在这些准则下的责任。按照中国注册会计师职业道德守则，我们独立于惠达公司，并履行了职业道德方面的其他责任。我们相信，我们获取的审计证据是充分、适当的，为发表审计意见提供了基础。

（3）强调事项

我们提醒财务报表使用者关注，财务报表附注（九）描述了火灾对惠达公司的生产设备造成的影响。本段内容不影响已发表的审计意见。

（4）关键审计事项

关键审计事项是我们根据职业判断，认为对本期财务报表审计最为重要的事项。这些事项的应对以对财务报表整体进行审计并形成审计意见为背景，我们不对这些事项单独发表意见。

惠达公司2020年12月份出售了1 200万股中宏证券，获利约2.67亿元。非经常性损益占惠达公司2020年净利润的67%。

（5）其他信息

董事会对其他信息负责，其他信息包括惠达公司发展战略调整报告中涵盖的信息，但不包括财务报表和我们的审计报告。

我们对财务报表的审计意见并不涵盖其他信息，我们也不对其他信息发表任何形式的鉴证结论。

结合我们对财务报表的审计，我们的责任是阅读其他信息，在此过程中，考虑其他信息是否与财务报表或我们在审计过程中了解的情况存在重大不一致或者似乎存在重大错报。

基于我们已经执行的工作，如果我们确定其他信息存在重大错报，我们应当报告该事实。本次审计，我们确定其他信息不存在重大错报。

（6）管理层和治理层对财务报表的责任

管理层负责按照企业会计准则的规定编制财务报表，使其实现公允反映，并设计、执行和维护必要的内部控制，以使财务报表不存在由于舞弊或错误而导致的重大错报。

在编制财务报表时，管理层负责评估惠达公司的持续经营能力，披露与持续经营相关的事项（如适用），并运用持续经营假设，除非管理层计划清算惠达公司、终止运营或另无其他现实的选择。

治理层负责监督惠达公司的财务报告过程。

（7）注册会计师对财务报表审计的责任

我们的目标是对财务报表整体是否不存在由于舞弊或错误导致的重大错报获取合理保证，并出具包含审计意见的审计报告。合理保证是高水平的保证，但按照审计准则执行的审计并不能保证一定会发现存在的重大错报。错报可能由于舞弊或错误导致，如果合理预期错报单独或汇总起来可能影响财务报表使用者依据财务报表作出的经济决策，则通常认为错报是重大的。

在按照审计准则执行审计工作的过程中，我们运用职业判断，并保持职业怀疑。同时，我们也执行以下工作：

①识别和评估由于舞弊或错误导致的财务报表重大错报风险，设计和实施审计程序以应对这些风险，并获取充分、适当的审计证据，作为发表审计意见的基础。由于舞弊涉及串通、伪造、故意遗漏、虚假陈述或凌驾于内部控制之上，能不能发现由于舞弊导致的重大错报的风险高于未能发现由于错误导致的重大错报的风险。

②了解与审计相关的内部控制，以设计恰当的审计程序，但目的并非对内部控制的有效性发表意见。

③评价管理层选用会计政策的恰当性和作出会计估计及相关披露的合理性。

④对管理层使用持续经营假设的恰当性得出结论。同时，根据获取的审计证据，就可能导致对惠达公司持续经营能力产生重大疑虑的事项或情况是否存在重大不确定性得出结论。如果我们得出结论认为存在重大不确定性，审计准则要求我们在审计报告中提请报表使用者注意财务报表中的相关披露；如果披露不充分，我们应当发表非无保留意见。我们的结论基于截至审计报告日可获得的信息。然而，未来的事项或情况可能导致惠达公司不能持续经营。

⑤评价财务报表的总体列报、结构和内容（包括披露），并评价财务报表是否公允反映相关交易和事项。

我们与治理层就计划的审计范围、时间安排和重大审计发现等事项进行沟通，包括沟通我们在审计中识别出的值得关注的内部控制缺陷。

我们还就已遵守与独立性相关的职业道德要求向治理层提供声明，并与治理层沟通可能被合理认为影响我们独立性的所有关系和其他事项，以及相关的防范措施（如适用）。

从与治理层沟通的事项中，我们确定哪些事项对本期财务报表审计最为重要，因而构成关键审计事项。我们在审计报告中描述这些事项，除非法律法规禁止公开披露这些事项，或在极少数情形下，如果合理预期在审计报告中沟通某事项造成的负面后果超过在公众利益方面产生的益处，我们确定不应在审计报告中沟通该事项。

2. 按照相关法律法规的要求报告的事项

根据现行法律法规对其他报告责任性质的规定，我们没有发现惠达公司在所审计期间有需要报告的其他事项。

润亚会计师事务所	中国注册会计师：刘明（项目合伙人）
	（签名并盖章）
	（盖章）
	中国注册会计师：王青（签名并盖章）
中国北京市	二〇二一年二月十二日

② 无保留意见中的其他事项段。

如果在审计报告中包含其他事项段，注册会计师应当将其他事项段作为单独的一部分置于审计报告中，并使用包含"其他事项"这一术语的适当标题。

带其他事项段的无保留意见审计报告格式举例：

审计报告

北京惠达股份有限公司全体股东：

1. 对财务报表出具的审计报告

（1）审计意见

我们审计了北京惠达股份有限公司（以下简称"惠达公司"）财务报表，包括 2020 年 12 月 31 日的资产负债表，2020 年度的利润表、现金流量表和股东权益变动表，以及财务报表附注（包括重大会计政策和会计估计）。

我们认为，惠达公司财务报表在所有重大方面按照企业会计准则和《企业会计制度》的规定编制，公允反映了惠达公司 2020 年 12 月 31 日的财务状况以及 2020 年度的经营成果和现金流量。

（2）形成审计意见的基础

我们按照中国注册会计师审计准则的规定执行了审计工作。审计报告的"注册会计师对财务报表审计的责任"部分进一步阐述了我们在这些准则下的责任。按照中国注册会计师职业道德守则，我们独立于惠达公司，并履行了职业道德方面的其他责任。我们相信，我们获取的审计证据是充分、适当的，为发表审计意见提供了基础。

（3）其他事项

在审计过程中，我们发现惠达公司于 2020 年 12 月通过了在 2020 年实施大幅度降低产品销售价格扩大市场占有率的经营策略，这预计将导致惠达公司在 2020 年出现利润减少 5 600 万元，提醒财务报表使用者关注。本段内容不影响已发表的审计意见。

（4）关键审计事项

关键审计事项是我们根据职业判断，认为对本期财务报表审计最为重要的事项。这些事项的应对以对财务报表整体进行审计并形成审计意见为背景，我们不对这些事项单独发表意见。

惠达公司 2020 年获得的政府补贴为 8 130.32 万元，在这部分政府补贴中，资源综合利用增值税退税总计 7 985.31 万元。政府补贴占惠达公司 2020 年净利润的 48%。

（5）其他信息

董事会对其他信息负责，其他信息包括惠达公司参与"一带一路"发展报告中涵盖的信息，但不包括财务报表和我们的审计报告。

我们对财务报表的审计意见并不涵盖其他信息，我们也不对其他信息发表任何形式的鉴证结论。

结合我们对财务报表的审计，我们的责任是阅读其他信息，在此过程中，考虑其他信息是否与财务报表或我们在审计过程中了解的情况存在重大不一致或者似乎存在重大错报。

基于我们已经执行的工作，如果我们确定其他信息存在重大错报，我们应当报告该事实。本次审计，我们确定其他信息不存在重大错报。

（6）管理层和治理层对财务报表的责任

管理层负责按照企业会计准则的规定编制财务报表，使其实现公允反映，并设计、执行和维护必要的内部控制，以使财务报表不存在由于舞弊或错误而导致的重大错报。

在编制财务报表时，管理层负责评估惠达公司的持续经营能力，披露与持续经营相关的事项（如适用），并运用持续经营假设，除非管理层计划清算惠达公司、终止运营或另无其他现实的选择。

治理层负责监督惠达公司的财务报告过程。

(7) 注册会计师对财务报表审计的责任

我们的目标是对财务报表整体是否不存在由于舞弊或错误导致的重大错报获取合理保证，并出具包含审计意见的审计报告。合理保证是高水平的保证，但按照审计准则执行的审计并不能保证一定会发现存在的重大错报。错报可能由于舞弊或错误导致，如果合理预期错报单独或汇总起来可能影响财务报表使用者依据财务报表作出的经济决策，则通常认为错报是重大的。

在按照审计准则执行审计工作的过程中，我们运用职业判断，并保持职业怀疑。同时，我们也执行以下工作：

①识别和评估由于舞弊或错误导致的财务报表重大错报风险，设计和实施审计程序以应对这些风险，并获取充分、适当的审计证据，作为发表审计意见的基础。由于舞弊涉及串通、伪造、故意遗漏、虚假陈述或凌驾于内部控制之上，未能发现由于舞弊导致的重大错报的风险高于未能发现由于错误导致的重大错报的风险。

②了解与审计相关的内部控制，以设计恰当的审计程序，但目的并非对内部控制的有效性发表意见。

③评价管理层选用会计政策的恰当性和作出会计估计及相关披露的合理性。

④对管理层使用持续经营假设的恰当性得出结论。同时，根据获取的审计证据，就可能导致对惠达公司持续经营能力产生重大疑虑的事项或情况是否存在重大不确定性得出结论。如果我们得出结论认为存在重大不确定性，审计准则要求我们在审计报告中提请报表使用者注意财务报表中的相关披露；如果披露不充分，我们应当发表非无保留意见。我们的结论基于截至审计报告日可获得的信息。然而，未来的事项或情况可能导致惠达公司不能持续经营。

⑤评价财务报表的总体列报、结构和内容（包括披露），并评价财务报表是否公允反映相关交易和事项。

我们与治理层就计划的审计范围、时间安排和重大审计发现等事项进行沟通，包括沟通我们在审计中识别出的值得关注的内部控制缺陷。

我们还就已遵守与独立性相关的职业道德要求向治理层提供声明，并与治理层沟通可能被合理认为影响我们独立性的所有关系和其他事项，以及相关的防范措施（如适用）。

从与治理层沟通的事项中，我们确定哪些事项对本期财务报表审计最为重要，因而构成关键审计事项。我们在审计报告中描述这些事项，除非法律法规禁止公开披露这些事项，或在极少数情形下，如果合理预期在审计报告中沟通某事项造成的负面后果超过在公众利益方面产生的益处，我们确定不应在审计报告中沟通该事项。

2. 按照相关法律法规的要求报告的事项

根据现行法律法规对其他报告责任性质的规定，我们没有发现惠达公司在所审计期间有需要报告的其他事项。

润亚会计师事务所　　　　　　　　　　　中国注册会计师：刘明（项目合伙人）
　　　　　　　　　　　　　　　　　　　　（签名并盖章）
　　　　　　　　　　　　　　　　　　　　（盖章）
　　　　　　　　　　　　　　　　　　　中国注册会计师：王青（签名并盖章）
中国北京市　　　　　　　　　　　　　　二〇二一年二月十二日

（2）保留意见审计报告。

如果出具保留意见，则标准审计报告格式中的"审计意见"段，直接替换为"保留意见"段，紧接着下一段为"形成保留意见的基础"段。

保留意见审计报告格式举例：

审计报告

北京惠达股份有限公司全体股东：

1. 对财务报表出具的审计报告

（1）保留意见

我们审计了北京惠达股份有限公司（以下简称"惠达公司"）财务报表，包括2020年12月31日的资产负债表，2020年度的利润表、现金流量表和股东权益变动表，以及财务报表附注（包括重大会计政策和会计估计）。

我们认为，除"形成保留意见的基础"部分所述事项产生的影响外，后附的财务报表在所有重大方面按照企业会计准则和《企业会计制度》的规定编制，公允反映了惠达公司2020年12月31日的财务状况以及2020年度的经营成果和现金流量。

（2）形成保留意见的基础

惠达公司2020年12月31日资产负债表中存货的列示金额为42 768 502元。董事会根据成本对存货进行计量，而没有根据成本与可变现净值孰低的原则进行计量，这不符合企业会计准则的规定。惠达公司的会计记录显示，如果董事会以成本与可变现净值孰低来计量存货，存货列示金额将减少3 756 204元。相应地，资产减值损失将增加3 756 204元，所得税、净利润和股东权益将分别减少。

我们按照中国注册会计师审计准则的规定执行了审计工作。审计报告的"注册会计师对财务报表审计的责任"部分进一步阐述了我们在这些准则下的责任。按照中国注册会计师职业道德守则，我们独立于惠达公司，并履行了职业道德方面的其他责任。我们相信，我们获取的审计证据是充分、适当的，为发表审计意见提供了基础。

(3) 其他信息

董事会对其他信息负责，其他信息包括惠达公司参与"一带一路"发展报告中涵盖的信息，但不包括财务报表和我们的审计报告。

我们对财务报表的审计意见并不涵盖其他信息，我们也不对其他信息发表任何形式的鉴证结论。

结合我们对财务报表的审计，我们的责任是阅读其他信息，在此过程中，考虑其他信息是否与财务报表或我们在审计过程中了解的情况存在重大不一致或者似乎存在重大错报。

基于我们已经执行的工作，如果我们确定其他信息存在重大错报，我们应当报告该事实。本次审计，我们确定其他信息不存在重大错报。

(4) 关键审计事项

关键审计事项是我们根据职业判断，认为对本期财务报表审计最为重要的事项。这些事项的应对以对财务报表整体进行审计并形成审计意见为背景，我们不对这些事项单独发表意见。除"形成保留意见的基础"部分所述事项外，我们确定下列事项是需要在审计报告中沟通的关键事项。

惠达公司 2020 年营业收入和盈利下降，经营活动产生的现金流量净额为 -1.27 亿元。对此，惠达公司给出的解释是行业不景气所致。

(5) 管理层和治理层对财务报表的责任

管理层负责按照企业会计准则的规定编制财务报表，使其实现公允反映，并设计、执行和维护必要的内部控制，以使财务报表不存在由于舞弊或错误而导致的重大错报。

在编制财务报表时，管理层负责评估惠达公司的持续经营能力，披露与持续经营相关的事项（如适用），并运用持续经营假设，除非管理层计划清算惠达公司、终止运营或另无其他现实的选择。

治理层负责监督惠达公司的财务报告过程。

(6) 注册会计师对财务报表审计的责任

我们的目标是对财务报表整体是否不存在由于舞弊或错误导致的重大错报获取合理保证，并出具包含审计意见的审计报告。合理保证是高水平的保证，但按照审计准则执行的审计并不能保证一定会发现存在的重大错报。错报可能由于舞弊或错误导致，如果合理预期错报单独或汇总起来可能影响财务报表使用者依据财务报表作出的经济决策，则通常认为错报是重大的。

在按照审计准则执行审计工作的过程中，我们运用职业判断，并保持职业怀疑。同时，我们也执行以下工作：

①识别和评估由于舞弊或错误导致的财务报表重大错报风险，设计和实施审计程序以应对这些风险，并获取充分、适当的审计证据，作为发表审计意见的基础。由于舞弊涉及串通、伪造、故意遗漏、虚假陈述或凌驾于内部控制之上，未能发现由于舞弊导致的重大错报的风险高于未能发现由于错误导致的重大错报的风险。

②了解与审计相关的内部控制，以设计恰当的审计程序，但目的并非对内部控制的有效性发表意见。

③评价管理层选用会计政策的恰当性和作出会计估计及相关披露的合理性。

④对管理层使用持续经营假设的恰当性得出结论。同时，根据获取的审计证据，就可能导致对惠达公司持续经营能力产生重大疑虑的事项或情况是否存在重大不确定性得出结论。如果我们得出结论认为存在重大不确定性，审计准则要求我们在审计报告中提请报表使用者注意财务报表中的相关披露；如果披露不充分，我们应当发表非无保留意见。我们的结论基于截至审计报告日可获得的信息。然而，未来的事项或情况可能导致惠达公司不能持续经营。

⑤评价财务报表的总体列报、结构和内容（包括披露），并评价财务报表是否公允反映相关交易和事项。

我们与治理层就计划的审计范围、时间安排和重大审计发现等事项进行沟通，包括沟通我们在审计中识别出的值得关注的内部控制缺陷。

我们还就已遵守与独立性相关的职业道德要求向治理层提供声明，并与治理层沟通可能被合理认为影响我们独立性的所有关系和其他事项，以及相关的防范措施（如适用）。

从与治理层沟通的事项中，我们确定哪些事项对本期财务报表审计最为重要，因而构成关键审计事项。我们在审计报告中描述这些事项，除非法律法规禁止公开披露这些事项，或在极少数情形下，如果合理预期在审计报告中沟通某事项造成的负面后果超过在公众利益方面产生的益处，我们确定不应在审计报告中沟通该事项。

2. 按照相关法律法规的要求报告的事项

根据现行法律法规对其他报告责任性质的规定，我们没有发现惠达公司在所审计期间有需要报告的其他事项。

润亚会计师事务所　　　　　　　　　　　　中国注册会计师：刘明（项目合伙人）
　　　　　　　　　　　　　　　　　　　　（签名并盖章）
　　　　　　　　　　　　　　　　　　　　（盖章）
　　　　　　　　　　　　　　　　　　　　中国注册会计师：王青（签名并盖章）
中国北京市　　　　　　　　　　　　　　　二〇二一年二月十二日

(3) 否定意见审计报告。

如果出具否定意见，则标准审计报告格式中的"审计意见"段，直接替换为"否定意见"段，紧接着下一段为"形成否定意见的基础"段。

如果出具否定意见的审计报告，注册会计师应当在意见段中使用"由于上述问题造成的重大影响"或"由于受到前段所述事项的重大影响"等专业术语。

否定意见审计报告格式举例：

审计报告

北京惠达股份有限公司全体股东：

1. 对财务报表出具的审计报告

（1）否定意见

我们审计了北京惠达股份有限公司及其子公司（以下简称"惠达集团"）的合并财务报表，包括2020年12月31日的合并资产负债表，2020年度的合并利润表、合并现金流量表和合并股东权益变动表，以及合并财务报表附注（包括重大会计政策和会计估计）。

我们认为，由于"形成否定意见的基础"部分所述事项的重要性，后附的惠达集团合并财务报表没有在所有重大方面按照企业会计准则的规定编制，未能公允反映惠达集团2020年12月31日的合并财务状况以及2020年度的合并经营成果和合并现金流量。

（2）形成否定意见的基础

如财务报表附注六所述，2020年惠达集团通过非同一控制下的企业合并获得对阳光公司的控制权，因未能取得购买日阳光公司某些重要资产和负债的公允价值，故未将阳光公司纳入合并财务报表的范围。按照企业会计准则的规定，该集团应将这一子公司纳入合并财务报表的范围，后附的惠达集团合并财务报表的多个报表项目将受到重大影响。但我们无法确定未将阳光公司纳入合并范围对合并财务报表产生的影响。

我们按照中国注册会计师审计准则的规定执行了审计工作。审计报告的"注册会计师对财务报表审计的责任"部分进一步阐述了我们在这些准则下的责任。按照中国注册会计师职业道德守则，我们独立于惠达公司，并履行了职业道德方面的其他责任。我们相信，我们获取的审计证据是充分、适当的，为发表审计意见提供了基础。

（3）其他信息

董事会对其他信息负责，其他信息包括惠达公司参与"一带一路"发展报告中涵盖的信息，但不包括财务报表和我们的审计报告。

我们对财务报表的审计意见并不涵盖其他信息，我们也不对其他信息发表任何形式的鉴证结论。

结合我们对财务报表的审计，我们的责任是阅读其他信息，在此过程中，考虑其他信息是否与财务报表或我们在审计过程中了解的情况存在重大不一致或者似乎存在重大错报。

基于我们已经执行的工作，如果我们确定其他信息存在重大错报，我们应当报告该事实。本次审计，我们确定其他信息不存在重大错报。

（4）关键审计事项

除"形成否定意见的基础"部分所述事项外，我们认为，没有其他需要在审计报告中沟通的关键审计事项。

（5）管理层和治理层对财务报表的责任

管理层负责按照企业会计准则的规定编制财务报表，使其实现公允反映，并设计、执行和维护必要的内部控制，以使财务报表不存在由于舞弊或错误而导致的重大错报。

在编制财务报表时，管理层负责评估惠达公司的持续经营能力，披露与持续经营相关的事项（如适用），并运用持续经营假设，除非管理层计划清算惠达公司、终止运营或另无其他现实的选择。

治理层负责监督惠达公司的财务报告过程。

（6）注册会计师对财务报表审计的责任

我们的目标是对财务报表整体是否不存在由于舞弊或错误导致的重大错报获取合理保证，并出具包含审计意见的审计报告。合理保证是高水平的保证，但按照审计准则执行的审计并不能保证一定会发现存在的重大错报。错报可能由于舞弊或错误导致，如果合理预期错报单独或汇总起来可能影响财务报表使用者依据财务报表作出的经济决策，则通常认为错报是重大的。

在按照审计准则执行审计工作的过程中，我们运用职业判断，并保持职业怀疑。同时，我们也执行以下工作：

①识别和评估由于舞弊或错误导致的财务报表重大错报风险，设计和实施审计程序以应对这些风险，并获取充分、适当的审计证据，作为发表审计意见的基础。由于舞弊涉及串通、伪造、故意遗漏、虚假陈述或凌驾于内部控制之上，未能发现由于舞弊导致的重大错报的风险高于未能发现由于错误导致的重大错报的风险。

②了解与审计相关的内部控制，以设计恰当的审计程序，但目的并非对内部控制的有效性发表意见。

③评价管理层选用会计政策的恰当性和作出会计估计及相关披露的合理性。

④对管理层使用持续经营假设的恰当性得出结论。同时，根据获取的审计证据，就可能导致惠达公司持续经营能力产生重大疑虑的事项或情况是否存在重大不确定性得出结论。如果我们得出结论认为存在重大不确定性，审计准则要求我们在审计报告中提请报表使用者注意财务报表中的相关披露；如果披露不充分，我们应当发表非无保留意见。我们的结论基于截至审计报告日可获得的信息。然而，未来的事项或情况可能导致惠达公司不能持续经营。

⑤评价财务报表的总体列报、结构和内容（包括披露），并评价财务报表是否公允反映相关交易和事项。

我们与治理层就计划的审计范围、时间安排和重大审计发现等事项进行沟通，包括沟通我们在审计中识别出的值得关注的内部控制缺陷。

我们还就已遵守与独立性相关的职业道德要求向治理层提供声明，并与治理层沟通可能被合理认为影响我们独立性的所有关系和其他事项，以及相关的防范措施（如适用）。

从与治理层沟通的事项中，我们确定哪些事项对本期财务报表审计最为重要，因而构成关键审计事项。我们在审计报告中描述这些事项，除非法律法规禁止公开披露这些事项，或在极少数情形下，如果合理预期在审计报告中沟通某事项造成的负面后果超过在公众利益方面产生的益处，我们确定不应在审计报告中沟通该事项。

2. 按照相关法律法规的要求报告的事项

根据现行法律法规对其他报告责任性质的规定，我们没有发现惠达公司在所审计期间有需要报告的其他事项。

润亚会计师事务所	中国注册会计师：刘明（项目合伙人）
	（签名并盖章）
	（盖章）
	中国注册会计师：王青（签名并盖章）
中国北京市	二〇二一年二月十二日

（4）无法表示意见的审计报告。

当出具无法表示意见的审计报告时，应将标准审计报告格式中的"审计意见"段，直接替换为"无法表示意见"段，紧接着下一段为"形成无法表示意见的基础"段。在意见段中应使用"由于审计范围受到限制可能产生的影响非常重大和广泛""我们无法对上述财务报表发表意见"等专业术语。

无法表示意见审计报告格式举例：

审计报告

北京惠达股份有限公司全体股东：

1. 对财务报表出具的审计报告

（1）无法表示意见

我们审计了北京惠达股份有限公司（以下简称"惠达公司"）财务报表，包括2020年12月31日的资产负债表，2020年度的利润表、现金流量表和股东权益变动表，以及财务报表附注（包括重大会计政策和会计估计）。

我们不对后附的惠达公司财务报表发表审计意见。由于"形成无法表示意见的基础"部分所述事项的重要性，我们无法获取充分、适当的审计证据以作为对财务报表发表审计意见的基础。

（2）形成无法表示意见的基础

惠达公司未对2020年12月31日的存货进行盘点，金额为35 760万元，占期末资产总额的62%。我们无法实施存货监盘，也无法实施其他替代审计程序，以对期末存货的数量和状况获取充分、适当的审计证据。

（3）管理层和治理层对财务报表的责任

管理层负责按照企业会计准则的规定编制财务报表，使其实现公允反映，并设计、执行和维护必要的内部控制，以使财务报表不存在由于舞弊或错误而导致的重大错报。

在编制财务报表时，管理层负责评估惠达公司的持续经营能力，披露与持续经营相关的事项（如适用），并运用持续经营假设，除非管理层计划清算惠达公司、终止运营或另无其他现实的选择。

治理层负责监督惠达公司的财务报告过程。

（4）注册会计师对财务报表审计的责任

我们的责任是按照中国注册会计师审计准则的规定，对惠达公司的财务报表执行审计工作，以出具审计报告。但由于"形成无法表示意见的基础"部分所述的事项，我们无法获取充分、适当的审计证据以作为发表审计意见的基础。

2. 按照相关法律法规的要求报告的事项

根据现行法律法规对其他报告责任性质的规定，我们没有发现惠达公司在所审计期间有需要报告的其他事项。

润亚会计师事务所	中国注册会计师：刘明（项目合伙人）
	（签名并盖章）
	（盖章）
	中国注册会计师：王青（签名并盖章）
中国北京市	二〇二一年二月十二日

项目小结

本项目解释了审计报告的含义和包含的基本内容；介绍了审计报告的分类和审计意见的分类，以及出具不同审计意见的基本标准；阐述了标准审计报告和非标准审计报告的主要格式。

思考与练习

一、单项选择题

1. 如果注册会计师认为被审计单位的持续经营假设不再合理，而该单位仍按照原来的持续经营假设编制财务报表，则注册会计师应发表（ ）。
   A. 带强调事项段的无保留意见
   B. 保留意见
   C. 否定意见
   D. 无法表示意见

2. 注册会计师对期后事项审计时，其应负识别责任的截止日期为（ ）。
   A. 审计工作结束日
   B. 财务报表公布日
   C. 财务报表批准报出日
   D. 资产负债表日

3. 下列关于在审计报告中沟通关键审计事项的说法中，正确的是（ ）。
   A. 注册会计师拟从与治理层沟通过的事项中选择对当期财务报表影响最大的事项作为关键审计事项
   B. 为便于财务报表预期使用者理解全部关键审计事项，注册会计师应当在审计报告中逐项描述每一关键审计事项
   C. 考虑到审计过程中对重要性的运用较多地涉及重大审计判断，注册会计师拟将对重要性的运用作为关键审计事项之一
   D. 由于审计项目组在评价甲公司与持续经营相关的重大不确定性方面耗费的审计资源最多，注册会计师拟在关键审计事项部分沟通与持续经营相关的重大不确定性

4. 标准审计报告和非标准审计报告的分类标准是（ ）。
   A. 审计报告的性质
   B. 审计报告使用的目的
   C. 审计报告的详细程度
   D. 审计报告使用的范围

5. 注册会计师应当发表无法表示意见还是保留意见，其主要考虑的因素是（ ）。
   A. 财务报表中错报性质的严重程度
   B. 被审计单位滥用会计政策的严重程度
   C. 被审计单位会计估计的不合理程度
   D. 审计范围受到限制的严重程度

二、多项选择题

1. 注册会计师在进行财务报表审计时,对期初余额一般( )。
   A. 无须专门发表审计意见
   B. 无须专门实施审计程序
   C. 必须专门发表审计意见
   D. 必须考虑其审计结论对所审计财务报表的审计意见的影响

2. 下列关于审计报告的说法中,错误的有( )。
   A. 对于业务比较简单的被审计单位而言,注册会计师不执行审计工作也可以出具审计报告
   B. 注册会计师应当按照审计准则的规定执行审计工作
   C. 注册会计师应当以书面形式或电子形式出具审计报告
   D. 对于非无保留意见的审计报告,注册会计师可以不在审计报告上签名盖章

3. 注册会计师应当向管理层获取书面声明的主要事项包括( )。
   A. 管理层认可其设计和实施内部控制
   B. 管理层认为注册会计师在审计过程中发现的未更正错报,无论是单独还是汇总起来考虑,对财务报表整体均不具有重大影响
   C. 内部控制存在重大缺陷
   D. 超过重要性水平的错报

4. 注册会计师在出具保留意见、否定意见或无法表示意见的审计报告时,应在意见段之前增加说明段,用以( )。
   A. 说明导致所发表审计意见的所有原因
   B. 对重大事件予以强调
   C. 在可能的情况下指出对财务报表的影响程度
   D. 说明存在的重大不确定事项

5. 注册会计师在评价财务报表的合法性时,应考虑( )。
   A. 财务报表是否作出充分披露
   B. 财务报表反映的信息是否具有相关性、可靠性、可比性和可理解性
   C. 被审计单位管理层作出的会计估计是否合理
   D. 被审计单位管理层选择和运用的会计政策是否合法并合理

三、判断题

1. 如果管理层拒绝提供注册会计师认为必要的证明,注册会计师应将其视为审计范围受到限制。( )

2. 如果与被审计单位的沟通是以讨论的形式进行的,注册会计师应保证对沟通事项已加以记录。( )

3. 审计意见段之后增加的强调事项段,仅用于提醒财务报表使用者关注,并不影响已发表的审计意见。( )

4. 审计报告的强调事项段是指注册会计师在审计意见段之后增加的对重大事项予以强调的段落。( )

5. 如果认为预测性财务信息的列报不恰当,注册会计师应当对预测性财务信息出具保留或者否定意见的审计报告,或解除业务约定。( )

四、简答题

1. 什么是审计报告?

2. 审计报告的用途是什么?

项目 10　内部审计

知识目标

◎ 了解内部审计的概念和作用及特征；

◎ 理解内部审计机构；

◎ 理解我国内部审计准则体系。

技能目标

◎ 掌握内部审计基本准则与具体准则；

◎ 掌握内部审计人员职业道德规范；

◎ 掌握舞弊审计。

案例导入

大地电焊条公司在销售过程中，销售业务是按照销售合同进行的，当生产车间产品完工后，填制产成品入库单，验收合格后入库。销售部门根据销售合同编制发货通知单分别通知仓库发货和运输部门办理托收手续。产品发出后，销售部门根据仓库签收后转来的发货通知单开具发票，并据以登记产成品明细账，运输部门将其与销售票一并送交财务部门，财务将其与销售合同核对后，开具运杂费清单，通知出纳人员办理货款结算，并进行账务处理。

案例思考

请点评此案例中的内部控制是否健全，并指出其可能造成的影响。

本章导语

审计可以分为政府审计、社会审计和内部审计。内部审计必不可缺。

通过本项目，可以学习：

（1）内部审计机构的设置；

（2）应对舞弊的策略及措施。

任务 10.1 内部审计简述

10.1.1 内部审计的概念

中国内部审计协会（CIIA）在《内部审计基本准则》中对内部审计的定义为：内部审计是指被审计单位负责执行鉴证和咨询活动，以评价和改进被审计单位的治理、风险管理和内部控制流程有效性的职能。

对于内部审计的概念，可以从以下几方面来理解：

（1）内部审计应该恪守独立客观的基本原则。

（2）内部审计的目的是增加组织价值和改善组织运营，内部审计要承担帮助组织实现整体目标的责任。

（3）内部审计应保持其职业传统，应通过系统的、规范的方法来实现其功能定位。

10.1.2 内部审计的作用

在社会主义市场经济条件下，内部审计具有双重任务：一方面要对部门、单位的经营活动进行监督，促使其合法合规；另一方面要对部门、单位的领导负责，促进经营管理状况的改善、经济效益的提高。具体地说，内部审计的作用主要包括以下几个方面：

1. 监督各项制度、计划的贯彻情况，为本部门、本单位领导经营决策提供依据

内部审计不仅可以确定本部门、本单位的活动是否符合国家的经济方针、政策和有关法令，还可以确定部门内部的各项制度、计划是否得到落实，是否已达到预期的目标和要求。通过内部审计所搜集到的信息，如生产规模、产品品种、质量、销售市场等，或发现的某些具有倾向性、苗头性、普遍性的问题，都是领导作出经营决策的重要依据。

2. 揭示经营管理薄弱环节，促进部门、单位健全自我约束机制

在社会主义市场经济条件下，各部门、单位的活动不仅要受到国家财经政策、财政制度和法令的制约，而且要遵守本部门、本单位内部控制制度的规定。内部审计机构可以相对独立地对本部门、单位内部控制情况进行监督、检查，客观地反映实际情况，并通过这种自我约束性的检查，促进本部门、本单位建立、健全内部控制制度。

3. 促进本部门、本单位改进工作或生产，提高经济效益

内部审计通过对经济活动全过程的审查、对有关经济指标的对比分析，揭示差异，分析差异形成的因素，评价经营业绩，总结经济活动的规律，从中揭示未被充分利用的人财物的内部潜力，并提出改进措施，可以极大地促进经济效益的提高。

4. 监督受托经济责任的履行情况，以维护本部门、本单位的合法经济权益

同外部审计一样，所有权与经营权的分离是内部审计产生的前提，确定各个受托责任者的经济责任履行情况也是内部审计的主要任务。内部审计通过查明各责任者是否完成了应负经济责任的各项指标（诸如利润、产值、品种、质量等）、这些指标是否真实可靠、有无不利于国家经济建设和企业发展的长远利益的短期行为等，既可以对责任者的工作进行正确评价，也能够反映责任人与整个部门、单位的正当权益，有利于维护有关各方的合法经济权益。

5. 监控财产的安全，促进部门、单位财产物资的保值增值

财产物资是部门、单位进行各种活动的基础。内部审计通过对财产物资的经常性监督、检查，可以有效、及时地发现问题，指出财产物资管理中的漏洞，并提出意见和建议，以促进或提醒有关部门加强财产物资管理，努力保证财产物资的安全完整并实现其保值、增值。

10.1.3 内部审计的特征

与外部审计相比，内部审计具有以下几个特征：

1. 服务的内向性

内部审计的目的在于促进本部门、本单位经营管理和经济效益的提高，因而内部审计既是本单位的审计监督者，也是根据单位管理要求提供专门咨询服务者。服务的内向性是内部审计的基本特征。

> **提示**
> 内部审计一般在本单位主要负责人领导下进行工作，只向本单位领导负责。

2. 工作的相对独立性

内部审计同外部审计一样，都必须具有独立性，在审计过程中必须根据国家法律法规及有关财务会计制度，独立地检查、评价本部门、本单位及所属各部门、各单位的财务收支及与此相关的经营管理活动，维护国家利益。另外，由于内部审计机构是部门、单位内设的机构，内部审计人员是本单位的职工，这就使内部审计的独立性受到很大的制约。特别是遇到国家利益与部门、单位利益冲突的情况下，内部审计机构的独立决策可能会受到本单位利益的限制。

3. 审计程序的相对简化性

内部审计的程序主要包括规划、实施、终结和后续审计四个阶段。由于内部审计机构对本部门、本单位的情况比较熟悉，在具体实施审计过程中，各个阶段的工作都大为简化。

4. 审查范围的广泛性

内部审计主要是为单位经营管理服务的，这就决定了内部审计的范围必然要涉及单位经济活动的方方面面。内部审计既可进行内部财务审计和内部经济效益审计，又可进行事后审计和事前审计；既可进行防护性审计，又可进行建设性审计。

> **提示**
> 对于内部审计，一般应做到：本部门、本单位的领导要求审查什么，内部审计人员就应审查什么。

5. 对内部控制进行审计

内部审计是内部控制的重要组成部分，内部控制又是内部审计的主要内容。通过对本部门、本单位的内部控制制度及经营管理情况的检查，总结经验，找出差距，为本部门、本单位改进经营管理、完善内部控制制度服务，是内部审计的基本职能，体现了内部审计"对内部控制进行审计"的特征。

6. 审计实施的及时性

内部审计机构是本部门、本单位的一个部门，内部审计人员是本部门、本单位的职工，因而可根据需要随时对本部门、本单位的问题进行审查。

10.1.4 内部审计机构

内部审计组织机构一共有五种设置模式，分别是董事会下设审计委员会，在行政系统—经营管理系统设置审计机构、设在董事会、设在监事会、隶属于总经理、隶属于财会部门这五种设置模式。其特点和利弊如下：

（1）在行政系统—经营管理系统设置审计机构。该机构是内部审计组织机构中具有最高层次、地位和独立性的内部审计组织机构设置模式，其有利于审计人员独立开展工作。

（2）内部审计组织机构设在董事会。设在董事会是内部审计组织机构中具有很高层次、地位和独立性的内部审计组织机构设置模式，地位仅次于在行政系统—经营管理系统设置审计机构。设在董事会的内部审计机构的不足之处表现在董事会是集体讨论制，凡事都通过董事会集体讨论决定，正常的审计工作很难进行。

（3）内部审计组织机构设在监事会。设在监事会是内部审计组织机构中具有较高层次、地位和独立性的内部审计组织机构设置模式。内部审计机构设在监事会下，其不足之处是在实际工作中往往会将二者的工作混为一谈或顾此失彼，从而削弱二者应有的作用。

（4）内部审计组织机构隶属于总经理。隶属于总经理是内部审计组织机构中层次、地位和独立性稍差的内部审计组织机构设置模式。隶属于总经理的内部审计组织机构的利弊主要是：其有利于对企业直接的生产经营活动进行审计，但不利于对企业高层次决策及经济行为进行监督，审计范围相对窄小，审计工作受到一定限制。

（5）内部审计组织机构隶属于财会部门。隶属于财会部门是内部审计组织机构中具有较差或者较低层次、地位和独立性的内部审计组织机构设置模式。隶属于财会部门的内部审计组织机构只能开展部分日常性的审计工作，不能直接为经营决策者服务，不能很好地实现审计的根本目的，这是隶属于财会部门内部审计组织机构的主要弊端。

五种内部审计组织机构设置模式的利弊比较如表10-1所示。

提示

内部审计机构可根据组织机构的实际情况选择设置方式。

表10-1　内部审计组织机构设置模式的利弊比较

内部审计组织机构的设置模式	层次、地位和独立性	补充说明
隶属于财会部门	较差	内审机构只是开展部分日常性的审计工作，不能直接为经营决策者服务，不能很好地实现审计的根本目的
隶属于总经理	稍差	虽然有利于对企业直接的生产经营活动进行审计，但不利于对企业高层次决策及经济行为进行监督，审计范围相对窄小，审计工作受到一定限制
设在监事会	较高	内部审计机构设在监事会下，在实际工作中往往会将二者的工作混为一谈或顾此失彼，从而削弱二者应有的作用
设在董事会	很高	不足之处是董事会是集体讨论制，凡事都通过董事会集体讨论决定，正常的审计工作很难进行
董事会下设审计委员会，在行政系统—经营管理系统设置审计机构	最高	有利于审计人员独立开展工作

任务 10.2 我国内部审计准则

10.2.1 我国内部审计准则体系

内部审计准则是指各类企业、各级政府机关以及其他单位的内部审计人员在进行内部审计工作时所应遵循的原则，是衡量内部审计工作质量的尺度和准绳，对于提高内部审计工作质量和工作效率、促进内部审计理论与实务的发展具有重要的意义。

《中国内部审计准则·序言》中规定，中国内部审计准则体系由以下三个层次组成：

（1）内部审计基本准则（以下简称基本准则）。基本准则是内部审计准则的总纲，是内部审计机构和人员进行内部审计时应当遵循的基本规范，是制定内部审计具体准则、内部审计实务指南的基本依据。

（2）内部审计具体准则（以下简称具体准则）。具体准则是依据基本准则制定的，是内部审计机构和人员在进行内部审计时应当遵循的具体规范。

（3）内部审计实务指南（以下简称实务指南）。实务指南是依据基本准则、具体准则制定的，为内部审计机构和人员进行内部审计提供具有可操作性的指导意见。

内部审计准则体系中的三个不同层次，具有不同的约束力和权威性。基本准则是内部审计准则体系的第一层次，是内部审计准则的总纲，具有最高的权威性和法定约束力。基本准则、具体准则是内部审计机构和人员进行内部审计的执业规范，内部审计机构和人员在进行内部审计时应当遵照执行。具体准则的权威性虽低于基本准则，但要高于实务指南，并有法定约束力；而实务指南是用于为内部审计机构和人员提供操作性的指导意见，不具有法定约束力和强制性，内部审计机构和人员在进行内部审计时应当参照执行。

虽然《中国内部审计准则·序言》未将内部审计人员职业道德规范（以下简称职业道德规范）纳入内部审计准则体系，但依照国际惯例，职业道德规范应作为内部审计准则框架的一部分，并在内部审计准则框架中居于最高层次，具有法定约束力。

10.2.2 内部审计基本准则

内部审计基本准则是内部审计准则的总纲，是内部审计机构和人员进行内部审计时应当遵循的基本规范，是制定内部审计具体准则和内部审计人员职业道德规范的基本依据。

内部审计基本准则主要由一般准则、作业准则、报告准则、内部管理准则等部分构成。

1. 一般准则

一般准则的内容主要有以下几个方面：

（1）内部审计机构的设置。
（2）内部审计的目标、职责和权限的规定。
（3）独立性和客观性的要求。
（4）内部审计人员的职业道德。
（5）内部审计人员的专业胜任能力。
（6）内部审计人员的保密义务。

2. 作业准则

作业准则的内容主要有以下几个方面：

（1）组织风险。
（2）重要性原则。
（3）审计计划。
（4）审计项目和审计方案。
（5）审计通知书。
（6）审查和评价业务活动、内部控制和风险管理。

(7) 舞弊风险。

(8) 审计证据。

(9) 审计工作底稿。

(10) 咨询服务。

3. 报告准则

报告准则的内容主要有以下几个方面：

(1) 审计报告的及时性。

(2) 审计报告的客观性、完整性、清晰程度。

(3) 审计报告的内容。

(4) 是否遵循内部审计准则的声明。

4. 内部管理准则

内部管理准则的内容主要有以下几个方面：

(1) 接受监督与保持沟通。

(2) 组织结构。

(3) 制定内部审计工作手册。

(4) 建立质量评估制度。

(5) 编制审计计划、人力资源计划和财务预算。

(6) 建立激励约束机制。

(7) 与外部审计的协调。

(8) 内部审计机构负责人的责任。

10.2.3 内部审计具体准则

内部审计具体准则是依据内部审计基本准则制定的，是内部审计机构和人员在进行内部审计时应当遵循的具体规范。中国内部审计协会目前已经发布了 22 个具体准则，如表 10-2 所示。

表 10-2 内部审计具体准则

序号	标题	序号	标题
1	审计计划	12	信息系统审计
2	审计通知书	13	对舞弊行为进行检查和报告
3	审计证据	14	内部审计机构的管理
4	审计工作底稿	15	与董事会或者最高管理层的关系
5	结果沟通	16	内部审计与外部审计的协调
6	审计报告	17	利用外部专家服务
7	后续审计	18	人际关系
8	审计抽样	19	内部审计质量控制
9	分析程序	20	评价外部审计工作质量
10	内部控制审计	21	经济责任审计
11	绩效审计	22	审计档案工作

10.2.4 内部审计人员职业道德规范

1. 内部审计人员职业道德规范的一般原则

内部审计人员职业道德规范的一般原则包括如下内容：

(1) 内部审计人员在从事内部审计活动时，应当保持诚信正直。

(2) 内部审计人员应当遵循客观性原则，公正、不偏不倚地作出审计职业判断。

(3) 内部审计人员应当保持并提高专业胜任

能力，按照规定参加后续教育。

（4）内部审计人员应当遵循保密原则，按照规定使用其在履行职责时所获取的信息。

（5）内部审计人员违反本规范要求的，组织应当批评教育，也可以视情节给予一定的处分。

2. 诚信正直

（1）内部审计人员在实施内部审计业务时，应当诚实、守信，不应有下列行为：

①歪曲事实。

②隐瞒审计发现的问题。

③进行缺少证据支持的判断。

④做误导性的或者含糊的陈述。

（2）内部审计人员在实施内部审计业务时，应当廉洁、正直，不应有下列行为：

①利用职权牟取私利。

②屈从于外部压力，违反原则。

3. 客观性

（1）内部审计人员实施内部审计业务时，应当实事求是，不得由于偏见、利益冲突而影响职业判断。

（2）内部审计人员实施内部审计业务前，应当采取下列步骤对客观性进行评估：

①识别可能影响客观性的因素。

②评估可能影响客观性因素的严重程度。

③向审计项目负责人或者内部审计机构负责人报告客观性受损可能造成的影响。

（3）内部审计人员应当识别下列可能影响客观性的因素：

①审计本人曾经参与过的业务活动。

②与被审计单位存在直接利益关系。

③与被审计单位存在长期合作关系。

④与被审计单位管理层有密切的私人关系。

⑤遭受来自组织内部和外部的压力。

⑥内部审计范围受到限制。

⑦其他。

（4）内部审计机构负责人应当采取下列措施，保障内部审计的客观性：

①提高内部审计人员的职业道德水准。

②选派适当的内部审计人员参加审计项目，并进行适当分工。

③采用工作轮换的方式安排审计项目及审计组。

④建立适当、有效的激励机制。

⑤制定并实施系统、有效的内部审计质量控制制度、程序和方法。

⑥当内部审计人员的客观性受到严重影响，且无法采取适当措施降低影响时，停止实施有关业务，并及时向董事会或者最高管理层报告。

4. 专业胜任能力

（1）内部审计人员应当具备下列履行职责所需的专业知识、职业技能和实践经验：

①审计、会计、财务、税务、经济、金融、统计、管理、内部控制、风险管理、法律和信息技术等专业知识，以及与组织业务活动相关的专业知识。

②语言文字表达、问题分析、审计技术应用、人际沟通、组织管理等职业技能。

③必要的实践经验及相关职业经历。

（2）内部审计人员应当通过后续教育和职业实践等途径，了解、学习和掌握相关法律法规、专业知识、技术方法和审计实务的发展变化，保持和提升专业胜任能力。

（3）内部审计人员实施内部审计业务时，应当保持职业谨慎，合理运用职业判断。

5. 保密

内部审计人员应当对实施内部审计业务所获取的信息保密，非因有效授权、法律规定或其他合法事由不得披露。

内部审计人员在社会交往中，应当履行保密义务，警惕非故意泄密的可能性。

内部审计人员不得利用其在实施内部审计业务时获取的信息牟取不正当利益，或者以有悖于法律法规、组织规定及职业道德的方式使用信息。

任务 10.3 舞弊审计

10.3.1 理解舞弊

1. 舞弊的含义

舞弊是指被审计单位的管理层、治理层、员工或第三方使用欺骗手段获取不当或非法利益的故意行为。

提示

舞弊是一个宽泛的法律概念，但在财务报表审计中，注册会计师关注的是导致财务报表发生重大错报的舞弊。与财务报表审计相关的故意错报，包括编制虚假财务报告导致的错报和侵占资产导致的错报。

2. 舞弊的基本特征

舞弊主要有三个方面的基本特征：
（1）舞弊的行为人有不良动机和目的。
（2）事先要经过预谋策划，事后要设法掩盖罪行。
（3）舞弊形态多样化、复杂化、隐蔽化，而且其危害性很大。

3. 舞弊的分类

舞弊可以按照不同的标准进行分类。常见的分类方式有如下两种：

（1）按照舞弊行为主体的不同，可分为管理层舞弊和非管理层舞弊。管理层舞弊是管理层蓄谋的舞弊行为，它主要通过发布带有误导性或严重失实的财务报告来欺骗投资者、债权人、政府以及社会公众等外部利益团体。非管理层舞弊，即雇员舞弊，是指公司的非管理层凭借靠近生产一线容易接近资产的优势，利用职务之便或管理层的缺陷，非法获取公司的资产或其他个人利益的行为。

（2）按照舞弊行为对象的不同，可分为侵占资产舞弊和财务报告舞弊。侵占资产舞弊是指舞弊者的目的是占有公司的财产，包括贪污、挪用、盗窃等行为。这类舞弊的行为人大多是公司的雇员，但是管理当局也可能进行此类舞弊，如建立小金库等。财务报告舞弊是指公司或企业不遵循财务会计报告标准，有意识地利用各种手段，歪曲企业财务信息，对企业的经营活动情况做出不实陈述的财务会计报告，从而误导信息使用者的决策。

10.3.2 舞弊的动因

对于舞弊产生的原因，有"二因素论""三因素论""四因素论"等多种审计理论。通常来讲，舞弊的发生一般都同时具备四个风险因素，即动机或压力、机会、借口和忠诚性的缺失。

1. 动机或压力

舞弊者具有舞弊的动机是舞弊发生的首要条件。例如，高层管理人员的报酬与财务业绩或公司股票的市场表现挂钩、公司正在申请融资等情况都可能促使管理层产生舞弊的动机。

2. 机会

舞弊者需要具有舞弊的机会，舞弊才可能成功。舞弊的机会一般源于内部控制在设计和运行上的缺陷，如公司对资产管理松懈，公司管理层能够凌驾于内部控制之上，可以随意操纵会计记录等。

3. 借口

舞弊者可能对自身的舞弊行为进行各种合理化解释。例如，侵占资产的员工可能认为单位对自身的待遇不公；编制虚假财务报者可能认为造假不是出于个人私利，而是出于公司集体利益。

4. 忠诚性的缺失

忠诚性的缺失是指组织中拥有权力和责任的个人或集体导致舞弊行为的工作态度或道德观念。忠诚是自始至终都按照最高的道德价值标准来行动的一种能力，是对受托责任尽职尽责的程度。正是由于忠诚性的缺失，再加上动机、压力和机会，才会导致舞弊。

10.3.3 舞弊审计的层次

舞弊审计是指注册会计师针对审计组织的内部人员及有关人员为牟取自身利益或为使本组织获得不正当经济利益且其自身也可能获得相关经济利益而采用违法手段使组织经济利益受损的不正当行为，使用检查、查询等审计程序进行取证并向委托者或者授权者出具审计报告的一种监督活动。

从社会公众对舞弊审计的需求来看，舞弊审计可分为以下三个层次：

1. 内部控制审核

内部控制审核是指审计师接受专门委托，对被审核单位特定日期的内部控制设计和运行有效性进行审核，并发表审核意见。内部控制审核可区分为两种情况：

（1）审核和报告被审核单位与财务报表相关的内部控制；

（2）执行商定的与内部控制效果有关的其他程序。

内部控制审核的目的是评估内部控制的设计与运行效果，可以帮助管理层从源头上制止舞弊。

2. 舞弊关注审计

舞弊关注审计是指审计师在接受委托执行财务报表审计时，应当关注舞弊发生的可能性，从而对财务报表不存在重大错报提供合理保证。它是财务报表审计必不可少的组成部分，其目标是确定舞弊对审计风险的影响以及财务报表合法性和公允性的影响，以保证发表正确的审计意见。

3. 舞弊专门审计

舞弊专门审计属于商定程序范畴。商定程序一般是指由委托人和会计师事务所之间商讨确定、由审计人员实施的一些程序。在舞弊专门审计中，审计人员接受委托对特定信息执行与委托人或业务约定书中所指明的其他报告使用人商定的程序，并就执行的商定程序及其结果出具报告。

10.3.4 管理层舞弊审计

管理层舞弊是管理人员为获利而实施的欺骗行为。管理层舞弊最常见的形式是管理当局对于财务报表的舞弊操纵。

1. 管理层舞弊的信号

对于管理层舞弊的信号，主要从管理层和经营、财务两方面分析，如表10-3所示。

表 10-3 管理层舞弊的信号

	舞弊信号
管理层	管理层过度关注保持或提高公司股价或收益趋势，焦点在利润或股价而不是企业核心竞争力上
	管理层对内控认识不足，决策的制度由一个人或少数几个人垄断或把持，公司治理结构流于形式，管理层约束机制失效
	管理层与当前或前任审计师关系紧张，频繁更换审计师
	管理层诚信存在明显问题，有诉讼案及不诚实记录，业界声誉不佳
	管理层低报酬甚至无报酬
经营、财务	组织机构复杂或不稳定，复杂程度不合理
	存在重大异常交易，如关联方交易、资产重组等业务
	与同行相比，增长异常快或存在非常收益
	经营净现金流量为负，净收益为正或持续上升
	存在筹资等巨大压力
	财务方面出现了可能导致持续经营能力受到重大影响的迹象
	行业竞争异常激烈，公司利润率迅速下降

2. 管理层舞弊审计的方法

舞弊审计不是独立于一般财务报表审计的方法和程序存在的，常规审计方法，比如审阅、核对、验算、盘点、观察、询问、函证、比较分析等，同样适用于舞弊审计。

但由于舞弊的复杂性和隐蔽性，需要特殊强调的方法和程序有：始终保持职业怀疑精神和充分运用分析性复核程序。

（1）始终保持职业怀疑精神。

职业怀疑是指注册会计师执行审计业务的一种态度，包括采取质疑的思维方式，对可能表明由于错误或舞弊导致错报的迹象保持警觉，以及对审计证据进行审慎评价。

在管理层舞弊审计中，首先，判断管理层近期压力或动机是否存在；其次，逐个判断通过管理层正常经营管理即可化解的压力或动机，如果不能化解，看舞弊机会何在，可以通过什么途径实施该舞弊；最后，当管理层既有压力又有可行的舞弊途径时，要对其借口进行分析。

在审计计划阶段，首先，审计组成员应当分析被审计单位的行业特点，确定财务舞弊可能存在的业务和账务领域；其次，要利用职业怀疑分析舞弊的最新变化情况；最后，要利用职业怀疑分析被审计单位内部控制方面存在的缺陷。

在审计实施阶段，审计人员要利用职业怀疑分析舞弊概率，获取审计证据，发现舞弊迹象后，必须追加实施进一步审计程序。

（2）充分运用分析性复核程序。

分析性复核程序是指通过对被审单位财务信息与以前期间可比信息、预计结果、类似行业信息等的比较，研究财务信息要素之间、财务与非财务信息之间可能存在的关系，来评价财务信息。分析性复核程序在舞弊审计中发挥着重要的作用。

管理层可能操纵某些财务信息或非财务信息，但不可能操纵全部业务信息。不同信息之间往往存在一定的相关性，所以，有效的分析程序有助于注册会计师识别舞弊迹象。

分析性复核程序通常包括以下几个步骤：

①收集相关的会计信息及其他经济信息，并分析数据之间存在的关系。假如我们怀疑被审计单位故意低估销售收入（而销售往往与运输、包装甚至职工奖金关系密切），如果我们断定销售收入与包装开支存在着因果关系，可使用回归分析法进行分析，以检查销售收入的合理性。

②估计合理期望值。分析性复核结果如何，与估计期望值的准确度关系很大，比如推算值（可

根据前几年的经济指标)、相对独立的参考值(如速动比率100%),这一过程需要很多专业判断和业务知识。

③通过计算或分析,将实际值与期望值进行比较。

④对差异进行分析和了解,调查异常变动因素。不能合理解释的重大差异往往隐含着一定的审计风险,我们应特别予以关注,并采取其他方法对审计项目进行重点审计。

提示

总体而言,管理层舞弊审计要深入了解分析经济情况、行业情况以及内部环境,寻找管理层舞弊的动机。始终保持职业怀疑态度,充分运用分析性复核程序,使其贯穿于整个审计过程。另外,审计人员可以根据管理舞弊审计过程中的具体情况,采用其他适合审计程序的审计方法。

项目小结

本项目解释了内部审计的概念、特征和作用;介绍了内部审计准则体系的主要内容和内部审计人员职业道德规范的一般原则;阐述了舞弊审计的主要程序。

思考与练习

一、单项选择题

1. 下列各项中,不属于内部审计特点的是( )。
A. 独立性　　B. 广泛性
C. 有偿性　　D. 及时性

2. 下列各项中,不属于内部审计基本准则的有( )。
A. 一般准则　　B. 作业准则
C. 报告准则　　D. 管理类准则

3. 下列关于内部审计准则的表述,正确的有( )。
A. 内部审计基本准则包括一般准则、作业准则、报告准则
B. 内部审计具体准则分为作业类、业务类、报告类和管理类四大类
C. 作业准则是内部审计准则的核心
D. 一般准则是对内部审计机构构建内部管理制度和质量控制体系的具体规范

4. 下列关于内部审计准则的说法中,错误的是( )。
A. 2013年8月发布的修订版《中国内部审计准则》自2014年1月1日起施行

B. 中国内部审计准则由内部审计基本准则和内部审计人员职业道德规范组成

C.《国际内部审计专业实务框架》由内部审计的使命、强制性指南和推荐性指南三部分构成

D.《内部审计实务标准》是具有国际权威性的内部审计准则体系

5. 下列各项中,属于舞弊发生的首要条件的是( )。

A. 实施舞弊的动机或压力

B. 治理层和管理层对舞弊行为的态度

C. 实施舞弊的机会

D. 为舞弊行为寻找借口的能力

二、多项选择题

1. 内部审计职业道德基本原则包括( )。

A. 客观　　　　B. 诚信

C. 胜任　　　　D. 保密

2. 内部审计的职能和作用包括( )。

A. 监督　　　　B. 确定

C. 服务　　　　D. 咨询

3. 内部审计机构的设置方式主要有( )。

A. 受本单位董事会及其下设的审计委员会领导

B. 受本单位总裁或总经理领导

C. 受本单位主计长领导

D. 受上级机构内部审计部门领导

4. 内部审计和外部审计可以相互接触(或了解)对方的( )。

A. 审计方案　　B. 审计工作底稿

C. 审计报告　　D. 管理建议书

5. 需要向高层和董事会报告的重大审计事项包括( )。

A. 违法行为

B. 低效和浪费行为

C. 重大控制薄弱环节

D. 已查实的舞弊行为

三、判断题

1. 内部审计具有处罚权。( )

2. 内部审计可以提出建议。( )

3. 内部审计章程是国际内部审计师协会(IIA)统一制定的。( )

4. 内部审计可以由会计人员兼任。( )

5. 内部审计意见应该尊重董事长的意见。( )

四、简答题

1. 什么是内部审计?

2. 如何理解内部审计章程?

项目 11 审计的其他问题

知识目标

◎ 掌握信息技术对审计过程的影响;
◎ 掌握审计沟通;
◎ 理解注册会计师利用他人的工作;
◎ 掌握对特殊事项的考虑。

技能目标

◎ 掌握信息技术对企业财务报告和内部控制的影响;
◎ 掌握信息技术中的一般控制和应用控制测试;
◎ 掌握计算机辅助审计技术和电子表格的运用;
◎ 掌握数据分析;

案例导入

目前,墨西哥国家税务总局将信息技术对财务报表的审计转变为一种新的方式,并且在 2016 年 7 月通过最高法院确保了其合宪性,即通过互联网电子审计,税务当局可以通过电子方式执行监督与审计流程,并通过电子方式与纳税人沟通。纳税人可以通过申请 AcuerdoConclusivo 协议,确保其被审计材料在保护状态;纳税人也可以利用这个渠道寻求税务帮助,通过协商的手段,解决被审计纳税人与税务局之间存在的分歧,避免了耗时长和费用贵的申诉流程。墨西哥国家税务总局给人口众多的发展中国家提供了一个很好的示范——行政事业单位率先进行改革,从法律制度上承认信息技术对财务报表审计的合法性与合规性,并且给予技术支持,保证信息安全。

案例思考

根据案例分析,信息技术对审计的影响有哪些?

本章导语

本项目涉及信息技术与审计的关系及审计沟通。通过本项目,可以学习:

(1)信息技术对审计的影响;
(2)注册会计师与治理层的沟通;
(3)注册会计师利用他人的工作。

任务 11.1 信息技术对审计的影响

11.1.1 信息技术对企业财务报告和内部控制的影响

1. 信息技术对企业财务报告的影响

企业可以运用信息系统来创建、记录、处理和报告各项交易,以衡量和审查自身的财务业绩,并持续记录资产、负债及所有者权益。具体来讲,创建是指企业可以采取手工或自动的方式来创建各项交易信息;记录是指信息系统识别并保留交易及事项的相关信息;处理是指企业可以采取手工或自动的方式对信息系统的数据信息进行编辑、确认、计算、衡量、估价、分析、汇总和调整;报告是指企业以电子或打印的方式,编制财务报表和其他信息,并运用上述信息来衡量和审查企业的财务业绩及其他方面的职能。

(1)信息系统的使用会给企业的管理和会计核算程序带来很多重要的变化,包括:

①计算机输入和输出设备代替了手工记录。

②计算机显示屏和电子影像代替了纸质凭证。

③计算机文档代替了纸质日记账和分类账。

④网络通信和电子邮件代替了公司间的邮寄。

⑤管理需求被固化到应用程序之中。

⑥灵活多样的报告代替了被固定的定期报告。

⑦数据更加充分,信息实现共享。

⑧系统问题的存在比偶然性误差更为普遍。

(2)信息系统形成的信息的质量会影响企业编制财务报表、管理企业活动和作出适当的管理决策。因此,有效的信息系统需要实现下列功能,并保留记录结果:

①识别和记录全部经授权的交易。

②及时、详细记录交易内容,并在财务报告中对全部交易进行适当分类。

③衡量交易价值,并在财务报告中适当体现相关价值。

④确定交易发生的期间,并将交易记录在适当的会计期间。

⑤将相关交易信息在财务报告中作适当披露。

因此,注册会计师在进行财务报表审计时,如果依赖相关信息系统所形成的财务信息和报告作为审计工作的依据,则必须考虑相关信息和报告的质量,而财务报告相关的信息质量是通过在从录入到输出的整个交易过程中进行适当的控制来实现的,所以,注册会计师需要在整个过程中考虑信息的准确性、完整性、授权体系及访问限制四个方面。

2. 信息技术对企业内部控制的影响

在信息技术环境下,传统的人工控制越来越多地被自动控制所替代。当然,被审计单位采用信息系统处理业务,并不意味着人工控制被完全取代。信息系统对控制的影响取决于被审计单位对信息系统的依赖程度——例如,在基于信息技术的信息系统中,系统进行自动操作来实现对交易信息的创建、记录、处理和报告,并将相关信息保存为电子形式(如电子形式的采购订单、采购发票、发运凭证和相关会计记录)。但相关控制活动也可能同时包括手工的部分——例如,订单的审批和事后审阅,以及会计记录调整之类的人工控制。由于被审计单位信息技术的特点及复杂程度不同,被审计单位的手工及自动控制的组合方式往往会有所区别。

概括地讲,自动控制能为企业带来以下好处:

(1)自动控制能够有效处理大流量交易及数据,因为自动信息系统可以提供与业务规则一致的系统处理方法。

(2)自动控制比较不容易被绕过。

(3)自动信息系统、数据库及操作系统的相关安全控制可以实现有效的职责分离。

(4)自动信息系统可以提高信息的及时性、

准确性，并使信息变得更易获取。

（5）自动信息系统可以提高管理层对企业业务活动及相关政策的监督水平。

11.1.2 信息技术一般控制、信息技术应用控制与公司层面信息技术控制

在信息技术环境下，人工控制的基本原理并不会发生实质性的改变，注册会计师仍需要按照标准执行相关的审计程序；而对于自动控制，就需要从信息技术一般控制审计、信息技术应用控制审计以及公司层面信息技术控制审计三方面进行考虑。

1. 信息技术一般控制

信息技术一般控制是指为了保证信息系统的安全，对整个信息系统以及外部的各种环境要素实施的、对所有的应用或控制模块具有普遍影响的控制措施。信息技术一般控制通常会对实现部分或全部财务报表认定作出间接贡献。在有些情况下，信息技术一般控制也可能对实现信息处理目标和财务报表认定作出直接贡献。这是因为，有效的信息技术一般控制能够确保应用系统控制和依赖计算机处理的自动会计程序得以持续有效地运行。当人工控制依赖系统生成的信息时，信息技术一般控制同样重要。如果注册会计师计划依赖自动应用控制、自动会计程序或依赖系统生成信息的控制，他们就需要对相关的信息技术一般控制进行测试。

注册会计师应当清楚记录信息技术一般控制与关键的自动应用控制及接口、关键的自动会计程序、关键人工控制所依赖的系统生成数据和报告，或生成手工日记账时使用系统生成的数据和报告的关系。

信息技术一般控制包括程序开发、程序变更、程序和数据访问以及计算机运行四个方面。

（1）程序开发。程序开发领域的目标是确保系统的开发、配置和实施能够实现管理层的应用控制目标。程序开发控制一般包括但不限于以下要素：

①程序开发的管理方法；
②项目启动、分析和设计；
③测试和质量确保；
④数据迁移；
⑤程序实施和应急计划；
⑥流程更新和用户培训；
⑦开发过程中的需求变更管理；
⑧开发过程中的职责分离。

（2）程序变更。程序变更领域的目标是确保对程序和相关基础组件的变更是经过请求、授权、执行、测试和实施的，以达到管理层的应用控制目标。程序变更范围除包含代码类的常规变更外，也需要关注配置类的变更以及紧急变更。程序变更一般包括但不限于以下要素：

①对变更维护活动的管理；
②对变更请求的规范、授权与跟踪；
③测试和质量确保；
④程序实施；
⑤流程更新和用户培训；
⑥变更过程中的职责分离。

（3）程序和数据访问。程序和数据访问这一领域的目标是确保分配的访问程序和数据的权限是经过用户身份认证并经过授权的。程序和数据访问的子组件一般包括安全活动管理、安全管理、数据安全、操作系统安全、网络安全和物理安全。程序和数据访问一般包括但不限于以下要素：

①应用用户授权管理；
②高权限用户管理；
③职责分工和权限管理；
④认证和密码控制；
⑤用户监控；
⑥物理访问和环境控制；
⑦网络访问控制。

（4）计算机运行。计算机运行这一领域的目标是确保业务系统根据管理层的控制目标完整准确地运行，确保运行问题被完整准确地识别并解

决，以维护财务数据的完整性。计算机运行一般包括但不限于以下要素：

①系统作业管理；
②问题和故障管理；
③数据备份和恢复；
④备份介质的异地存放；
⑤灾难恢复。

2. 信息技术应用控制

信息技术应用控制一般要经过输入、处理及输出等环节。和人工控制类似，系统自动控制关注的要素包括完整性、准确性、存在和发生等。各要素的主要含义如下：

（1）完整性。即系统处理数据的完整性，例如各系统之间数据传输的完整性、销售订单的系统自动顺序编号、总账数据的完整性等。

（2）准确性。即系统运算逻辑的准确性，例如金融机构利息计提逻辑的准确性、生产企业的物料成本运算逻辑的准确性、应收账款账龄的准确性等。

（3）存在和发生。这包括信息系统相关的逻辑校验控制，例如限制检查、合理性检查、存在检查和格式检查等；也包括部分业务操作的授权管理，例如入账审批管理的权限设定和授予、物料成本逻辑规则修改权限的设定和授予等。

针对系统自动控制的信息技术应用控制审计需要在理解业务流程的基础之上进行识别和定义。常见的系统自动控制以及信息技术应用控制审计的关注点列示如下：

①系统自动生成报告。企业的业务或财务系统会定期或按需生成各类报告，例如账龄报告、贷款逾期报告、业务和财务数据核对差异报告等。信息技术应用控制审计包括对这些报告生成逻辑（包括完整性和准确性）的测试、异常报告跟进控制的审计等。

②系统配置和科目映射。信息系统中包含了大量的自动校验控制和映射关系，包括数据完整性校验、录入合法性编辑检查、边界阈值设定、财务科目映射关系等。信息技术应用控制审计会对这些系统配置和映射关系的存在性和有效性进行测试。

③接口控制。接口控制包括各业务系统之间、业务和财务系统之间、企业内部系统和合作伙伴/交易对手/监管机构之间的接口数据传输。信息技术应用控制审计会对这些接口数据传输的完整性和准确性进行测试。

④访问和权限。企业内部各业务部门、财务部门、信息技术部门等均会根据各自的职责需要来对信息系统进行访问，各部门、各团队甚至各岗位访问的权限均可能存在差异，因此在系统控制层面需要对这些权限进行明确的定义和部署，以保证适当的人员配备适当的访问权限。信息技术应用控制审计会对这些访问权限授予情况的合理性进行测试。

3. 公司层面信息技术控制

除信息技术一般控制和应用控制外，目前国内外企业的管理层也越来越重视公司层面的信息技术控制管理。常见的公司层面信息技术控制包括但不限于：

（1）信息技术规划的制定；
（2）信息技术年度计划的制定；
（3）信息技术内部审计机制的建立；
（4）信息技术外包管理；
（5）信息技术预算管理；
（6）信息安全和风险管理；
（7）信息技术应急预案的制定；
（8）信息系统架构和信息技术复杂性。

目前，审计机构针对公司层面信息技术控制往往会执行单独的审计，以评估企业信息技术的整体控制环境，来决定信息技术一般控制和应用控制的审计重点、风险等级、审计测试方法等。

4. 信息技术一般控制、信息技术应用控制与公司层面信息技术控制三者之间的关系

公司层面信息技术控制情况代表了该公司的信息技术控制的整体环境，包括该公司对于信息技术的重视程度和依赖程度、信息技术复杂性、对于外部信息技术资源的使用和管理情况、信息技术风险偏好等，这些要素会影响该

公司信息技术一般控制和信息技术应用控制的部署和落实。例如，如果某公司使用了较多的信息技术外部资源和服务，则可能会相应地提高外部用户管理和外联接口失效的风险，因此需要更多关注信息技术一般控制领域内的用户管理类控制，特别是外部用户管理机制，以及信息技术应用控制的外部系统接口管理机制等。

根据目前信息技术审计的业内最佳实践，注册会计师在执行信息技术一般控制和信息技术应用控制审计之前，会首先执行配套的公司层面信息技术控制审计，以了解公司的信息技术整体控制环境，并基于此识别出信息技术一般控制和信息技术应用控制的主要风险点以及审计重点。

应用控制是设计在计算机应用系统中的、有助于达到信息处理目标的控制。例如，许多应用系统中包含很多编辑检查来确保录入数据的准确性。编辑检查可能包括格式检查（如日期格式或数字格式），存在检查（如客户编码存在于客户主数据文档之中），或合理性检查（如最大支付金额）。

如果录入数据的某一要素未通过编辑检查，那么系统可能拒绝录入该数据或将该录入数据拖入系统生成的例外报告之中，留待后续跟进和处理。

如果在带有关键的编辑检查功能的应用系统所依赖的计算机环境中发现了信息技术一般控制的缺陷，注册会计师可能就不能信赖上述编辑检查功能按设计发挥作用。例如，程序变更控制缺陷可能导致未授权人员对检查录入数据字段格式的编程逻辑进行修改，以至于系统接受不准确的录入数据。此外，与安全和访问权限相关的控制缺陷可能导致数据录入不恰当地绕过合理性检查，而该合理性检查原本应能使系统拒绝处理金额超过最大容差范围的支付操作。

因此，公司层面信息技术控制是公司信息技术整体控制环境，决定了信息技术一般控制和信息技术应用控制的风险基调；信息技术一般控制是基础，信息技术一般控制的有效与否会直接关系到信息技术应用控制的有效性是否能够信任。

11.1.3 信息技术对审计过程的影响

信息技术在企业中的应用并不改变注册会计师制定审计目标、进行风险评估和了解内部控制的原则性要求，审计准则和财务报告审计目标在所有情况下都适用。但是，注册会计师必须更深入了解企业的信息技术应用范围和性质，因为系统的设计和运行对审计风险的评价、业务流程和控制的了解、审计工作的执行以及需要收集的审计证据的性质都有直接的影响。归纳起来，信息技术对审计过程的影响主要体现在以下几个方面：

1. 对审计线索的影响

审计线索对审计来说极其重要。在传统的手工会计系统里，审计线索包括凭证、日记账、分类账和报表。注册会计师通过顺查和逆查的方法来审查记录，检查和确定其是否正确地反映了被审计单位的经济业务，检查企业的会计核算是否合理、合规。而在信息技术环境下，从业务数据的具体处理过程到报表的输出，都由计算机按照程序指令完成，数据均保存在磁性介质上，从而会影响到审计线索，原因是其会涉及不同的数据存储介质、存取方式以及处理程序等。

2. 对审计技术手段的影响

过去，注册会计师的审计都是手工进行的，但随着信息技术的广泛应用，若仍以手工方式进行审计，显然已经难以满足工作的需要，难以达到审计的目的。因此，注册会计师需要掌握相关信息技术，把信息技术当作一种有力的审计工具。

3. 对内部控制的影响

现代审计技术中，注册会计师会对被审计单位的内部控制进行审查与评价，以此作为制订审计方案和决定抽样范围的依据。

4. 对审计内容的影响

在信息化条件下，由于信息化的特点，审计内容发生了相应的变化。在信息化的会计系统中，各项会计事项都是由计算机按照程序进行自动处理的，信息系统的特点及固有风险决定了信息化环境下审计的内容包括对信息化系统的处理和相关控制功能的审查。例如，在审计账龄分析表时，在信息技术环境下，我们必须考虑其数据准确性，以支持相关审计结论，因而需要对基于系统的数据来源及处理过程进行考虑。

5. 对注册会计师的影响

信息技术在被审计单位的广泛应用，要求注册会计师一定要具备信息技术方面的相关知识。因此，注册会计师要成为知识全面的复合型人才，不仅要有丰富的会计、审计、经济、法律、管理等方面的知识和技能，还需要熟悉信息系统的应用技术、结构和运行原理，才能对信息化环境下的内部控制作出适当的评价。

因此，注册会计师必须对系统内的风险和控制都非常熟悉，然后对审计的策略、范围、方法和手段作出相应的调整，以获取充分、适当的审计证据，支持发表的审计意见。

11.1.4 计算机辅助审计技术和电子表格的运用

1. 计算机辅助审计技术

（1）计算机辅助审计技术的定义与分类。

计算机辅助审计技术是指利用计算机和相关软件，使审计测试工作实现自动化的技术。通常将计算机辅助审计技术分为两类：一类是用来测试程序/系统的，即面向系统的计算机辅助审计技术；另一类是用于分析电子数据的，即面向数据的计算机辅助审计技术。

①面向系统的计算机辅助审计技术，包括平行模拟法、测试数据法、嵌入审计模块法、程序编码审查、程序代码比较和跟踪、快照等方法。

Ⅰ．平行模拟法是指注册会计师使用自身的应用软件，并且运用与被审计单位同样的数据文件，执行被审计单位应用软件同样的操作，以确定被审计单位自动控制的有效性或账户余额的准确性。

Ⅱ．测试数据法是指注册会计师使用被审计单位的计算机系统和应用软件处理注册会计师自身准备的测试数据，以确定被审计单位的自动控制是否能够正确地处理测试数据。

Ⅲ．嵌入审计模块法是指注册会计师在被审计单位的应用软件系统中嵌入审计模块，以识别特定类型的交易。

Ⅳ．程序编码审查是指注册会计师使用专业的编码审查工具进行开发编码的独立审查，以期发现冗余代码、错误代码、恶意代码等。

Ⅴ．程序代码比较和跟踪是指注册会计师使用专业的代码比较工具进行开发代码的比对，包括客制化开发版本和标准版之间的代码比对、不同版本程序之间代码的比对跟踪等。

Ⅵ．快照是指注册会计师使用专业的工具，将系统运行过程中的某一状态进行快照记录，以进行包括系统性能、功能、状态等的横向比较。

②面向数据的计算机辅助审计技术，包括数据查询、账表分析、审计抽样、统计分析、数值分析等方法。

计算机辅助审计技术可以在以下方面提高审计工作的效率和效果：

Ⅰ将现有手工执行的审计测试自动化。例如，对报告数据的准确性和完整性进行测试。

Ⅱ．在手工方式不可行的情况下执行测试或分析。例如，审计大量的和非正常的销售交易时，尽管这项工作有可能通过手工执行来实现，但对于多数大型公司而言，从时间角度出发，这样的交易数量是不会通过手工方式来进行的。

计算机辅助审计技术不仅能够提高审计大量

交易的效率，而且计算机不会受到劳累过度的影响（而注册会计师在审计大量交易后很容易产生疲劳），从这个意义上讲，计算机辅助审计技术还可以使审计工作更具效果。与用手工方式进行同样的测试相比较，即便是第一年使用计算机辅助审计技术进行审计，也会节省大量的审计工作量，而在后续年度中节约的审计时间和成本则会更多。

（2）计算机辅助审计技术的应用。

最广泛地应用计算机辅助审计技术的领域是实质性程序，特别是在与分析程序相关的方面。计算机辅助审计技术使得对系统中的每一笔交易进行测试成为可能，用于在交易样本量很大的情况下替代手工测试。

与其他控制测试相同，计算机辅助审计技术也可用于测试控制的有效性，选择少量的交易，并在系统中进行穿行测试，或是开发一套集成的测试工具，用于测试系统中的某些交易。在控制测试中使用计算机辅助审计技术的优势是可以对每一笔交易进行测试（包括主文件和交易文件），从而确定是否存在控制失效的情况。

由于计算机辅助审计技术有助于详审海量数据，因此它也可用于辅助检查舞弊工作（如审计非正常的日记账）。

（3）计算机辅助审计工具。

计算机辅助审计技术是一种审计方式，因此也需要使用一定的工具来加以实现。常见的工具包括：

①通用类：Excel、Access 等。Excel 自带了大量的核算或分析的库函数或工具，但是它处理的数据量较为有限。Access 可以灵活地导入数据，并可使用简单的 SQL 语言进行分析，处理数据的范围和数量大于 Excel。

②数据库类：SQL Server、Oracle 等。专用的数据库工具可以快速高效地分析大量数据，但是对分析人员的技术水平要求较高，至少必须非常精通 SQL 语言。

③专业工具类：ACL、IDEA 等。一般而言，只有审计和内部控制专业人士以及财务管理人员才会使用这些专业的分析工具。

2. 电子表格

即使在信息化程度极高的环境下，由于系统限制等原因，财务信息和报告的生成往往还需要借助电子表格来完成。所谓电子表格是指利用计算机作为表格处理工具，以实现制表工具、计算工具以及表格结果保存的综合电子化的软件。目前普遍使用的电子表格通常包括 Excel 等软件，通过电子表格可以进行数据记录、计算与分析，并能对输入的数据进行各种复杂统计运算后显示为可视性极佳的表格。因此，注册会计师在进行系统审计时，需要谨慎地考虑电子表格中的控制，以及类似于信息系统一般控制的设计与执行（在相关时）有效性，从而确保这些内嵌控制持续的完整性。

（1）电子表格的特性。

电子表格的特性（即开放的访问、手工输入数据和容易出错）以及编制并使用电子表格的环境的特性（例如，用户开发不正式、开发文档不完整、保存在局域网或本地磁盘而不是其他受控的信息系统环境中），增加了电子表格所生成的数据存在错误的风险，从而影响审计工作的进行。

（2）确定重要的财务电子表格和其他最终用户计算工具的范围。

重要的财务电子表格和其他最终用户计算工具（例如，按需报告工具或在数据仓库中运行查询）会被用来在重要的流程中（即自动控制或步骤）生成财务数据，或用来生成用于关键人工控制的财务或其他数据。作为起始点，注册会计师应该了解评估范围内重要的流程和账户，并识别用来支持这些流程或账户的相关的电子表格或工具。

（3）电子表格控制的考虑。

①因为电子表格非常容易被修改，并可能缺少控制活动，因此，电子表格往往面临重大的固有风险和错误，例如：

Ⅰ．输入错误：由错误数据录入、错误引用或其他简单的剪贴功能造成的错误。

Ⅱ．逻辑错误：创建错误的公式，从而生成了错误的结果。

Ⅲ．接口错误：与其他系统传输数据时产生的错误。

Ⅳ．其他错误：单元格范围定义不当、单元格参考错误或电子表格链接不当。

②注册会计师应当了解相关的电子表格／数据库如何支持关键控制，以达到相关业务流程的信息处理目标。电子表格控制可能包括以下一项或多项内容：

Ⅰ．对电子表格执行的、类似于信息系统一般控制的控制；

Ⅱ．内嵌在电子表格中的控制（类似于一个自动应用控制）；

Ⅲ．针对电子表格数据输入和输出的人工控制。

11.1.5 数据分析

1. 数据分析的概念

对审计而言，数据分析是注册会计师获取审计证据的一种手段，是指注册会计师在计划和执行审计工作时，通过对内部或外部数据进行分析、建模或可视化处理，以发现其中隐藏的模式、偏差或不一致，从而揭示出对审计有用的信息的方法。

数据分析对注册会计师来说是一门新学科，需要在硬件、软件、技能和质量控制等方面进行大量投入。在大中型会计师事务所对大型企业审计市场需求作出的响应中，数据分析居于重要地位，不仅可以应用于审计中，也可以广泛应用于其他鉴证业务中。

数据分析能够帮助注册会计师以快速、低成本的方式实现对被审计单位整套完整数据（而非运用抽样技术得出的样本数据）进行检查，不仅能够在很大程度上提高审计的效率和效果，也有助于注册会计师从全局的角度更好地把握被审计单位交易和事项的经济实质，从而有助于提高审计质量。

2. 数据分析的作用及其应用

数据分析是通过基础数据结构中的字段来提取数据的，而不是通过数据记录的格式。一个简单的例子是Excel工具中的Power View，它可以过滤、排序、切分和突显出电子表格中的数据，然后用各种各样的气泡图、柱状图和饼图等方式可视化地呈现数据。可视化数据与其基础数据一样，分析质量的可靠程度取决于是否以正确方式提取、分析和连接的基础数据。

数据分析工具可用于风险分析、交易和控制测试、分析性程序，用于为判断提供支撑并提供见解。例如，它们可以利用外部市场数据（如第三方定价信息）为投资重新定价。利率、汇率、GDP的变化以及其他增长指标也可用于分析性程序。许多数据分析常规工具可以很容易地由注册会计师执行。独立完成这些分析的能力非常重要。更高级的常规分析工具可用于风险分析，以便发现问题；而更详细的分析可用来明确重点，提供审计证据和洞察力。

一些常规分析工具可以提供审计证据，为会计估计的计算方法是否适当的判断提供支持。例如，如果一个企业有冲销超过一定账龄的应收款项的政策，如果常规分析工具显示大量的贷项通知单与开具账单错误有关，那么当冲销贷项通知单时，对运用该方法的分析结果可能导致该方法看起来不是那么恰当。

数据分析工具可以提高审计质量。审计质量不在于工具本身，而是在于分析和相应判断的质量。这种价值不在于数据转换，而是在于从分析产生的交谈和询问中提取的审计证据。

3. 数据分析面临的挑战

许多大型事务所在其客户系统中有包括独立的用户名和密码的只读类型的账号，以便在一段时间里服务于报告的审计。当某一地区使用的是标准账户时，这是一个非常有效的生成审计所需信息的方法——虽然这与提取或转换数据不一样。

注册会计师有时会自己去获取数据，有时也

会使用管理层提取并验证过的数据。注册会计师围绕管理层的数据提取和验证过程执行一套控制测试，然后将管理层生成的信息用于自己的分析。这项工作的常规方面正在逐渐外包。在任何情况下，管理层必须在注册会计师做任何事情以前进行广泛的安全性和完整性检查。

大型事务所都面临着一个基本的技术问题——通过一个可使用的格式从系统中提取数据。为了开发一个可用的接口，注册会计师不得不为每一个大客户的每一个系统、按照每一个排列去映射所有编码。他们也必须对完全定制的系统这样做。注册会计师正在开发多种策略，以使他们能够接入各种各样的系统。

专注于数据的提取、标准化和分析的软件供应商可以通过使用网页链接从中小型公司广泛使用的专有会计系统中提取信息。供应商可以借此生成适合审计的信息，并对其进行分析。

数据和交易可以采用许多不同的方式进行分析，如通过交易类型、账户或活动代码，或者参考许多不同的数据成分。对数据进行转换可以使数据变为可用的数据。一个最新出现的问题是：为了实现可用性，数据应做多大程度的改变？事务所在作出这种改变之前，需要仔细思考并消耗资源来进行的关键决策，是有关从常规分析工具中可能获得的审计证据的质量，以及管理层是否能转换该数据，以使监管变得更加容易。"更改"客户数据所带来的不安确实是一个问题，但有时是不可避免的。例如，在某些分类账中，可能会将交易错误地按照几年前已不再是法定货币的货币加以记录（比如，以被淘汰的德国马克记账，而不是以现行的法定货币欧元记账），那么，从这种分类账中提取的数据必须加以更改，以便让这些数据具有真实含义。

有时候，在管理层提供给注册会计师的大量数据中，有些数据并不是"属于"事务所的。这不是一个新问题，但更大的数据分析规模和范围让这个问题成为关注焦点。在大容量数据存储引起一些法律和实务问题的背景下，审计质量问题则是需要保留支持关键思考过程的文档记录。注册会计师为了适应数百万兆字节的数据，为了分析上百家报告单位的数百万交易所需的基础设施，已超出了标准服务器的容量。

对于以何种方式保留数据，从而满足审计准则的文件记录要求，人们有不同的观点。这实质上是一个测试单个交易所需的信息是否充分的问题。有观点认为，保留大量的数据不仅成本高昂，而且对于遵守审计准则而言也是不必要的。其他人则认为，分析的数据至少需要保留很多年，因为数据分析平台就是这样构建的，并且他们不相信与数据保留相关的风险状况发生了改变。还有人认为，由于在数据分析中使用了海量数据，与数据保留相关的风险状况已经改变。虽然数据分析平台的质量对数据保留有影响，但什么应当被保留的标准并没有改变。如果一个项目已被测试，那么关于它的信息就应该被保留，以便在必要时再次找出该项目信息。

11.1.6　不同信息技术环境下的问题

在公司层面信息技术控制审计的范畴内，讨论重点是被审计单位运用网络、数据库管理系统、电子商务系统、信息技术职能外包安排等不同信息技术环境下的问题。

1. 网络

很多企业可能使用局域网或互联网将各种类型的计算机、工作站、打印机、服务器等互相连接起来。在网络环境下，用于处理交易的应用软件和数据文件可能分布于不同位置但互相连接的计算机设备上，由此产生了与内部控制相关的问题，包括对分布于不同位置的服务器的安全、数据和信息的分布及同步、管理监督以及兼容性问题。

2. 数据库管理系统

数据库管理系统是一种操纵和管理数据库的

大型软件，用于建立、使用和维护数据库，它对数据库进行统一的管理和控制，以保证数据库的安全性和完整性。使用数据库管理系统能够实现不同应用软件之间的数据共享，减少数据冗余，改进对数据的控制，提高数据的决策支撑作用。

很多被审计单位使用企业资源计划（Enterprise Resource Planning,ERP），以实现整个单位数据库系统的整合。ERP系统是针对物资资源管理（物流）、人力资源管理（人流）、财务资源管理（财流）、信息资源管理（信息流）而开发的集成一体化的企业管理软件，能够实现会计部门与业务部门的数据共享。当然，数据库管理系统也带来了与内部控制相关的问题，包括多重使用者能够访问和修改共享数据的风险。因此，需要实施严格的数据库管理和接触控制以及数据安全备份制度。

3. 电子商务系统

当下，越来越多的被审计单位采用电子商务的方式进行交易。电子商务是指在互联网开放的网络环境下，以信息技术为手段，买卖双方不谋面地进行各种商贸活动，实现消费者的网上购物、商户之间的网上交易和在线电子支付以及各种商务活动、交易活动、金融活动和相关的综合服务活动的一种新型的商业运营模式。在这种方式下，交易信息在网上传输，容易被拦截、篡改或不当获取，需要采取相应的安全控制。此外，被审计单位的会计信息系统可能与交易对方的系统相连接，产生了互相依赖的风险，即交易一方的风险部分取决于交易对手如何识别和管理其自身系统中的风险。

4. 信息技术职能外包安排

被审计单位可能将全部或部分的信息技术职能外包给专门的应用软件服务提供商或云计算服务商等计算机服务机构。根据美国国家标准与技术研究院（NIST）的定义，云计算是一种按使用量付费的模式，这种模式提供可用的、便捷的、按需的网络访问，进入可配置的计算资源共享池（资源包括网络、服务器、存储、应用软件、服务）后，这些资源能够被快速提供，只需投入很少的管理资源，或与服务供应商进行很少的交互。

如果服务机构提供的服务和对服务的控制构成被审计单位与财务报告相关的信息系统（包括相关业务流程）的一部分，注册会计师应当参照《中国注册会计师审计准则第1241号——对被审计单位使用服务机构的考虑》的规定办理。

（1）注册会计师应当实施与服务机构活动相关的下列程序：

①了解服务机构中与内部控制相关的控制以及针对服务机构活动所实施的控制；

②获取相关控制运行有效性的证据。

（2）注册会计师可通过以下程序获取相关控制运行有效性的证据，包括：

①了解服务机构注册会计师对服务机构内部控制有效性出具的报告或与控制测试相关的商定程序报告；

②测试被审计单位对服务机构活动的控制；

③对服务机构实施控制测试。

（3）如果可以获取服务机构注册会计师对服务机构内部控制有效性出具的报告，注册会计师应当评价该报告是否提供了充分、适当的证据，以支持注册会计师的意见。

在评价时，注册会计师可能考虑下列因素：

①对控制的测试涵盖的期间及其与管理层评估时间点的关系；

②对控制的测试涵盖的范围、测试的控制及其与企业控制的关联度；

③对控制的测试结果，以及服务机构注册会计师对控制运行有效性发表的意见。

任务 11.2 审计沟通

11.2.1 注册会计师与治理层的沟通

1. 注册会计师与治理层的沟通

现代企业普遍存在由于所有权和经营权的分离而引发的代理问题,部分公司还可能存在处于控制地位的大股东与中小股东之间的代理问题。因此,为了合理保证企业(公司)目标以及包括中小股东在内的所有者(股东)价值最大化的实现,需要引入一系列的结构和机制,即公司治理。一般认为,公司治理主要解决的是股东、董事会和经理之间的关系(有时也包括控股股东与中小股东之间的关系)。

在公司治理所涉及的机构中,经理的主要职责是经营管理,因而属于管理层而非治理层(需要强调的是,《公司法》中所称的"经理",指的是企业层次上的经营管理负责人,即通常所说的总经理。除了经理以外,管理层还包括副经理,以及相当于副经理职位的财务总监、总会计师等其他高级管理人员)。董事会的主要职责是制定战略、进行重大决策、聘任经理并对经营管理活动进行监督;监事会的主要职责是对公司财务以及公司董事、经理的行为进行监督。因此,一般认为,董事会和监事会属于治理层。但是,在实际情况下,往往不同程度地存在着董事兼任高级管理人员的情形,即治理层参与管理的情形。股东大会(股东会)一般具有选举董事和监事、进行重大决策以及审议批准公司财务预算、决算方案和利润分配(亏损弥补)方案等法定职责,因而显然属于重要的治理机构。但是,由于它属于以会议形式存在的公司权力机关,并非常设机构,所以一般不把它列为注册会计师应予沟通的治理层。但是,在有必要与治理层整体进行沟通的情况下,尤其是在公司章程中规定对注册会计师的聘任、解聘由股东大会(股东会)决定时,注册会计师可能也需要与股东大会(股东会)进行沟通。

编制财务报告一般是企业管理层的责任,其具体工作由管理层领导下的财务会计部门承担。但是,对于财务报告的编制和披露过程,治理层负有监督职责。这种监督职责主要有:审核或监督企业的重大会计政策;审核或监督企业财务报告和披露程序;审核或监督与财务报告相关的企业内部控制;组织和领导企业内部审计;审核和批准企业的财务报告和相关信息披露;聘任和解聘负责企业外部审计的注册会计师并与其进行沟通等。

在不同组织形式的主体中,治理层可能意味着不同的人员或组织。对于有限责任公司而言,其治理层一般是指董事会(不设董事会时为执行董事)、监事会(不设监事会时为监事),在前文所述的特殊情形下,可能还涉及股东会;对于一人有限责任公司而言,其治理层一般为自然人股东本人,或法人股东的代表;对于国有独资公司而言,其治理层一般为董事会、监事会;对于股份有限公司而言,其治理层一般为董事会、监事会。上市公司董事会一般设有若干专门委员会,其中审计委员会的职责中通常包括与注册会计师的沟通。

被审计单位的治理层与注册会计师在财务报告编制过程中监督和财务报表审计职责方面存在着共同的关注点,在履行职责方面存在着很强的互补性,这也正是注册会计师需要与治理层保持有效的双向沟通的根本原因。具体来讲,有效的双向沟通有助于:①注册会计师和治理层了解与审计相关事项的背景,并建立建设性的工作关系,在建立这种关系时,注册会计师需要保持独立性和客观性;②注册会计师向治理层获取与审计相关的信息,例如,治理层可以帮助注册会计师了解被审计单位及其环境,确定审计证据的适当来源,以及提供有关具体交易或事项的信息;③治理层履行其对财务报告过程的监督责任,从而降低财务报表重大错报风险。

注册会计师应当就与财务报表审计相关且根据职业判断认为与治理层责任相关的重大事项,以适当的方式及时与治理层进行明晰的沟通。这是注册会计师与治理层沟通的总体要求。"明晰的沟通"指沟通内容、沟通目标、沟通方式、沟通结果均要清晰明了。注册会计师与治理层沟通的主要目的是:①就注册会计师与财务报表审计相关的责任、计划的审计范围和时间安排的总体情况,与治理层进行清晰的沟通;②向治理层获取与审计相关的信息;③及时向治理层通报审计中发现的与治理层对财务报告过程的监督责任相关的重大事项;④推动注册会计师和治理层之间有效的双向沟通。明确与治理层沟通的目的,有助于注册会计师全面理解与治理层进行沟通的必要性,意识到自己向治理层告知审计中发现的与治理层责任相关的事项的义务,以期与治理层就履行各自职责达成共识并共享信息。

2. 沟通的对象

(1) 总体要求。

①确定沟通对象的一般要求。包括:

Ⅰ.确定适当的沟通人员。注册会计师应当确定与被审计单位治理结构中的哪些适当人员沟通(适当人员可能因拟沟通事项的不同而不同)。

不同的被审计单位,适当的沟通对象可能不同。即使是同一家被审计单位,由于组织形式的变化、章程的修改或其他方面的变动,也可能使适当的沟通对象发生变动。

另外,由于沟通事项的不同,适当的沟通对象也会有所不同。尽管一般情况下适当的沟通对象可能是相对固定的,但是,针对一些特殊事项,注册会计师应当运用职业判断,考虑是否应当与被审计单位治理结构中的其他适当对象进行沟通。例如,在上市公司审计中,有关注册会计师独立性问题的沟通,其沟通对象最好是被审计单位治理结构中有权决定聘任、解聘注册会计师的组织或人员。再如,有关管理层的胜任能力和诚信问题方面的事项,就不宜与兼任高级管理职务的治理层成员沟通。

Ⅱ.确定适当的沟通人员时应当利用的信息。

在确定与哪些适当人员沟通特定事项时,注册会计师应当利用在了解被审计单位及其环境时获取的有关治理结构和治理过程的信息。通常,了解被审计单位的法律结构、组织形式,查阅被审计单位的章程、组织结构图,询问被审计单位的相关人员等,都有助于获取有关被审计单位治理结构和治理过程的信息,能够帮助注册会计师清楚地识别出适当的沟通对象。

②需要商定沟通对象的特殊情形。

一般而言,注册会计师通过上述了解,并运用职业判断,可以确定适当的沟通对象。通常而言,被审计单位也会指定其治理结构中相对固定的人员或组织(如审计委员会)负责与注册会计师进行沟通。如果由于被审计单位的治理结构没有被清楚地界定,导致注册会计师无法清楚地识别适当的沟通对象,被审计单位也没有指定适当的沟通对象,注册会计师就应当尽早与审计委托人商定沟通对象,并就商定的结果形成备忘录或其他形式的书面记录。

(2) 与治理层的下设组织或个人沟通。

①决定与治理层的下设组织或个人沟通时应当考虑的主要因素。通常而言,注册会计师没有必要(实际上也不可能)就全部沟通事项与治理层整体进行沟通。适当的沟通对象往往是治理层的下设组织和人员,如董事会下设的审计委员会、独立董事、监事会或者被审计单位特别指定的组织和人员等。

注册会计师在决定与治理层某下设组织或个人沟通时,需要考虑下列事项:

Ⅰ.治理层的下设组织与治理层各自的责任。这种责任划分是确定适当沟通对象的直接依据。

Ⅱ.拟沟通事项的性质。不同性质的沟通事项,其适当的沟通对象可能并不相同。这就意味着,尽管适当的沟通对象可能是治理层下设的某个组织、某些人员,但如果在涉及内容、涉及对象和重要程度等方面出现比较特殊的事项,就可能需要适当改变沟通对象。

Ⅲ.相关法律法规的要求。法律法规可能会

就治理结构、治理层下设组织和人员的职责作出规定，如有这方面的规定，注册会计师在确定适当的沟通对象时，应当从其规定。

Ⅳ．下设组织是否有权就沟通的信息采取行动，以及是否能够提供注册会计师可能需要的进一步的信息和解释。对于需要通过与治理层沟通以寻求配合或解决问题的事项，注册会计师应当在合理考虑治理层职责分工的基础上，选择有利于得到配合、有利于解决问题的适当的沟通对象。

在决定是否需要与治理机构沟通信息时，注册会计师可能受到其对下设组织与治理机构沟通相关信息的有效性和适当性的评估的影响。注册会计师可以在就审计业务约定条款达成一致意见时明确指出，除非法律法规禁止，注册会计师保留与治理机构直接沟通的权利。

②被审计单位设有审计委员会的情形。在许多国家或地区，被审计单位设有审计委员会（或名称不同的类似下设组织）。尽管审计委员会的具体权力和职责可能不同，但与其沟通已成为注册会计师与治理层沟通的一个关键要素。

良好的治理原则建议：

Ⅰ．邀请注册会计师定期参加审计委员会会议；

Ⅱ．审计委员会主席和其他相关成员定期与注册会计师联系；

Ⅲ．审计委员会每年至少一次在管理层不在场的情况下会见注册会计师。

③需要与治理层整体沟通的特殊情形。在某些情况下，治理层全部成员参与管理被审计单位，例如，在一家小企业中，仅有的一名业主管理该企业，并且没有其他人负有治理责任。此时，如果就审计准则要求沟通的事项已与负有管理责任的人员沟通，且这些人员同时负有治理责任，注册会计师无须就这些事项再次与负有治理责任的相同人员沟通。然而，注册会计师应当确信与负有管理责任人员的沟通能够向所有负有治理责任的人员充分传递应予沟通的内容。这是因为，有时与负有管理责任的人员的沟通，可能不能向所有负有治理责任的人员充分传递应予沟通的内容。例如，在一家所有董事都参与管理的公司中，某一董事（如负责市场营销的董事）可能并不知道注册会计师与另一董事（如负责财务报表编制的董事）讨论的重大事项。在这种情况下，注册会计师需要对如何运用沟通的要求进行调整。

3. 沟通的事项

（1）注册会计师与财务报表审计相关的责任。

①注册会计师应当与治理层沟通注册会计师与财务报表审计相关的责任，包括：

Ⅰ．注册会计师负责对在治理层监督下管理层编制的财务报表形成和发表意见；

Ⅱ．财务报表审计并不减轻管理层或治理层的责任。

②注册会计师与财务报表审计相关的责任应当包含在审计业务约定书或记录审计业务约定条款的其他适当形式的书面协议中。向治理层提供审计业务约定书或其他适当形式的书面协议的副本，可能是与其就下列相关事项进行沟通的适当方式：

Ⅰ．注册会计师按照审计准则执行审计工作的责任，主要集中在对财务报表发表意见上。审计准则要求沟通的事项包括财务报表审计中发现的、与治理层对财务报告过程的监督有关的重大事项；

Ⅱ．审计准则并不要求注册会计师设计程序来识别与治理层沟通的补充事项；

Ⅲ．注册会计师依据法律法规的规定、与被审计单位的协议或适用于该业务的其他规定，承担所需要沟通特定事项的责任（如适用）。

（2）计划的审计范围和时间安排。

注册会计师应当与治理层沟通计划的审计范围和时间安排的总体情况，包括识别的特别风险。就计划的审计范围和时间安排进行沟通可以：

①帮助治理层更好地了解注册会计师工作的结果，与注册会计师讨论风险问题和重要性的概念，以及识别可能需要注册会计师追加审计程序的领域。

②帮助注册会计师更好地了解被审计单位及其环境。在与治理层就计划的审计范围和时间安排进行沟通时，尤其是在治理层部分或全部成员参与管理被审计单位的情况下，注册会计师需要保持职业谨慎，避免损害审计的有效性（例如，沟

通具体审计程序的性质和时间安排,可能会因这些程序易于被预见而降低其有效性)。

(3) 沟通的事项可能包括:

①注册会计师拟如何应对由于舞弊或错误导致的特别风险以及重大错报风险评估水平较高的领域;

②注册会计师对与审计相关的内部控制采取的方案;

③在审计中对重要性概念的运用;

④实施计划的审计程序或评价审计结果需要的专门技术或知识的性质和程度,包括利用专家的工作;

⑤当《中国注册会计师审计准则第1504号——在审计报告中沟通关键审计事项》适用时,注册会计师对哪些事项可能需要重点关注因而可能构成关键审计事项所作的初步判断。

(4) 可能适合与治理层讨论的计划方面的其他事项包括:

①如果被审计单位设有内部审计,注册会计师拟利用内部审计工作的程度,以及注册会计师和内部审计人员如何以建设性和互补的方式更好地协调和配合工作。

②治理层对下列问题的看法:

Ⅰ. 与被审计单位治理结构中的哪些适当人员沟通;

Ⅱ. 治理层和管理层之间的责任分配;

Ⅲ. 被审计单位的目标和战略,以及可能导致重大错报的相关经营风险;

Ⅳ. 治理层认为审计过程中需要特别关注的事项,以及治理层要求注册会计师追加审计程序的领域;

Ⅴ. 与监管机构的重要沟通;

Ⅵ. 治理层认为可能会影响财务报表审计的其他事项。

③治理层对下列问题的态度、认识和措施:

Ⅰ. 被审计单位的内部控制及其在被审计单位中的重要性,包括治理层如何监督内部控制的有效性;

Ⅱ. 舞弊发生的可能性或如何发现舞弊。

④治理层应对会计准则、公司治理实务、交易所上市规则和相关事项变化的措施。

⑤治理层对以前与注册会计师沟通作出的反应。

尽管与治理层的沟通可以帮助注册会计师计划审计的范围和时间安排,但并不改变注册会计师独自承担制订总体审计策略和具体审计计划(包括获取充分、适当的审计证据所需程序的性质、时间安排和范围)的责任。

(5) 审计中发现的重大问题。

注册会计师应当与治理层沟通审计中发现的下列重大问题:

①注册会计师对被审计单位会计实务(包括会计政策、会计估计和财务报表披露)重大方面的质量的看法。在适当的情况下,注册会计师应当向治理层解释:某项在适用的财务报告编制基础下可以接受的重大会计实务,为何并不一定最适合被审计单位的具体情况?

财务报告编制基础通常允许被审计单位作出会计估计以及有关会计政策和财务报表披露的判断,例如,在存在重大计量不确定性的情况下作出会计估计时,对运用的关键假设作出的判断。此外,法律法规或财务报告编制基础可能要求披露重要会计政策概要、提及"重要的会计估计"或"重要的会计政策和实务",以向财务报表使用者指明管理层在编制财务报表时作出的最困难、最主观或最复杂的判断,并提供相关的进一步信息。

注册会计师对于财务报表主观方面的看法可能与治理层履行对财务报告过程的监督职责尤其相关。例如,和注册会计师对与导致特别风险的会计估计相关的估计不确定性是否得到充分披露进行了评价,治理层可能会对这一评价感兴趣。

注册会计师就被审计单位会计实务重大方面的质量与治理层进行开放的、建设性的沟通时,可能包括评价重大会计实务和披露的质量的可接受性。

②审计工作中遇到的重大困难。审计工作中遇到的重大困难可能包括下列事项:

Ⅰ. 在提供审计所需信息时,管理层严重拖延或不愿意提供,或者被审计单位的人员不予配合;

Ⅱ. 不合理地要求缩短完成审计工作的时间;

Ⅲ. 为获取充分、适当的审计证据需要付出的努力远远超过预期;

Ⅳ．无法获取预期的信息；

Ⅴ．管理层对注册会计师施加的限制；

Ⅵ．管理层不愿意按照要求对被审计单位持续经营能力进行评估，或不愿意延长评估期间。

在某些情况下，这些困难可能构成对审计范围的限制，导致注册会计师发表非无保留意见。

③已与管理层讨论或需要书面沟通的重大事项，以及注册会计师要求提供的书面声明，除非治理层全部成员参与管理被审计单位。

已与管理层讨论或需要书面沟通的重大事项可能包括：

Ⅰ．影响被审计单位的业务环境，以及可能影响重大错报风险的经营计划和战略；

Ⅱ．对管理层就会计或审计问题向其他专业人士进行咨询的关注；

Ⅲ．管理层在首次委托或连续委托注册会计师时，就会计实务、审计准则应用、审计或其他服务费用与注册会计师进行的讨论或书面沟通；

Ⅳ．当年发生的重大事项或交易；

Ⅴ．与管理层存在意见分歧的重大事项，但因事实不完整或初步信息造成并在随后通过进一步获取相关事实或信息得以解决的初始意见分歧除外。

④审计中出现的、根据职业判断认为对监督财务报告过程相关的所有其他重大事项。

Ⅰ．审计中出现的、与治理层履行对财务报告过程的监督职责直接相关的其他重大事项，可能包括已更正的、含有已审计财务报表的文件中的其他信息存在的对事实的重大错报或重大不一致。

Ⅱ．沟通审计中发现的重大问题可能包括要求治理层提供进一步信息以完善获取的审计证据。例如，注册会计师可以证实治理层对与特定的交易或事项有关的事实和情况有着与其相同的理解。

（6）值得关注的内部控制缺陷。

在识别和评估重大错报风险时，审计准则要求注册会计师了解与审计相关的内部控制。在进行风险评估时，注册会计师了解内部控制的目的是设计适合具体情况的审计程序，而不是对内部控制的有效性发表意见。

无论在风险评估过程中，还是在审计工作的其他阶段，注册会计师都有可能识别出内部控制缺陷。

①内部控制缺陷和值得关注的内部控制缺陷。

内部控制缺陷，是指在下列任一情况下，内部控制中存在的缺陷：

Ⅰ．某项控制的设计、执行或运行不能及时防止或发现并纠正财务报表错报；

Ⅱ．缺少用以及时防止或发现并纠正财务报表错报的必要控制。

值得关注的内部控制缺陷，是指注册会计师根据职业判断，认为足够重要从而值得治理层关注的内部控制的一个缺陷或多个缺陷的组合。

注册会计师应当根据已执行的审计工作，确定是否识别出内部控制缺陷。如果已识别出内部控制缺陷，注册会计师应当根据已执行的审计工作，确定该缺陷单独或连同其他缺陷是否构成值得关注的内部控制缺陷。

②向治理层和管理层通报内部控制缺陷。

Ⅰ．注册会计师应当以书面形式及时向治理层通报审计过程中识别出的值得关注的内部控制缺陷。

Ⅱ．注册会计师还应当及时向相应层级的管理层通报下列内部控制缺陷：

A. 已向或拟向治理层通报的值得关注的内部控制缺陷，除非在具体情况下不适合直接向管理层通报；

B. 在审计过程中识别出的、其他方尚未向管理层通报而注册会计师根据职业判断认为足够重要从而值得管理层关注的内部控制其他缺陷。

Ⅲ．值得关注的内部控制缺陷的书面沟通文件应当包括以下内容：

A. 对缺陷的描述以及对其潜在影响的解释；

B. 使治理层和管理层能够了解沟通背景的充分信息。

Ⅳ．在向治理层和管理层提供信息时，注册会计师应当特别说明下列事项：

A. 注册会计师执行审计工作的目的是对财务报表发表审计意见；

B. 审计工作包括考虑与财务报表编制相关的内部控制，其目的是设计适合具体情况的审计程序，并非对内部控制的有效性发表意见（如果需要结合财务报表审计对内部控制的有效性发表意见，应当删除"并非对内部控制的有效性发表意见"

的措辞);

C. 报告的事项仅限于注册会计师在审计过程中识别出的、认为足够重要从而值得向治理层报告的缺陷。

(7) 注册会计师的独立性。

注册会计师需要遵守与财务报表审计相关的职业道德要求,包括对独立性的要求。如果被审计单位是上市实体,注册会计师还应当与治理层沟通下列内容:

①就审计项目组成员、会计师事务所其他相关人员,以及会计师事务所和网络事务所按照相关职业道德要求保持了独立性作出声明。

②根据职业判断,在注册会计师认为会计师事务所、网络事务所与被审计单位之间存在的可能影响独立性的所有关系和其他事项中,包括会计师事务所和网络事务所在财务报表涵盖期间为被审计单位和受被审计单位控制的组成部分提供审计服务或非审计服务的收费总额。这些收费应当分配到适当的业务类型中,以帮助治理层评估这些服务对注册会计师独立性的影响。

③为消除对独立性的不利影响或将其降至可接受的水平,已经采取的相关防范措施。

拟沟通的关系和其他事项以及防范措施会因业务具体情况的不同而不同,但是通常包括:

Ⅰ. 对独立性的不利影响,包括因自身利益、自我评价、过度推介、密切关系和外在压力产生的不利影响。

Ⅱ. 法律法规和职业规范规定的防范措施、被审计单位采取的防范措施,以及会计师事务所内部自身的防范措施。

适用于上市实体的有关注册会计师独立性的沟通要求,对其他被审计单位可能也是适当的——包括涉及重大公众利益的被审计单位(例如,由于该实体拥有数量众多且分布广泛的利益相关者,以及由于其业务的性质和范围)。这些实体通常包括金融机构(如银行、保险公司和养老基金)以及慈善机构等。

(8) 补充事项。

注册会计师可能会注意到一些补充事项,虽然这些事项不一定与监督财务报告的流程有关,但对于治理层监督被审计单位的战略方向或与被审计单位受托责任相关的义务来说很可能是重要的。这些事项可能包括与治理结构或过程有关的重大问题以及缺乏适当授权的高级管理层作出的重大决策或行动。

在确定是否应与治理层沟通补充事项时,注册会计师可能会就其注意到的某类事项与适当层级的管理层进行讨论,除非在具体情形下不适合这么做。

如果需要沟通补充事项,注册会计师使治理层注意下列事项可能是适当的:

①识别和沟通这类事项对审计目的(旨在对财务报表形成意见)而言,只是附带的;

②除对财务报表形成审计意见所需实施的审计程序外,没有专门针对这些事项实施其他程序;

③没有实施程序来确定是否还存在其他的同类事项。

4. 沟通的过程

(1) 确立沟通过程。

①基本要求。清楚地沟通注册会计师的责任、计划的审计范围和时间安排以及期望沟通的大致内容,有助于为有效的双向沟通确立基础。通常,讨论下列事项可能有助于实现有效的双向沟通:

Ⅰ. 沟通的目的。如果目的明确,注册会计师和治理层就可以更好地就相关问题和在沟通过程中期望采取的行动取得相互了解。

Ⅱ. 沟通拟采取的形式。与治理层就沟通形式进行讨论,有利于合理确定拟采取的沟通形式,或及时对沟通形式进行必要的调整,同时也有利于得到治理层的理解和配合。

Ⅲ. 由审计项目组和治理层中的哪些人员就特定事项进行沟通。这方面的讨论有利于双方合理确定参与沟通的人员,以及找到适当的沟通对象。

Ⅳ. 注册会计师对沟通的期望,包括将进行双向沟通以及治理层就其认为与审计工作相关的事项与注册会计师沟通。与审计工作相关的事项包括:可能对审计程序的性质、时间安排和范围产生重大影响的战略决策,对舞弊的怀疑或检查,对高级管理人员的诚信或胜任能力的疑虑。

Ⅴ. 对注册会计师沟通的事项采取措施和进行反馈的过程。讨论该事项有利于让治理层知悉注册会计师如何对沟通事项作出反应。

Ⅵ．对治理层沟通的事项采取措施和进行反馈的过程。讨论该事项有利于让注册会计师知悉治理层如何对沟通事项作出反应。

沟通过程会随着具体情况的不同而不同，这些具体情况包括被审计单位的规模和治理结构、治理层如何开展工作，以及注册会计师对拟沟通事项的重要性的看法。难以建立有效的双向沟通可能意味着注册会计师与治理层之间的沟通不足以实现审计目的。

②与管理层的沟通。许多事项可以在正常的审计过程中与管理层讨论，包括审计准则要求与治理层沟通的事项。这种讨论有助于确认管理层对被审计单位经营活动的执行以及（特别是）对财务报表的编制承担的责任。

在与治理层沟通某些事项前，注册会计师可能就这些事项与管理层讨论，除非这种做法并不适当。例如，就管理层的胜任能力或诚信与其讨论可能是不适当的。除确认管理层的执行责任外，这些初步的讨论还可以澄清事实和问题，并使管理层有机会提供进一步的信息和解释。如果被审计单位设有内部审计，注册会计师可以在与治理层沟通前与内部审计人员讨论相关事项。

③与第三方的沟通。治理层可能希望向第三方（如银行或特定监管机构）提供注册会计师书面沟通文件的副本。在某些情况下，向第三方披露书面沟通文件可能是违法或不适当的。在向第三方提供为治理层编制的书面沟通文件时，在书面沟通文件中声明以下内容，告知第三方这些书面沟通文件不是为他们编制的，可能是非常重要的：

Ⅰ．书面沟通文件仅为治理层的使用而编制，在适当的情况下也可供集团管理层和集团注册会计师使用，但不应被第三方依赖；

Ⅱ．注册会计师对第三方不承担责任；

Ⅲ．书面沟通文件向第三方披露或分发的任何限制。

另外，法律法规也可能要求注册会计师：向监管机构或执法机构报告与治理层沟通的特定事项（例如，如果管理层和治理层没有采取纠正措施，注册会计师有义务向监管机构或执法机构报告错报）；将为治理层编制的特定报告的副本提交给相关监管机构、出资机构或其他机构（例如对某些公共部门实体，需要提交给某些主管部门）；向公众公开为治理层编制的报告。应当注意的是，除非法律法规要求向第三方提供注册会计师与治理层的书面沟通文件的副本，否则注册会计师在向第三方提供文件前可能需要事先征得治理层同意。

（2）沟通的形式。

有效的沟通可能包括结构化的陈述、书面报告以及不太正式的沟通（包括讨论）。对于审计中发现的重大问题，如果根据职业判断认为采用口头形式沟通不适当，注册会计师应当以书面形式与治理层沟通，当然，书面沟通不必包括审计过程中的所有事项；对于审计准则要求的注册会计师的独立性，注册会计师也应当以书面形式与治理层沟通。注册会计师还应当以书面形式向治理层通报值得关注的内部控制缺陷。除上述事项外，对于其他事项，注册会计师可以采取口头或书面的方式沟通。书面沟通可能包括向治理层提供审计业务约定书。

除特定事项的重要程度外，沟通的形式（口头沟通或书面沟通，沟通内容的详略程度，以正式或非正式的方式沟通）可能还受下列因素的影响：

①对该事项的讨论是否将包含在审计报告中。例如，在审计报告中沟通关键审计事项时，注册会计师可能认为有必要就确定为关键审计事项的事项进行书面沟通。

②特定事项是否已经得到满意的解决。

③管理层是否已事先就该事项进行沟通。通常，在注册会计师确信管理层已经就拟沟通事项与治理层有过有效沟通的情况下，如果该事项属于审计准则规定应当直接与治理层沟通的事项，注册会计师在与治理层进行沟通时可以相对简略；如果沟通事项属于审计准则规定的补充事项，注册会计师可能就没有必要就该事项再与治理层进行沟通。

④被审计单位的规模、经营结构、控制环境和法律结构。通常，被审计单位的规模越大、经营和法律结构越复杂，注册会计师就越倾向于采取书面的、更为详细的和更加正式的沟通形式。相对于上市实体或大型被审计单位，在对小型被

审计单位的审计中,注册会计师可以以不太正式的方式来与治理层沟通。

⑤在特殊目的财务报表审计中,注册会计师是否还需审计被审计单位的通用目的财务报表。在同时审计的情况下,对于已经在通用目的财务报表审计中充分沟通的事项,就可以仅做简要沟通。

⑥法律法规要求。如果法律法规规定对某些特定事项的沟通必须采用书面、正式的形式,应当从其规定。

⑦治理层的期望,包括与注册会计师定期会谈或沟通的安排。在不违背法律法规和审计准则要求、有利于实现沟通目的的前提下,注册会计师在确定沟通形式时一般会尽可能地尊重治理层的预期和愿望。

⑧注册会计师与治理层持续接触和对话的次数。如果双方保持频繁的有效联系和对话,对于一些治理层已经了解的事项,沟通的形式就可以比较简略。

⑨治理机构的成员是否发生了重大变化。通常,如果治理层成员发生了重大变化,注册会计师对相关事项的沟通就应当更加详细,以便让新接任的治理层成员全面了解相关的情况。

需要强调的是,要想有效地实现沟通目的,注册会计师需要根据实际情况灵活选择适当的沟通形式。对于沟通形式的选择,不必拘泥于固定的模式,也没有必要对所有的沟通事项都采取正式、详细和书面的形式,这样做有时反而会影响沟通的实际效果。

在审计实务中,对于审计准则规定应当以书面形式沟通的事项,注册会计师一般采用致治理层的沟通函件的方式进行书面沟通。

(3)沟通的时间安排。

注册会计师应当及时与治理层沟通。至于怎样才算及时,并非一成不变,适当的沟通时间安排可以因业务环境的不同而不同。相关的环境包括事项的重要程度和性质以及期望治理层采取的行动。例如:

①对于计划事项的沟通,通常在审计业务的早期阶段进行,如系首次接受委托,沟通可以随同就审计业务条款达成一致意见一并进行。

②对于审计中遇到的重大困难,如果治理层能够协助注册会计师克服这些困难,或者这些困难可能导致发表非无保留意见,可能需要尽快沟通。如果识别出值得关注的内部控制缺陷,注册会计师可能应在进行书面沟通前尽快与治理层口头沟通。无论何时(如承接一项非审计服务和在总结性讨论中)就对独立性的不利影响和相关防范措施作出了重要判断,就独立性进行沟通都可能是适当的。进行总结性讨论时,可能还是沟通审计中发现的问题(包括注册会计师对被审计单位会计实务质量的看法)的适当时间。

除了沟通事项的重要程度以外,可能与沟通的时间安排相关的其他因素包括:

Ⅰ.被审计单位的规模、经营结构、控制环境和法律结构;

Ⅱ.在规定的时限内沟通特定事项的法定义务;

Ⅲ.治理层的期望,包括与注册会计师定期会谈或沟通的安排;

Ⅳ.注册会计师识别出特定事项的时间。例如,注册会计师可能未能在可以采取预防措施的时间内识别出某一特定事项(如违反某项法律法规),但是沟通该事项可能有助于采取补救措施。

(4)沟通过程的充分性。

注册会计师应当评价其与治理层之间的双向沟通对实现审计目的是否充分。如果认为双向沟通不充分,注册会计师应当评价其对重大错报风险评估以及获取充分、适当的审计证据的能力的影响,并采取适当的措施。

①有助于评价沟通过程充分性的审计证据。

注册会计师不需要设计专门程序以支持其对与治理层之间的双向沟通的评价,这种评价可以建立在为其他目的而实施的审计程序所获取的见解的基础上。这些见解可能涉及:

Ⅰ.针对注册会计师提出的沟通事项,治理层采取的措施的适当性和及时性。如果前期沟通中提出的重大事项没有得到有效解决,注册会计师可能需要询问没有采取适当措施的原因,并考虑再次提出该事项。这样能避免治理层形成错误印象,误认为注册会计师因觉得该事项已经充分解决或不再重要而感到满意。

Ⅱ．治理层在与注册会计师沟通的过程中表现出来的坦率程度。

Ⅲ．治理层在没有管理层在场的情况下与注册会计师会谈的意愿和能力。

Ⅳ．治理层表现出来的对注册会计师所提出的事项的全面理解能力。例如，治理层在多大程度上对相关问题展开调查以及质疑向其提出的建议。

Ⅴ．就拟沟通的形式、时间安排和期望的大致内容与治理层达成相互理解的难度。

Ⅵ．当治理层的全部或部分成员参与管理被审计单位时，他们所表现出的对与注册会计师讨论的事项如何影响其治理责任和管理责任的了解。

Ⅶ．注册会计师与治理层之间的双向沟通是否符合法律法规的规定。

②沟通不充分的应对措施。

有效的双向沟通对于注册会计师和治理层都有帮助。治理层的参与（包括他们与内部审计人员和注册会计师的互动）是被审计单位控制环境的一个要素。不充分的双向沟通可能意味着令人不满意的控制环境，会影响注册会计师对重大错报风险的评估。同时，这也存在一种风险，即注册会计师可能不能获取充分、适当的审计证据，以形成对财务报表的审计意见。

如果注册会计师与治理层之间的双向沟通不充分，并且这种情况得不到解决，注册会计师可以采取下列措施：

Ⅰ．根据范围受到的限制发表非无保留意见；

Ⅱ．就采取不同措施的后果征询法律意见；

Ⅲ．与第三方（如监管机构）、被审计单位外部的在治理结构中拥有更高权力的组织或人员（如企业的业主、股东大会中的股东）或对公共部门负责的政府部门进行沟通；

Ⅵ．在法律法规允许的情况下，解除业务约定。

5. 审计工作底稿

注册会计师应当记录与治理层沟通的重大事项，包括记录那些对于表明形成审计报告的合理基础、证明审计工作的执行遵循了审计准则和其他法律法规的要求而言很重要的事项。

如果审计准则要求沟通的事项是以口头形式沟通的，注册会计师应当将其包括在审计工作底稿中，并记录沟通的时间和对象；如果审计准则要求沟通的事项是以书面形式沟通的，注册会计师应当保存一份沟通文件的副本，作为审计工作底稿的一部分。

如果被审计单位编制的会议纪要是沟通的适当记录，注册会计师可以将其副本作为对口头沟通的记录，并作为审计工作底稿的一部分。如果发现这些记录不能恰当地反映沟通的内容，且有差别的事项比较重大，注册会计师一般会另行编制能恰当记录沟通内容的纪要，将其副本连同被审计单位编制的纪要一起致送治理层，同时要提示两者的差别，以免引起不必要的误解。

如果根据业务环境不容易识别出适当的沟通人员，注册会计师还应当记录识别治理结构中的适当沟通人员的过程。记录的内容一般包括从被审计单位获取的治理结构和组织结构图、项目组内部就确定沟通对象的讨论、与委托人就沟通对象进行沟通的过程和商定的结果等。它可以记录于注册会计师的工作底稿中，必要时也可以载入业务约定书或记录商定的业务约定条款的其他形式的合约中。

如果治理层全部参与管理，注册会计师还应当记录对沟通的充分性进行考虑的过程，即考虑与负有管理责任人员的沟通能否向所有负有治理责任的人员充分传递应予沟通内容的过程。

11.2.2 前任注册会计师和后任注册会计师的沟通

1. 前任注册会计师和后任注册会计师的概念

（1）前任注册会计师的概念。

前任注册会计师，是指已对被审计单位上期财务报表进行审计，但被现任注册会计师接替的其他会计师事务所的注册会计师。

接受委托但未完成审计工作，已经或可能与委托人解除业务约定的注册会计师，也被视为前任注册会计师。

(2) 后任注册会计师的概念。

后任注册会计师，是指正在考虑接受委托或已经接受委托，接替前任注册会计师对被审计单位本期财务报表进行审计的注册会计师。

如果被审计单位委托注册会计师对已审计财务报表进行重新审计，正在考虑接受委托或已经接受委托的注册会计师也被视为后任注册会计师。

2. 接受委托前的沟通

(1) 沟通的要求。

在接受委托前，后任注册会计师应当与前任注册会计师进行必要沟通，并对沟通结果进行评价，以确定是否接受委托。这是审计准则对注册会计师接受委托前进行必要沟通的核心要求，它包括以下三层含义：

①沟通的目的。在接受委托前，后任注册会计师与前任注册会计师进行沟通的目的，是了解被审计单位更换会计师事务所的原因以及是否存在不应接受委托的情况，以确定是否接受委托。后任注册会计师一般只有通过与前任注册会计师直接沟通，才有可能了解更换会计师事务所的真实原因。

②接受委托前的沟通是必要的审计程序。与前任注册会计师进行沟通，是后任注册会计师在接受委托前应当执行的必要审计程序。如果没有进行必要沟通，则应视为后任注册会计师没有实施必要的审计程序。

③评价沟通结果。在进行必要沟通后，后任注册会计师应当对沟通结果进行评价，以确定是否接受委托。为使沟通真正发挥效用，后任注册会计师应当对前任注册会计师提供的信息给予应有的重视，对其进行评价，并与被审计单位提供的信息进行比较。如果前任注册会计师提供的信息与被审计单位提供的更换会计师事务所的原因不符，特别是当被审计单位与前任注册会计师在重大会计、审计问题上存在意见分歧时，被审计单位可能会试图通过后任注册会计师寻求有利于自己的审计意见，在这种情况下，后任注册会计师应慎重考虑是否接受委托。当出现上述情况时，后任注册会计师一般应拒绝接受委托，以抑制被审计单位购买审计意见的企图，并保护前任注册会计师的利益。

(2) 沟通的前提。

后任注册会计师进行主动沟通的前提是征得被审计单位的同意。后任注册会计师应当提请被审计单位以书面方式同意前任注册会计师对其询问作出充分答复。如果被审计单位不同意前任注册会计师作出答复，或限制答复的范围，后任注册会计师应当向被审计单位询问原因，并考虑是否接受委托。当出现这种情况时，后任注册会计师一般需要拒绝接受委托，除非可以通过其他方式获知必要的事实，或有充分的证据表明审计风险水平非常低。

(3) 沟通的内容。

如前所述，接受委托前，向前任注册会计师进行询问是一项必要的沟通程序。但后任注册会计师向前任注册会计师询问的内容应当合理、具体。既不能过于宽泛，也不宜过于琐碎。必要沟通过程中通常值得关注和询问的事项包括：

①是否发现被审计单位管理层存在诚信方面的问题。例如，向前任注册会计师了解被审计单位的商业信誉如何，是否发现管理层存在缺乏诚信的行为，被审计单位是否过分考虑将会计师事务所的审计收费维持在尽可能低的水平，审计范围是否受到不适当限制等。

②前任注册会计师与管理层在重大会计、审计等问题上存在的意见分歧。例如，在会计政策和会计估计的运用、财务报表的披露方面存在重大的意见分歧，管理层不接受注册会计师的调整建议等。

③前任注册会计师向被审计单位治理层通报的管理层舞弊、违反法律法规行为以及值得关注的内部控制缺陷。例如，向前任注册会计师询问其从被审计单位监事会或审计委员会是否了解到管理层的任何舞弊事实、舞弊嫌疑，或针对管理层的舞弊指控，以及违反法律法规行为，特别是被审计单位是否存在涉嫌洗钱或其他刑事犯罪的

行为或迹象等。了解这些信息，也有助于对管理层的诚信状况作出判断。

④前任注册会计师认为导致被审计单位变更会计师事务所的原因。变更会计师事务所的要求可能是由客户提出的，也可能是由会计师事务所提出的。变更的原因各种各样，有些原因是正当的，有些原因是不正当的。如果变更会计师事务所的原因可能是由于前任注册会计师在重大会计、审计问题上与被审计单位管理层存在意见分歧，管理层对前任注册会计师的审计意见不满意，经多次沟通仍难以达成一致意见，则后任注册会计师要慎重考虑是否接受该项业务委托。

上述事项都属于可能对后任注册会计师执行财务报表审计业务产生重大影响的信息，对后任注册会计师来说，是决定是否接受委托的至关重要的因素。

（4）前任注册会计师的答复。

在被审计单位允许前任注册会计师对后任注册会计师的询问作出充分答复的情况下，前任注册会计师应当根据所了解的事实，对后任注册会计师的合理询问及时作出充分答复。当有多家会计师事务所正在考虑是否接受被审计单位的委托时，前任注册会计师应在被审计单位明确选定其中的一家会计师事务所作为后任注册会计师之后，才对该后任注册会计师的询问作出答复。例如，当会计师事务所以投标方式承接审计业务时，前任注册会计师只需对中标的会计师事务所（后任注册会计师）的询问作出答复，而无须对所有参与投标的会计师事务所的询问进行答复。

如果受到被审计单位的限制或存在法律诉讼的顾虑，决定不向后任注册会计师作出充分答复，前任注册会计师应当向后任注册会计师表明其答复是有限的，并说明原因。此时，后任注册会计师需要判断是否存在由被审计单位或潜在法律诉讼引起的答复限制，并考虑对接受委托的影响；如果未得到答复，且没有理由认为变更会计师事务所的原因异常，后任注册会计师需要设法以其他方式与前任注册会计师再次进行沟通。如果仍得不到答复，后任注册会计师可以致函前任注册会计师，说明如果在适当的时间内得不到答复，将假设不存在专业方面的原因使其拒绝接受委托，并表明拟接受委托。

3. 接受委托后的沟通

接受委托后的沟通与接受委托前有所不同，它不是必要程序，而是由后任注册会计师根据审计工作的需要自行决定的。这一阶段的沟通主要包括查阅前任注册会计师的工作底稿及询问有关事项等。沟通可以采用电话询问、举行会谈、致送审计问卷等方式，但最有效、最常用的方式是查阅前任注册会计师的工作底稿。

（1）查阅前任注册会计师工作底稿的前提。

接受委托后，如果需要查阅前任注册会计师的工作底稿，后任注册会计师应当征得被审计单位同意，并与前任注册会计师进行沟通。

审计实务中，在接受审计业务委托前，几乎不可能存在前任注册会计师允许后任注册会计师查阅其审计工作底稿的情况。但在接受委托后，前任注册会计师可以考虑允许后任注册会计师查阅其审计工作底稿。如果上期财务报表由前任注册会计师审计，后任注册会计师可考虑通过查阅前任注册会计师的工作底稿获取有关期初余额的审计证据，并考虑前任注册会计师的独立性和专业胜任能力。

（2）查阅相关工作底稿及其内容。

审计工作底稿的所有权属于会计师事务所，前任注册会计师所在的会计师事务所可自主决定是否允许后任注册会计师获取工作底稿的部分内容，或摘录部分工作底稿。

如果前任注册会计师决定向后任注册会计师提供工作底稿，一般可考虑进一步从被审计单位（前审计客户）处获取一份确认函，以便降低在与后任注册会计师进行沟通时发生误解的可能性。前任注册会计师应当自主决定可供后任注册会计师查阅、复印或摘录的工作底稿内容，这些内容通常可能包括有关审计计划、控制测试、审计结论的工作底稿，以及其他具有延续性的对本期审计产生重大影响的会计、审计事项（如有关资产负债表账户的分析和或有事项）的工作底稿。

（3）前任注册会计师和后任注册会计师就使

用工作底稿达成一致意见。

在允许查阅工作底稿之前，前任注册会计师应当向后任注册会计师获取确认函，就工作底稿的使用目的、范围和责任等与其达成一致意见。

在实务中，如果后任注册会计师在工作底稿的使用方面作出了更高程度的限制性保证，那么，前任注册会计师可能会愿意向其提供更多的接触工作底稿的机会。相应地，为了获取对工作底稿的更多的接触机会，后任注册会计师可以考虑同意前任注册会计师在自己查阅工作底稿过程中可能作出的限制。例如：

①不将查阅工作底稿获得的信息用于其他任何目的；

②在查阅工作底稿后，不对任何人作出关于前任注册会计师的审计是否遵循了审计准则的口头或书面评论；

③当涉及前任注册会计师的审计质量时，后任注册会计师不应提供任何专家证词、诉讼服务或承接关于前任注册会计师审计质量的评论业务。

（4）利用工作底稿的责任。

查阅前任注册会计师工作底稿获取的信息可能影响后任注册会计师实施审计程序的性质、时间安排和范围，但后任注册会计师应当对自身实施的审计程序和得出的审计结论负责。后任注册会计师不应在审计报告中表明其审计意见全部或部分地依赖前任注册会计师的审计报告或工作。

4. 发现前任注册会计师审计的财务报表可能存在重大错报时的处理

（1）安排三方会谈。

如果发现前任注册会计师审计的财务报表可能存在重大错报，后任注册会计师应当提请被审计单位告知前任注册会计师。必要时，后任注册会计师应当要求被审计单位安排三方会谈。前后任注册会计师应当就在已审计财务报表报出后发现的、对已审计财务报表可能存在重大影响的任何信息进行沟通，以便双方按照有关审计准则作出妥善处理。

（2）无法参加三方会谈的处理。

如果被审计单位拒绝告知前任注册会计师，或前任注册会计师拒绝参加三方会谈，或后任注册会计师对解决问题的方案不满意，后任注册会计师应当考虑对审计意见的影响或解除业务约定。具体来讲，后任注册会计师应当考虑：

①这种情况对当前审计业务的潜在影响，并根据具体情况出具恰当的审计报告；

②是否退出当前审计业务。此外，后任注册会计师可考虑向其法律顾问咨询，以便决定如何采取进一步措施。

任务 11.3 注册会计师利用他人的工作

11.3.1 利用内部审计工作

内部审计是指被审计单位负责执行鉴证和咨询活动，以评价和改进被审计单位的治理、风险管理和内部控制流程有效性的部门、岗位或人员。内部审计的职能包括检查、评价和监督内部控制的恰当性和有效性等。

内部审计人员，是指执行内部审计活动的人

员。内部审计人员可能属于内部审计部门或履行内部审计职责的类似部门。

注册会计师在审计过程中，通常需要了解和测试被审计单位的内部控制，而内部审计是被审计单位内部控制的一个重要组成部分。因此，注册会计师应当考虑内部审计活动及其在内部控制中的作用，以评估财务报表重大错报风险及其对注册会计师审计程序的影响。

虽然注册会计师对发表审计意见以及确定审计程序的性质、时间安排和范围独自承担责任，但内部审计与注册会计师审计用以实现各自目标的某些手段存在相近之处，利用内部审计工作或利用内部审计人员提供直接协助可能有助于注册会计师的审计工作。例如，内部审计人员在评估销售与收款循环的内部控制时，其工作底稿可能包括相关控制政策的说明和控制流程图等。注册会计师可以通过复核和评价内部审计人员的工作底稿，获得对内部控制的了解。注册会计师通过了解与评估内部审计工作，利用可信赖的内部审计工作相关部分的成果，或利用内部审计人员提供直接协助，可以减少不必要的重复劳动，提高审计工作效率。

1. 内部审计的目标

被审计单位内部审计的目标是由其管理层和治理层确定的。由于被审计单位的规模、组织结构以及管理层和治理层（如适用）要求的不同，内部审计的目标和范围、职责及其在被审计单位中的地位（包括权威性和问责机制）可能有较大差别。内部审计可能包括下列一项或多项活动：

（1）与公司治理有关的活动。

内部审计可能评估被审计单位的治理流程是否能够实现下列方面的目标：道德和价值观，绩效管理和问责机制，向组织内的适当范围传达风险和控制信息，以及治理层、注册会计师、内部审计人员和管理层之间的有效沟通。

（2）与风险管理有关的活动。

①内部审计可能有助于被审计单位识别和评价面临的重大风险，改善风险管理和内部控制（包括财务报告过程的有效性）；

②内部审计可能实施程序，以有助于被审计单位发现舞弊情形。

（3）与内部控制有关的活动。

①评价内部控制。内部审计可能承担复核内部控制、评价内部控制的运行以及对内部控制提出改进建议等方面的特定责任。在这种情况下，内部审计为内部控制提供鉴证。例如，内部审计可能计划并实施测试或其他程序，为管理层和治理层就内部控制的设计、执行和运行有效性提供鉴证，包括与审计相关的内部控制。

②检查财务和经营信息。内部审计可能被要求复核用以识别、确认、计量、分类和报告财务和经营信息的方法，并针对个别事项实施专门调查，包括对交易、账户余额和程序进行详细测试。

③复核经营活动。内部审计可能被要求复核被审计单位经营活动（包括非财务活动）的经济性、效率和效果。

④复核遵守法律法规的情况。内部审计可能被要求复核被审计单位对法律法规、其他外部要求以及管理层的政策、指令和其他内部要求的遵守情况。

2. 内部审计和注册会计师的关系

（1）内部审计与注册会计师审计的联系。

尽管内部审计与注册会计师审计之间存在诸多差异，但两者用以实现各自目标的某些方式却通常是相似的。例如，为支持所得出的结论，审计人员都需要获取充分、适当的审计证据，都可以运用观察、询问、函证和分析程序等审计方法。此外，内部审计对象与注册会计师审计对象也密切相关，甚至存在部分重叠。因此，注册会计师应当考虑内部审计工作的某些方面是否有助于确定审计程序的性质、时间安排和范围，包括了解内部控制所采用的程序、评估财务报表重大错报风险所采用的程序和实质性程序。

通过了解内部审计工作的情况，注册会计师可以掌握内部审计发现的、可能对被审计单位财务报表和注册会计师审计产生重大影响的事项。如果内部审计的工作结果表明被审计单位的财务报表在某些领域存在重大错报风险，注册会计师就应当对这些领域给予特别关注。注册会计师在审计中利用内部审计人员的工作包括：①在获取审计证据的过程中利用内部审计的工作；②在注册会计师的指导、监督和复核下利用内部审计人员提供直接协助。

（2）利用内部审计工作不能减轻注册会计师的责任。

虽然相关内部审计准则要求内部审计机构和人员保持独立性和客观性，但考虑到内部审计是被审计单位的一部分，其自主程度和客观性毕竟是有限的，无法达到注册会计师审计所要求的水平。因此，尽管内部审计工作的某些部分或利用内部审计人员提供直接协助可能对注册会计师的工作有所帮助，但注册会计师必须对与财务报表审计有关的所有重大事项独立作出职业判断，而不应完全依赖内部审计工作。通常，审计过程中涉及的职业判断，如重大错报风险的评估、重要性水平的确定、样本规模的确定、对会计政策和会计估计的评估等，均应当由注册会计师负责执行。

同样，注册会计师对发表的审计意见独立承担责任，这种责任并不因利用内部审计工作或利用内部审计人员对该项审计业务提供直接协助而减轻。

3. 确定是否利用、在哪些领域利用以及在多大程度上利用内部审计的工作

（1）当被审计单位存在内部审计，并且注册会计师预期将利用其工作以调整注册会计师直接实施的审计程序的性质、时间安排，或缩小其范围时，注册会计师应当确定：

①是否能够利用内部审计的工作。

②如果能够利用，在哪些领域利用以及在多大程度上利用。

③内部审计的工作是否足以实现审计目的。

（2）注册会计师应当通过评价下列事项，确定是否能够利用内部审计的工作以实现审计目的：

①内部审计在被审计单位中的地位，以及相关政策和程序支持内部审计人员客观性的程度；

②内部审计人员的胜任能力；

③内部审计是否采用系统、规范化的方法（包括质量控制）。

（3）如果存在下列情形之一，注册会计师不得利用内部审计的工作：

①内部审计在被审计单位的地位以及相关政策和程序不足以支持内部审计人员的客观性；

②内部审计人员缺乏足够的胜任能力；

③内部审计没有采用系统、规范化的方法（包括质量控制）。

（4）注册会计师应当考虑内部审计已执行和拟执行工作的性质和范围，以及这些工作与注册会计师总体审计策略和具体审计计划的相关性，以作为确定能够利用内部审计工作的领域和程度的基础。

（5）注册会计师应当作出审计业务中的所有重大判断，并防止不当利用内部审计工作。当存在下列情况之一时，注册会计师应当计划较少地利用内部审计工作，而更多地直接执行审计工作：

①当在下列方面涉及较多判断时：

Ⅰ．计划和实施相关的审计程序；

Ⅱ．评价收集的审计证据。

②当评估的认定层次的重大错报风险较高，需要对识别出的特别风险予以特殊考虑时。

③当内部审计在被审计单位中的地位以及相关政策和程序对内部审计人员客观性的支持程度较弱时。

④当内部审计人员的胜任能力较低时。

由于注册会计师对发表的审计意见独立承担责任，注册会计师应当做出以下评价：从总体上而言，在计划的范围内利用内部审计工作，是否仍然能够使注册会计师充分地参与审计工作？

当注册会计师按照《中国注册会计师审计准则第1151号——与治理层的沟通》的规定与治理层沟通计划的审计范围和时间安排的总体情况时，应当包括其计划如何利用内部审计工作。

4. 利用内部审计工作

如果计划利用内部审计工作，注册会计师应当与内部审计人员讨论利用其工作的计划，以作为协调各自工作的基础。

注册会计师应当阅读与拟利用的内部审计工

作相关的内部审计报告，以了解其实施的审计程序的性质和范围以及相关发现。

注册会计师应当针对计划利用的全部内部审计工作实施充分的审计程序，以确定其对于实现审计目的是否适当，包括评价下列事项：

（1）内部审计工作是否经过恰当的计划、实施、监督、复核和记录？

（2）内部审计是否获取了充分、适当的证据，以使其能够得出合理的结论？

（3）内部审计得出的结论在具体环境下是否适当，编制的报告与执行工作的结果是否一致？

注册会计师实施审计程序的性质和范围应当与其对以下事项的评价相适应，并应当包括重新执行内部审计的部分工作：

①涉及判断的程度；

②评估的重大错报风险；

③内部审计在被审计单位中的地位以及相关政策和程序支持内部审计人员客观性的程度；

④内部审计人员的胜任能力。

11.3.2 利用专家的工作

1. 确定是否利用专家的工作

（1）可能需要利用专家工作的情形。

注册会计师在执行下列工作时可能需要利用专家的工作：

①了解被审计单位及其环境；

②识别和评估重大错报风险；

③针对评估的财务报表层次风险，确定并实施总体应对措施；

④针对评估的认定层次风险，设计和实施进一步审计程序，包括控制测试和实质性程序；

⑤在对财务报表形成审计意见时，评价已获取的审计证据的充分性和适当性。

（2）确定是否利用专家工作时可能考虑的因素。

如果编制财务报表需要利用会计以外某一领域的专长，尽管注册会计师拥有会计和审计技能，但可能不具备审计这些财务报表的必要的专长。项目合伙人需要确信项目组和不属于项目组的专家整体上具备适当的胜任能力和专业素质以执行审计业务。并且注册会计师需要确定完成审计项目所需资源的性质、时间安排和范围。注册会计师需要确定是否利用专家的工作，如果需要利用，确定何时利用以及在多大程度上利用，以满足上述要求。

在确定是否利用专家的工作，以协助获取充分、适当的审计证据时，注册会计师可能考虑的因素包括：

①管理层在编制财务报表时是否利用了管理层的专家的工作。管理层的专家，是指在会计、审计以外的某一领域具有专长的个人或组织，其工作被管理层利用以协助编制财务报表。如果管理层在编制财务报表时利用了管理层的专家的工作，可能意味着编制财务报表具有复杂性，重大错报风险可能增加。

②事项的性质和重要性，包括复杂程度。

③事项存在的重大错报风险。

④应对识别出的风险的预期程序的性质，包括注册会计师对与这些事项相关的专家工作的了解和具有的经验，以及是否可以获得替代性的审计证据。

随着审计的进行或环境的变化，注册会计师可能需要修改之前有关利用专家工作的决定。

2. 专家的胜任能力、专业素质和客观性

专家的胜任能力、专业素质和客观性对评价专家的工作是否适合审计目的具有重大影响。专家的胜任能力与其专长的性质和水平有关。专家的专业素质与在业务的具体情况下对胜任能力的发挥相关。影响专业素质发挥的因素包括地理位置（专家所在的国家或地区）、可用的时间和资源等。专家的客观性与其偏见、利益冲突及其他可能影响其职业判断或商业判断的因素相关。

注册会计师应当评价专家是否具有实现审计目的所必需的胜任能力、专业素质和客观性。在评价外部专家的客观性时，注册会计师应当询问可能对外部专家客观性产生不利影响的利益和关系。

3. 了解专家的专长领域

（1）总体要求。

注册会计师应当充分了解专家的专长领域，以能够：

①为了实现审计目的，确定专家工作的性质、范围和目标；

②评价专家的工作是否足以实现审计目的。

注册会计师可以凭借审计工作经验或通过与专家及其他有关人士进行讨论的方式，了解专家的专长领域。

（2）对专家的专长领域的了解事项。

注册会计师对专家的专长领域的了解可能包括下列方面：

①专家的专长领域是否与审计工作相关；

②职业准则或其他准则以及法律法规是否适用；

③专家使用哪些假设和方法（包括专家使用的模型，如适用），以及这些假设和方法在专家的专长领域是否得到普遍认可，对实现财务报告目的是否适当；

④专家使用的内外部数据或信息的性质。

4. 与专家达成一致意见

（1）总体要求。

专家工作的性质、范围和目标可能会随着情况的变化而发生较大的变化，相应地，注册会计师和专家各自的角色与责任、注册会计师和专家沟通的性质、时间安排和范围等也可能因情况的变化而发生较大变化。因此，无论是对外部专家还是内部专家，注册会计师都应当就这些事项与其达成一致意见，并根据需要形成书面协议。

（2）专家工作的性质、范围和目标。

就专家工作的性质、范围和目标达成一致意见后，注册会计师通常需要与专家讨论需要遵守的相关技术标准、其他职业准则或行业要求。

（3）注册会计师和专家各自的角色与责任。

注册会计师与专家就各自角色和责任达成的一致意见可能包括下列内容：

①由注册会计师还是专家对原始数据实施细节测试；

②同意注册会计师与被审计单位或其他人员讨论专家的工作结果或结论，必要时包括同意注册会计师将专家的工作结果或结论的细节作为注册会计师在审计报告中发表非无保留意见的基础；

③将注册会计师对专家工作形成的结论告知专家。

注册会计师和专家就各自角色和责任达成的一致意见，可能还包括就各自的工作底稿的使用和保管达成的一致意见。当专家是项目组的成员时，专家的工作底稿是审计工作底稿的一部分。除非协议另作安排，外部专家的工作底稿属于外部专家，不是审计工作底稿的一部分。

（4）注册会计师和专家之间沟通的性质、时间安排和范围。

有效的双向沟通有利于将专家工作的性质、时间安排和范围与审计的其他工作整合在一起，也有利于在审计过程中对专家工作的目标进行适当的调整。例如，如果专家的工作与注册会计师针对某项特别风险形成的结论相关，专家不仅要在工作结束时提交一份正式的书面报告，而且要随着工作的推进随时作出口头报告。明确与专家保持联络的合伙人或员工，以及专家和被审计单位的沟通程序，有助于及时、有效地沟通，特别是在较大的业务项目中。

（5）对专家遵守保密规定的要求。

适用于注册会计师的相关职业道德要求中的保密条款同样也适用于专家。法律法规可能对保密作出额外规定。被审计单位也可能要求外部专家同意遵守特定的保密条款。

5. 评价专家工作的恰当性

（1）总体要求。

对专家胜任能力、专业素质和客观性的评价，对专家的专长领域的熟悉程度和专家所执行工作的性质，影响注册会计师为评价专家工作是否足以实现审计目的所实施的审计程序的性质、时间安排和范围。

注册会计师应当评价专家的工作是否足以实现审计目的，包括：①专家的工作结果或结论的相关性和合理性，以及与其他审计证据的一致性；②如果专家的工作涉及使用重要的假设和方法，这些假设和方法在具体情况下的相关性和合理性；③如果专家的工作涉及使用重要的原始数据，这些原始数据的相关性、完整性和准确性。

（2）评价专家工作是否足以实现审计目的所实施的特定程序。

评价专家工作是否足以实现审计目的所实施的特定程序可能包括：

①询问专家；

②复核专家的工作底稿和报告；

③实施用于证实的程序：

Ⅰ．观察专家的工作；

Ⅱ．检查已公布的数据，如来源于信誉高、权威的渠道的统计报告；

Ⅲ．向第三方询证相关事项；

Ⅳ．执行详细的分析程序；

Ⅴ．重新计算。

④必要时（如当专家的工作结果或结论与其他审计证据不一致时），与具有相关专长的其他专家讨论；

⑤与管理层讨论专家的报告。

（3）评价专家的工作结果或结论的相关性和合理性。

当评价专家的工作结果或结论（无论采取报告还是其他形式）的相关性和合理性时，注册会计师可能需要考虑：

①专家提交其工作结果或结论的方式是否符合专家所在的职业或行业标准；

②专家的工作结果或结论是否得到清楚的表述，包括提及与注册会计师达成一致的目标，执行工作的范围和运用的标准；

③专家的工作结果或结论是否基于适当的期间，并考虑期后事项（如相关）；

④专家的工作结果或结论在使用方面是否有任何保留、限制或约束，如果有，是否会对注册会计师的工作产生影响；

⑤专家的工作结果或结论是否适当考虑了专家遇到的错误或偏差情况。

（4）评价专家工作涉及使用重要的假设和方法的相关性和合理性。

虽然注册会计师不具备与专家同等的专业技能，对专家选择的假设和方法提出异议存在一定的困难，但是，注册会计师应当了解专家选择的假设和方法，并根据专家工作的具体情况，评价专家工作涉及使用重要的假设和方法的相关性和合理性。此外，还要考虑专家选择的假设和方法与以前期间采用的假设和方法是否一致。

如果专家的工作是评价管理层作出会计估计时使用的基础假设和方法（包括模型，如适用），注册会计师实施的程序可能主要是评价专家是否已经充分复核了这些假设和方法。如果专家的工作是形成注册会计师的点估计，或是形成注册会计师用来与管理层的点估计进行比较的范围，注册会计师实施的程序可能主要是评价专家使用的假设和方法。

当专家的工作涉及使用重要的假设和方法时，注册会计师对这些假设和方法进行评价时需要考虑：

①这些假设和方法在专家的专长领域是否得到普遍认可；

②这些假设和方法是否与适用的财务报告编制基础的要求相一致；

③这些假设和方法是否依赖某些专用模型的应用；

④这些假设和方法是否与管理层的假设、方法相一致（如果不一致，说明差异的原因及影响）。

（5）评价专家工作涉及使用重要的原始数据的相关性、完整性和准确性。

专家在工作过程中需要用到大量的原始数据，原始数据是否适合所涉及项目的具体情况直接关系到专家工作的恰当性。部分原始数据是从被审计单位内部获得的，部分数据来源于外部。注册会计师应当实施相应的审计程序，评价专家工作涉及使用重要的原始数据的相关性、完整性和准确性。

当专家的工作涉及使用对专家工作具有重要

影响的原始数据时，注册会计师可以实施下列程序，以测试这些数据：

①核实数据的来源，包括了解和测试（适用时）针对数据的内部控制，以及向专家传送数据的方式（如相关）；

②复核数据的完整性和内在一致性。

在许多情况下，注册会计师可能测试原始数据。然而，在另外一些情况下，如果专家使用的是其领域中高度专业化的原始数据，该专家可能会测试这些原始数据。如果专家已测试，注册会计师可以通过询问专家、监督或复核专家的测试来评价数据的相关性、完整性和准确性。

（6）评价结果为不恰当时的措施。

如果确定专家的工作不足以实现审计目的，注册会计师应当采取下列措施之一：

①就专家拟执行的进一步工作的性质和范围，与专家达成一致意见；

②根据具体情况，实施追加的审计程序。

如果注册会计师认为专家的工作不足以实现审计目的，且注册会计师通过实施追加的审计程序（如专家和注册会计师执行进一步工作），或者通过雇用、聘请其他专家仍不能解决问题，则意味着没有获取充分、适当的审计证据，注册会计师有必要按照《中国注册会计师审计准则第1502号——在审计报告中发表非无保留意见》的规定发表非无保留意见。

（7）其他方面的考虑。

①如上文所述，在考虑利用专家的工作时，注册会计师应当评价专家是否具有实现审计目的所必需的胜任能力、专业素质和客观性；充分了解专家的专长领域；与专家就相关重要事项达成一致意见；评价专家的工作是否足以实现审计目的。在确定这些相关审计程序的性质、时间安排和范围时，注册会计师应当考虑下列事项：

Ⅰ．与专家工作相关的事项的性质；

Ⅱ．与专家工作相关的事项中存在的重大错报风险；

Ⅲ．专家的工作在审计中的重要程度；

Ⅳ．注册会计师对专家以前所做工作的了解，以及与之接触的经验；

Ⅴ．专家是否需要遵守会计师事务所的质量管理政策和程序。

②此外，这些相关审计程序的性质、时间安排和范围将随着具体情况的变化而变化。例如，下列情况可能表明需要实施与一般情况相比不同的或更广泛的审计程序：

Ⅰ．专家的工作与涉及主观和复杂判断的重大事项相关；

Ⅱ．注册会计师以前没有利用过某个专家的工作，也不了解其胜任能力、专业素质和客观性；

Ⅲ．专家实施的程序构成审计工作必要的组成部分，而不是就某一事项提供建议；

Ⅳ．专家是会计师事务所外部专家，因此不受会计师事务所质量管理政策和程序的约束。

任务 11.4 对特殊事项的考虑

11.4.1 对舞弊和法律法规的考虑

1. 舞弊的含义

舞弊是指被审计单位的管理层、治理层、员工或第三方使用欺骗手段获取不当或非法利益的故意行为。舞弊是现代经济社会中的一个"毒瘤"，其发生比较普遍。

2. 舞弊的种类

舞弊是一个宽泛的法律概念，但在财务报表审计中，注册会计师关注的是导致财务报表发生重大错报的舞弊。与财务报表审计相关的故意错报，包括编制虚假财务报告导致的错报和侵占资产导致的错报。

（1）编制虚假财务报告导致的错报。编制虚假财务报告涉及为欺骗财务报表使用者而作出的故意错报（包括对财务报表金额或披露的遗漏）。这可能是由于管理层通过操纵利润来影响财务报表使用者对被审计单位业绩和盈利能力的看法而造成的。此类利润操纵可能从一些小的行为，或对假设的不恰当调整和对管理层判断的不恰当改变开始。压力和动机可能使这些行为上升到编制虚假财务报告的程度。美国的安然、世通（WorldCom）以及我国的琼民源、银广夏、红光实业等舞弊案件都属于这一种类。在某些被审计单位，管理层可能有动机大幅降低利润以降低税负，或虚增利润以向银行融资。

管理层可能通过以下方式编制虚假财务报告：
①对编制财务报表所依据的会计记录或支持性文件进行操纵、弄虚作假（包括伪造）或篡改；
②在财务报表中错误表达或故意漏记事项、交易或其他重要信息；
③故意地错误使用与金额、分类、列报或披露相关的会计原则。

（2）侵占资产导致的错报。侵占资产包括盗窃被审计单位资产，通常的做法是员工盗窃金额相对较小且不重要的资产。侵占资产也可能涉及管理层，他们通常更能够通过难以发现的手段掩饰或隐瞒侵占资产的行为。侵占资产可以通过以下方式实现：

①贪污收到的款项。例如，侵占收到的应收账款或将与已注销账户相关的收款转移至个人银行账户。

②盗窃实物资产或无形资产。例如，盗窃存货以自用或出售、盗窃废料以再销售、通过向被审计单位竞争者泄露技术资料而与其串通，以获取回报。

③使被审计单位对未收到的商品或未接受的劳务付款。例如，向虚构的供应商支付款项、供应商向采购人员提供回扣以作为其提高采购价格的回报、向虚构的员工支付工资。

④将被审计单位资产挪为私用。例如，将被审计单位资产作为个人或关联方贷款的抵押。

侵占资产通常伴随着虚假或误导性的记录或文件，其目的是隐瞒资产丢失或未经适当授权而被抵押的事实。

3. 治理层、管理层的责任与注册会计师的责任

（1）治理层、管理层的责任。

被审计单位治理层和管理层对防止或发现舞弊负有主要责任。管理层在治理层的监督下，高度重视对舞弊的防范和遏制是非常重要的。对舞弊进行防范可以减少舞弊发生的机会；对舞弊进行遏制，即发现和惩罚舞弊行为，能够警示被审计单位人员不要实施舞弊。对舞弊的防范和遏制需要管理层营造诚实守信和合乎道德的文化，并且这一文化能够在治理层的有效监督下得到强化。

治理层的监督包括考虑管理层凌驾于控制之上或对财务报告过程施加其他不当影响的可能性，例如，管理层为了影响分析师对被审计单位业绩和盈利能力的看法而操纵利润。

（2）注册会计师的责任。

对于注册会计师发现舞弊的责任，注册会计师职业界与社会公众之间存在期望差：在重大的财务报告舞弊案件发生后，社会公众总是会问"注册会计师干什么去了"；而注册会计师职业界往往会辩解财务报表审计不是专门的舞弊调查，在发现舞弊方面有很大的局限性。期望差的存在会影响社会公众对注册会计师行业的信心，也是准则制定机构不断修订这方面准则的主要动力。

注册会计师对于发现舞弊的责任可以从正反两个方面界定：

一方面，在按照审计准则的规定执行审计工作时，注册会计师有责任对财务报表整体是否不存在由于舞弊或错误导致的重大错报获取合理保证。

编制虚假财务报告直接导致财务报表产生错报，侵占资产通常伴随着虚假或误导性的文件或记录。因此，对能够导致财务报表产生重大错报的舞弊，无论是编制虚假财务报告，还是侵占资产，注册会计师均应当合理保证能够予以发现，这是实现财务报表审计目标的内在要求，也是财务报表审计的价值所在。审计准则还规定，注册会计师应当在整个审计过程中保持职业怀疑，认识到存在由于舞弊导致的重大错报的可能性，而不应受到以前对管理层、治理层正直和诚信形成的判断的影响，并认识到对发现错误有效的审计程序未必对发现舞弊有效。

另一方面，由于审计的固有限制，即使注册会计师按照审计准则的规定恰当计划和执行了审计工作，也不可避免地存在财务报表中的某些重大错报未被发现的风险。注册会计师不能对财务报表整体不存在重大错报获取绝对保证。

在舞弊导致错报的情况下，固有限制的潜在影响尤其重大。舞弊导致的重大错报未被发现的风险大于错误导致的重大错报未被发现的风险，其原因是舞弊可能涉及精心策划和蓄意实施以进行隐瞒（如伪造证明或故意漏记交易），或者故意向注册会计师提供虚假陈述。如果涉及串通舞弊，注册会计师可能更加难以发现蓄意隐瞒的企图。串通舞弊可能导致原本虚假的审计证据被注册会计师误认为具有说服力。

因此，如果在完成审计工作后发现舞弊导致的财务报表重大错报，特别是串通舞弊或伪造文件或记录导致的重大错报，并不必然表明注册会计师没有遵守审计准则。注册会计师是否按照审计准则的规定实施了审计工作，取决于其是否根据具体情况实施了审计程序，是否获取了充分、适当的审计证据，以及是否根据证据评价结果出具了恰当的审计报告。

4. 风险评估程序和相关活动

注册会计师在财务报表审计中考虑舞弊时，同样需要采用风险导向审计的总体思路，即首先识别和评估舞弊风险，然后采取恰当的措施，有针对性地予以应对。注册会计师通常采用下列程序来评估舞弊风险：

（1）询问。

①询问对象。询问程序对于注册会计师获取信息、评估舞弊风险十分有用。注册会计师应当询问治理层、管理层、内部审计人员，以确定其是否知悉任何舞弊事实、舞弊嫌疑或舞弊指控。注册会计师通过询问管理层可以获取有关员工舞弊导致的财务报表重大错报风险的有用信息。然而，这种询问难以获取有关管理层舞弊导致的财务报表重大错报风险的有用信息。因此，注册会计师还应当询问被审计单位内部的其他相关人员，为这些人员提供机会，使他们能够向注册会计师传递一些信息，而这些信息是他们本没有机会与其他人沟通的。注册会计师应当考虑向被审计单位内部的下列人员询问：

Ⅰ．不直接参与财务报告过程的业务人员；

Ⅱ．拥有不同级别权限的人员；

Ⅲ．参与生成、处理或记录复杂或异常交易的人员及对其进行监督的人员；

Ⅳ．内部法律顾问；

Ⅴ．负责道德事务的主管人员或承担类似职责的人员；

Ⅵ．负责处理舞弊指控的人员。

②询问内容。注册会计师应当根据不同的询问对象，运用职业判断，确定询问内容。在了解被审计单位及其环境时，注册会计师应当向管理层询问下列事项：

Ⅰ．管理层对财务报表可能存在由于舞弊导致的重大错报风险的评估，包括评估的性质、范围和频率等；

Ⅱ．管理层对舞弊风险的识别和应对过程，包括管理层识别出的或注意到的特定舞弊风险，或可能存在舞弊风险的各类交易、账户余额或披露；

Ⅲ．管理层就其对舞弊风险的识别和应对过程向治理层的通报；

Ⅳ．管理层就其经营理念和道德观念向员工的通报。

除非治理层全部成员参与管理被审计单位，注册会计师应当：了解治理层如何监督管理层对舞弊风险的识别和应对过程，以及为降低舞弊风险而建立的内部控制；询问治理层，以确定其是否知悉任何影响被审计单位的舞弊事实、舞弊嫌疑或舞弊指控。治理层对这些询问的答复，还可在一定程度上作为管理层答复的佐证信息。注册会计师可通过参加相关会议、阅读会议纪要或询问治理层等审计程序了解有关情况。

如果被审计单位设有内部审计，注册会计师应当询问内部审计人员，以确定其是否知悉任何影响被审计单位的舞弊事实、舞弊嫌疑或舞弊指控，并获取这些人员对舞弊风险的看法。

（2）评价舞弊风险因素。

注册会计师应当评价通过其他风险评估程序和相关活动获取的信息，是否表明存在舞弊风险因素。存在舞弊风险因素并不必然表明发生了舞弊，但在舞弊发生时，通常存在舞弊风险因素。因此，舞弊风险因素可能表明存在由于舞弊导致的重大错报风险。

根据舞弊存在时通常伴随着的三种情况，这些风险因素可以分为以下三类：

①实施舞弊的动机或压力。

舞弊者具有舞弊的动机是舞弊发生的首要条件。例如，高级管理人员的报酬与财务业绩或公司股票的市场表现挂钩、公司正在申请融资等情况都可能促使管理层产生舞弊的动机。

②实施舞弊的机会。

舞弊者需要具有舞弊的机会，舞弊才可能成功。舞弊的机会一般源于内部控制在设计和运行上的缺陷，如公司对资产管理松懈，公司管理层能够凌驾于内部控制之上因而可以随意操纵会计记录等。

③为舞弊行为寻找借口的能力。

借口是指存在某种态度、性格或价值观念，使得管理层或员工能够作出不诚实的行为，或者管理层或员工所处的环境促使其能够将舞弊行为予以合理化。借口是舞弊发生的重要条件之一。只有舞弊者能够对舞弊行为予以合理化，舞弊者才可能作出舞弊行为，且在作出舞弊行为后才能心安理得。例如，侵占资产的员工可能认为单位对自身的待遇不公，编制虚假财务报告者可能认为造假不是出于个人私利而是出于公司集体利益。

上述风险因素也被称为"舞弊三角"。这三个风险因素在两类舞弊行为中有不同的体现，表11-1和表11-2分别列示了注册会计师在执业过程中可能遇到的与两类舞弊行为相关的风险因素。尽管所列示的风险因素涵盖了多种情形，但它们只是一些举例，注册会计师还可能识别出其他不同的风险因素。这些举例并非在所有情况下都相关，对于不同规模、不同所有权特征或情况的被审计单位而言，风险因素的重要性可能不同。此外，风险因素示例的列示顺序并不反映它们的相对重要性或发生频率。

注册会计师应当运用职业判断，考虑被审计单位的规模、复杂程度、所有权结构及所处行业等，以确定舞弊风险因素的相关性和重要程度及其对重大错报风险评估可能产生的影响。

表 11-1　与编制虚假财务报告导致的错报相关的舞弊风险因素

舞弊发生的因素	舞弊风险因素细类	舞弊风险因素具体示例
动机或压力	财务稳定性或盈利能力受到经济环境、行业状况或被审计单位经营情况的威胁	竞争激烈或市场饱和,且伴随着利润率的下降
		难以应对技术变革、产品过时、利率调整等因素的急剧变化
		客户需求大幅下降,所在行业或总体经济环境中经营失败的情况增多
		经营亏损使被审计单位可能破产、丧失抵押品赎回权或遭恶意收购
		在财务报表显示盈利或利润增长的情况下,经营活动产生的现金流量经常出现负数,或经营活动不能产生现金流入
		高速增长或具有异常的盈利能力,特别是在与同行业其他企业相比时
		新发布的会计准则、法律法规或监管要求
	管理层为满足第三方要求或预期而承受过度的压力	投资分析师、机构投资者、重要债权人或其他外部人士对盈利能力或增长趋势存在预期(特别是过分激进的或不切实际的预期),包括管理层在新闻报道和年报信息中作出过于乐观的预期
		需要进行额外的举债或权益融资以保持竞争力,包括为重大研发项目或资本性支出融资
		满足交易所的上市要求、偿债要求或其他债务合同要求的能力较弱
		报告较差财务成果将对正在进行的重大交易(如企业合并或签订合同)产生可察觉的或实际的不利影响
	管理层或治理层的个人财务状况受到被审计单位财务业绩的影响	在被审计单位中拥有重大经济利益
		其报酬中有相当一部分(如奖金、股票期权、基于盈利能力的支付计划)取决于被审计单位能否实现激进的目标(如在股价、经营成果、财务状况或现金流量方面)
		个人为被审计单位的债务提供了担保
	管理层或经营者受到更高级管理层或治理层对财务或经营指标过高要求的压力	治理层为管理层设定了过高的销售业绩或盈利能力等激励指标机会
机会	被审计单位所在行业或其业务的性质为编制虚假财务报告提供了机会	从事超出正常经营过程的重大关联方交易,或者与未经审计或由其他会计师事务所审计的关联企业进行重大交易
		被审计单位具有强大的财务实力或能力,使其在特定行业中处于主导地位,能够对与供应商或客户签订的条款或条件作出强制规定,从而可能导致不适当或不公允的交易
		资产、负债、收入或费用建立在重大估计的基础上,这些估计涉及主观判断或不确定性,难以印证
		从事重大、异常或高度复杂的交易(特别是临近期末发生的复杂交易,对该交易是否按照"实质重于形式"原则处理存在疑问)
		在经济环境及文化背景不同的国家或地区从事重大经营或重大跨境经营
		利用商业中介,而此项安排似乎不具有明确的商业理由
		在属于"避税天堂"的国家或地区开立重要银行账户或者设立子公司或分公司进行经营,而此类安排似乎不具有明确的商业理由

续表

舞弊发生的因素	舞弊风险因素细类	舞弊风险因素具体示例
态度或借口	组织结构复杂或不稳定	难以确定对被审计单位持有控制性权益的组织或个人
		组织结构过于复杂，存在异常的法律实体或管理层级
		高级管理人员、法律顾问或治理层频繁更换
	对管理层的监督失效	管理层由一人或少数人控制（在非业主管理的实体中），且缺乏补偿性控制
		治理层对财务报告过程和内部控制实施的监督无效
	内部控制要素存在缺陷	对控制的监督不充分，包括自动化控制以及针对中期财务报告（如要求对外报告）的控制
		由于会计人员、内部审计人员或信息技术人员不能胜任而频繁更换
		会计系统和信息系统无效，包括内部控制存在值得关注的缺陷的情况
	管理层态度不端或缺乏诚信	管理层未能有效地传递、执行、支持或贯彻被审计单位的价值观或道德标准，或传递了不适当的价值观或道德标准
		非财务管理人员过度参与或过于关注会计政策的选择或重大会计估计的确定
		被审计单位、高级管理人员或治理层存在违反证券法或其他法律法规的历史记录，或由于舞弊或违反法律法规而被指控
		管理层过于关注保持或提高被审计单位的股票价格或利润趋势
		管理层向分析师、债权人或其他第三方承诺实现激进的或不切实际的预期
		管理层未能及时纠正发现的值得关注的内部控制缺陷
		为了避税的目的，管理层表现出有意通过使用不适当的方法使报告利润最小化
		高级管理人员缺乏士气
		业主兼经理未对个人事务与公司业务进行区分
		股东人数有限的被审计单位股东之间存在争议
		管理层总是试图基于重要性原则解释处于临界水平的或不适当的会计处理
	管理层与现任或前任注册会计师之间的关系紧张	在会计、审计或报告事项上经常与现任或前任注册会计师产生争议
		对注册会计师提出不合理的要求，如对完成审计工作或出具审计报告提出不合理的时间限制
		对注册会计师接触某些人员、信息或与治理层进行有效沟通施加不适当的限制
		晋升、报酬或其他奖励与预期不符的管理层对注册会计师表现出盛气凌人的态度，特别是试图影响注册会计师的工作范围，或者影响对执行审计业务的人员或被咨询人员的选择和保持

表11-2　与侵占资产导致的错报相关的舞弊风险因素

舞弊发生的因素	舞弊风险因素细类	舞弊风险因素具体示例
动机或压力	个人的生活方式或财务状况问题	接触现金或其他易被侵占（通过盗窃）资产的管理层或员工负有个人债务，可能会产生侵占这些资产的压力
	接触现金或其他易被盗窃资产的员工与被审计单位之间存在的紧张关系	已知或预期会发生裁员
		近期或预期员工报酬或福利计划会发生变动
		晋升、报酬或其他奖励与预期不符
机会	资产的某些特性或特定情形可能增加其被侵占的可能性	持有或处理大额现金
		体积小、价值高或需求较大的存货
		易于转手的资产，如无记名债券、钻石或计算机芯片
		体积小、易于销售或不易识别所有权归属的固定资产

续表

舞弊发生的因素	舞弊风险因素细类	舞弊风险因素具体示例
机会	与资产相关的不恰当的内部控制可能增加资产被侵占的可能性	职责分离或独立审核不充分
		对高级管理人员的支出（如差旅费及其他报销费用）的监督不足
		管理层对负责保管资产的员工的监管不足（如对保管处于偏远地区的资产的员工监管不足）
		对接触资产的员工选聘不严格
		对资产的记录不充分
		对交易（如采购）的授权及批准制度不健全
		对现金、投资、存货或固定资产等的实物保管措施不充分
		未对资产作出完整、及时的核对调节
		未对交易作出及时、适当的记录（如销货退回未作冲销处理）
		对处于关键控制岗位的员工未实行强制休假制度
		管理层对信息技术缺乏了解，从而使信息技术人员有机会侵占资产
		对自动生成的记录的访问控制（包括对计算机系统日志的控制和复核）不充分
态度或借口	管理层或员工不重视相关控制	忽视监控或降低与侵占资产相关的风险的必要性
		忽视与侵占资产相关的内部控制，如凌驾于现有的控制之上或未对已知的内部控制缺陷采取适当的补救措施
		被审计单位人员在行为或生活方式方面发生的变化可能表明资产已被侵占
		容忍小额盗窃资产的行为
	对被审计单位存在不满甚至敌对情绪	被审计单位人员的行为表明其对被审计单位感到不满，或对被审计单位对待员工的态度感到不满

（3）实施分析程序。

注册会计师实施分析程序有助于识别异常的交易或事项，以及对财务报表产生影响的金额、比率和趋势。在实施分析程序以了解被审计单位及其环境时，注册会计师应当评价在实施分析程序时识别出的异常或偏离预期的关系（包括与收入账户有关的关系）是否表明存在由于舞弊导致的重大错报风险。

（4）考虑其他信息。

注册会计师应当考虑获取的其他信息是否表明存在由于舞弊导致的重大错报风险。其他信息可能来源于项目组内部的讨论、客户承接或续约过程以及向被审计单位提供其他服务所获得的经验。

5. 评价审计证据

在就财务报表与所了解的被审计单位的情况是否一致形成总体结论时，注册会计师应当评价在临近审计结束时实施的分析程序是否表明存在此前尚未识别的由于舞弊导致的重大错报风险。确定哪些特定趋势和关系可能表明存在由于舞弊导致的重大错报风险，需要运用职业判断。对于涉及期末收入和利润的异常关系，尤其值得关注。这些趋势和关系可能包括：在报告期的最后几周内记录了不寻常的大额收入或异常交易，或收入与经营活动产生的现金流量趋势不一致。

如果识别出某项错报，注册会计师应当评价该项错报是否表明存在舞弊。如果存在舞弊的迹象，由于舞弊涉及实施舞弊的动机或压力、机会或借口，因此一个舞弊事项不太可能是孤立发生的事项（例如，在某个经营地点发生了大量的错报，即使这些错报的累积影响并不重大，但仍可能表明存在由于舞弊导致的重大错报风险），注册会计师应当评价该项错报对审计工作其他方面的影响，特别是对管理层声明可靠性的影响。

如果识别出某项错报,并有理由认为该项错报是或可能是由于舞弊导致的,且涉及管理层,特别是涉及较高层级的管理层,无论该项错报是否重大,注册会计师都应当重新评价对由于舞弊导致的重大错报风险的评估结果,以及该结果对旨在应对评估的风险的审计程序的性质、时间安排和范围的影响。

在重新考虑此前获取的审计证据的可推性时,注册会计师还应当考虑相关的情形是否表明可能存在涉及员工、管理层或第三方的串通舞弊。

如果确认财务报表存在由于舞弊导致的重大错报,或无法确定财务报表是否存在由于舞弊导致的重大错报,注册会计师应当评价这两种情况对审计的影响。

6. 无法继续执行审计业务

(1) 对继续执行审计业务的能力产生怀疑。

如果由于舞弊或舞弊嫌疑导致出现错报,致使注册会计师遇到对其继续执行审计业务的能力产生怀疑的异常情形,注册会计师应当:

①确定适用于具体情况的职业责任和法律责任,包括是否需要向审计业务委托人或监管机构报告;

②在相关法律法规允许的情况下,考虑是否需要解除业务约定。

注册会计师可能遇到的对其继续执行审计业务的能力产生怀疑的异常情形如下:

Ⅰ. 被审计单位没有针对舞弊采取适当的、注册会计师根据具体情况认为必要的措施,即使该舞弊对财务报表并不重大;

Ⅱ. 注册会计师对由于舞弊导致的重大错报风险的考虑以及实施审计测试的结果表明存在重大且广泛的舞弊风险;

Ⅲ. 注册会计师对管理层或治理层的胜任能力或诚信产生重大疑虑。

(2) 解除业务约定。

由于可能出现的情形各不相同,因而难以确切地说明在何时解除业务约定是适当的。影响注册会计师得出结论的因素包括管理层或治理层成员参与舞弊可能产生的影响(可能会影响到管理层声明的可靠性),以及与被审计单位之间保持客户关系对注册会计师的影响。

如果决定解除业务约定,注册会计师应当采取下列措施:

①与适当层级的管理层和治理层讨论解除业务约定的决定和理由;

②考虑是否存在职业责任或法律责任,需要向审计业务委托人或监管机构报告解除业务约定的决定和理由。

7. 书面声明

不论被审计单位的规模大小,除认可已经履行了编制财务报表的责任外,管理层和治理层(如适用)还认可其设计、执行和维护内部控制以防止和发现舞弊的责任也是非常重要的。

由于舞弊的性质以及注册会计师在发现舞弊导致的财务报表重大错报时遇到的困难,注册会计师向管理层和治理层(如适用)获取书面声明,确认其已向注册会计师披露了下列信息是非常重要的:

(1) 管理层对财务报表可能存在由于舞弊导致的重大错报风险的评估结果;

(2) 对影响被审计单位的舞弊事实、舞弊嫌疑或舞弊指控的了解程度。

基于上述原因,注册会计师应当就下列事项向管理层和治理层(如适用)获取书面声明:

①管理层和治理层认可其设计、执行和维护内部控制以防止和发现舞弊的责任;

②管理层和治理层已向注册会计师披露了管理层对由于舞弊导致的财务报表重大错报风险的评估结果;

③管理层和治理层已向注册会计师披露了已知的涉及管理层、在内部控制中承担重要职责的员工以及其舞弊行为可能导致财务报表出现重大错报的其他人员的舞弊或舞弊嫌疑;

④管理层和治理层已向注册会计师披露了从现任和前任员工、分析师、监管机构等方面获知的、影响财务报表的舞弊指控或舞弊嫌疑。

11.4.2 财务报表审计中对法律法规的考虑

违反法律法规是指被审计单位、治理层、管理层或者为被审计单位工作或受其指导的其他人有意或无意地违背除适用的财务报告编制基础以外的现行法律法规的行为（违反法律法规不包括与被审计单位经营活动无关的个人不当行为）。

不同的法律法规对财务报表的影响差异很大。被审计单位需要遵守的所有法律法规，构成了注册会计师在财务报表审计中需要考虑的法律法规框架。某些法律法规的规定对财务报表有直接影响，决定了财务报表中报告的金额和披露。而有些法律法规需要管理层遵守，或规定了允许被审计单位开展经营活动的条件，但不会对财务报表产生直接影响。因此，概括起来，被审计单位需要遵守以下两类不同的法律法规：

（1）通常对决定财务报表中的重大金额和披露有直接影响的法律法规（如税收和企业年金方面的法律法规）。

（2）对决定财务报表中的金额和披露没有直接影响的其他法律法规，但遵守这些法律法规（如遵守经营许可条件、监管机构对偿债能力的规定或环境保护要求）对被审计单位的经营活动、持续经营能力或避免大额罚款至关重要；违反这些法律法规，可能对财务报表产生重大影响。

违反法律法规可能导致被审计单位面临罚款、诉讼或其他对财务报表产生重大影响的后果。

被审计单位的违反法律法规行为可能与财务报表相关，有些违反法律法规的行为还可能产生重大财务后果，进而影响财务报表的合法性和公允性。如果不实施必要的审计程序，则可能导致注册会计师出具不恰当的审计报告。因此，在设计和实施审计程序以及评价和报告审计结果时，注册会计师应当充分关注被审计单位违反法律法规的行为可能对财务报表产生的重大影响。

在考虑被审计单位的一项行为是否违反法律法规时，注册会计师可以考虑征询法律人士的意见。因为确定某行为是否违反法律法规，需要法院或其他适当的监管机构作出裁决，这通常超出了注册会计师的专业胜任能力。虽然注册会计师通过培训获得的知识、个人执业经验和对被审计单位及其所在行业或部门的了解，可能为确定引起其注意的某些行为是否违反法律法规提供了基础，但注册会计师通常根据有资格从事法律业务的专家的意见，确定某项行为是否违反法律法规或可能违反法律法规。值得注意的是，某项行为是否违反法律法规最终只能由法院做出判决。

项目小结

本项目解释了信息技术对审计的影响；重点介绍了注册会计师与治理层的沟通，以及前任注册会计师和后任注册会计师的沟通；阐述了注册会计师利用他人的工作和对特殊事项的考虑。

思考与练习

一、单项选择题

1. 下列有关信息技术对审计影响的说法中，错误的是（　　）。

A. 被审计单位对信息技术的运用不改变注册会计师制定审计目标，进行风险评估和了解内部控制的原则性要求

B. 被审计单位对信息技术的运用影响注册会计师需要获取的审计证据的性质

C. 被审计单位对信息技术的运用影响审计内容

D. 被审计单位对信息技术的运用不影响注册会计师需要获取的审计证据的数量

2. 下列关于前任注册会计师和后任注册会计师沟通的说法中，正确的是（　　）。

A. 沟通的形式应当采取书面形式

B. 后任注册会计师负有主动沟通的义务，并享有决定权，不需要征得被审计单位的同意

C. 前任注册会计师应主动将其知悉的事项告知后任注册会计师

D. 后任注册会计师需要将沟通的情况记录于审计工作底稿

3. 以下事项中，注册会计师应当采用书面形式与被审计单位治理层进行沟通的是（　　）。

A. 值得关注的内部控制缺陷

B. 审计中的重大困难

C. 审计中管理层施加的限制

D. 无法获取预知的信息

4. 下列事项中，不适合与管理层沟通的是（　　）。

A. 会计估计

B. 期后事项

C. 管理层的胜任能力和诚信

D. 内部控制的重大缺陷

5. 注册会计师在财务报告审计中，如果依赖相关信息系统所形成的财务信息作为审计工作的依据，则必须考虑的因素是（　　）。

A. 相关信息和报告的质量

B. 自动化控制和人工控制的比例

C. 内部控制的有效程度

D. 信息系统是商业软件还是自行研发的

二、多项选择题

1. 随着信息技术在企业中的广泛应用，对审计过程产生的重大影响有（　　）。

A. 由于信息化的特点，审计内容发生了相应的变化

B. 内部控制在形式及内涵方面发生了变化，内部控制的目标也发生了改变

C. 注册会计师需要掌握相关信息技术，把信息技术当作一种有力的审计工具

D. 并不影响审计线索

2. 在了解内部控制时，下列各项中，注册会计师认为通常适合采用信息技术控制的有（　　）。

A. 存在大额且非常规的交易

B. 可能存在错误数据

C. 存在事先确定并一贯运行的业务规则

D. 存在大量且重复发生的交易

3. 下列有关信息技术对审计过程影响的相关表述中，正确的有（　　）。

A. 信息技术一般控制对应用控制的有效性具有普遍性影响

B. 如果一般控制有效，注册会计师可以更多

地信赖应用控制，测试这些控制的运行有效性，并将控制风险评估为低于"最高"水平

C. 考虑到公司层面信息技术控制是公司的整体控制环境，决定了信息技术的风险基准，因此，注册会计师通常优先评估公司层面信息技术控制和信息技术一般控制的有效性

D. 对于一般控制而言，由于其影响广泛，注册会计师通常不将控制与具体的审计目标相联系

4. 下列事项中，属于注册会计师应当与治理层沟通审计工作中遇到的重大困难的有（ ）。

A. 管理层不愿意延长持续经营能力的评估期间

B. 管理层在提供审计所需信息时出现严重拖延

C. 管理层对注册会计师施加的限制

D. 管理层不愿意按照要求对被审计单位持续经营能力进行评估

5. 下列关于前任与后任注册会计师沟通的说法中，错误的有（ ）。

A. 后任注册会计师在接受委托前与前任注册会计师沟通，应当征得被审计单位同意

B. 在接受委托前，后任注册会计师应当采用书面形式与前任注册会计师进行沟通

C. 如果需要查阅前任注册会计师的审计工作底稿，后任注册会计师不必征得被审计单位同意

D. 在接受委托前和接受委托后，后任注册会计师均应当与前任注册会计师沟通

三、判断题

1. 注册会计师不仅要有丰富的会计、审计、经济、法律、管理等方面的知识和技能，还需要熟悉信息系统的应用技术、结构和运行原理，有必要对信息化环境下的内部控制作出适当的评价。（ ）

2. 随着信息技术的广泛应用，注册会计师需要掌握相关信息技术，把信息技术当作一种有力的审计工具。（ ）

3. 审计沟通是审计工作不可缺少的一部分，是贯穿于整个审计过程的一项重要工作。（ ）

4. 与治理层的沟通有助于注册会计师了解相关信息，更好地计划审计范围和时间，所以注册会计师可以与治理层沟通承担制定总体审计策略和具体审计计划的责任。（ ）

5. 如果以口头形式沟通涉及治理层责任的事项，注册会计师应当确信沟通的事项已记录于讨论纪要或审计工作底稿。（ ）

四、简答题

1. 简述审计实施阶段的沟通。

2. 简述信息技术对审计内容的影响。

REFERENCES 参考文献

[1] 宋常. 审计学 [M]. 北京：中国人民大学出版社，2018.

[2] 丁瑞玲，吴溪. 审计学 [M]. 北京：经济科学出版社，2015.

[3] 中华人民共和国财政部. 企业会计准则 [M]. 北京：中国财政经济出版社，2017.

[4] 秦荣生，卢春泉. 审计学 [M]. 北京：中国人民大学出版社，2017.

[5] 裴育，欧阳华生. 财政审计学 [M]. 北京：经济科学出版社，2013.